KB128940

창조적 예술치료기법

Ann Argé Nathan · Suzanne Mirviss 공저
박희석 · 류정미 · 윤명희 공역

학지사

Therapy Techniques: Using the Creative Arts

by Ann Argé Nathan · Suzanne Mirviss

역자 서문

　창조성이란 새로움의 산물을 수반하는 것으로, 그 요소가 참신하고 기존의 요소와 새롭게 결합하거나 개인에게 독특한 것을 말한다. 창조성은 시, 음악, 미술, 연극, 춤과 같은 다양한 예술 분야를 통해 나타나는데, 이러한 예술 분야가 현대 심리치료와 더해지면서 예술치료가 등장하였다.

　예술치료에서 예술은 작품이 외부 상황의 묘사보다는 한 개인의 정신에 뿌리를 둔 살아 있는 창조적 과정의 소산이라는 것에 중점을 둔다. 창조적 예술치료는 다양한 예술 분야의 창조적 과정을 통해 정서적 갈등을 진정시키고 자기 인식과 개인적 성장을 촉진하기 때문에 상담 분야에서 점점 확대되는 추세다.

　역자가 이 책을 처음 만난 것은 몇 년 전 미국에서 개최된 '미국 심리극, 사회측정학 및 집단심리치료학회ASGPP'에 참석했을 때였다. 대학원에서 예술치료와 관련된 내용을 강의하고 있을 때여서 이 책의 원서인 *Therapy Techniques*라는 제목이 바로 눈에 들어왔다. 이 책은 창조성의 개념, 치료사의 역할, 개인과 치료집단, 창조적 예술집단을 위한 계획 등을 다루며 창조성과 치료의 원리를 전반적으로 소개한 후 미술, 가면, 연극, 웃음과 광대놀이, 음악, 춤/동작, 시와 글쓰기, 명상 등의 창조적 작업을 통한 예술치료 기법을 안내하고 있었는데, 내용을 살펴보다 보니 이 책이 우리나라 예술치료 분야에서 많은 도움이 될 것으로 판단되어 선뜻 번역 작업을 하기로 결정하였다.

역자는 오랫동안 임상 · 상담 및 교육 현장에서 심리치료와 상담 및 강의를 해 오면서 미술, 음악, 연극, 춤/동작, 시와 글쓰기 등을 활용한 예술치료가 기존의 상담기법의 한계를 극복하는 유용한 기법이라는 것을 알게 되었다. 이 책은 창조적 예술매체를 기반으로 한 수백 가지의 기법을 정리해 놓은 지침서로, 특히 시와 글쓰기, 명상과 창조적 심상, 웃음과 광대놀이 등으로 예술의 영역을 확장하고 있어 그 내용이 대단히 풍성하다. 따라서 예술의 영역별로 다양하게 제시된 이 책의 수많은 기법은 상담이나 예술치료 분야의 종사자가 개인의 역량을 충분히 발휘하고 의미 있는 상담을 이끄는 데 큰 도움이 될 것이다.

이 책을 출간하는 과정에서 한 권의 책을 번역한다는 것이 얼마나 어려운 일인지를 다시 한 번 생생하게 느꼈다. 역자들은 저자가 쓴 내용의 의미를 최대한 충실히 전달하려고 노력하였으나 곳곳에 여전히 부족한 부분이 남아 있음에 아쉬움이 남는다. 이는 모두 역자들이 부족한 탓이며, 역자 모두는 이에 대한 독자의 조언과 질책을 겸허히 받아들일 것이다.

이 책이 나오기까지 많은 분의 공헌이 있었다. 원광대학교 동서보완의학대학원 예술치료학과에서 지난 10년간 심리극, 연극치료, 예술심리치료 등을 강의하도록 배려해 주신 정동훈 교수님, 심리극을 선禪과 접목하여 선-심리극을 개발하도록 격려해 주신 동방대학원대학교의 인경 스님, 한국초월영성상담학회에서 예술치료를 영성의 영역으로 확장하도록 안내해 주신 남부대학교 오세덕 교수님, 그리고 이 책을 번역하는 데 동참해 주신 류정미 교수님, 윤명희 이사장님께 감사드린다. 특히 이 책이 나올 때까지 인내심을 가지고 지켜봐 주신 학지사 김진환 사장님과 편집과정에서 애써 주신 김경민 과장님께 진심으로 감사의 마음을 전한다.

2011년 10월

역자 대표 박희석

감사의 글

Ann Argé Nathan은 많은 사람의 삶에 영향을 끼친 특별한 사람으로, 역동적이고 따뜻하며 배려가 깊은 사람이었다. 이 원고는 그녀가 세상을 떠나기 직전에 쓰였고 그 이후에 가족, 친구, 동료의 도움으로 완성되었다. 우리는 이 책을 완성하고 세상에 내놓기 위해 지혜와 시간, 그리고 기술을 기꺼이 나눈 모든 사람을 기억하고 감사의 말씀을 전한다.

우리는 도움을 준 모든 사람을 언급하려 하지만 본의 아니게 빠뜨린 사람이 있다면 사과드린다. Reneé Emunah, Arnell Etherington, Lois Herman Friedlander, Besty Best Martini, Susan Coto McKenna, Charlie Price, Deah Schwartz, 그리고 Ellie White에게 감사한다.

또한 Ann의 초고에서 시작해 원고를 준비하고 완성하는 데 도움을 준 Ann의 가족에게 특별히 감사의 말을 전한다.

마지막으로 Ann의 교수 파트너인 Suzanne Mirviss에게도 감사한다. Ann이 이 책을 출판하는 데 직접 시간을 들이지는 못했지만 그녀는 Ann이 알고 있는 많은 것을 이 책에 포함시켰다. 이 책을 완성하는 과정에서 그녀가 없었더라면 아이디어와 설명이 훨씬 부족했을 것이다. 거듭 그녀에게 감사한다.

차 례

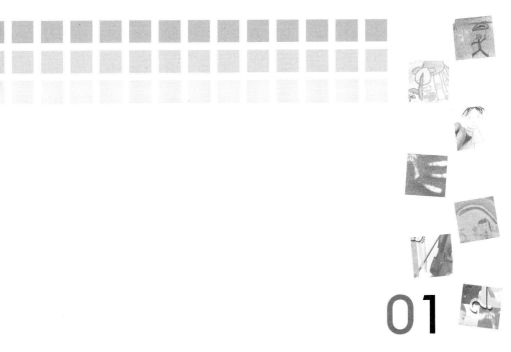

01

Therapy Techniques: Using the Creative Arts

도입

대부분의 심리치료는 여전히 언어를 통해 이루어지고 있으며, 정신이 머릿속에 내재해 있어서 머리의 말로 접근되어야 한다는 묵시적인 가정에 의존하고 있다.

– 버나드 페더Bernard Feder

이 책은 사람들이 문제를 해결하고 성장할 수 있도록 도와주기 위해 창조적 예술을 사용하는 과정을 소개하고 있다. 전반부는 다음과 같은 개념에 대한 기본적인 지식을 정의하고 설정하는 데 중점을 두고 있다.

- 창조성과 창조성의 표현
- 내담자가 창조적 표현을 할 수 있도록 치료사가 취하는 역할
- 개인의 성장과 발달에 대한 이론
- 집단의 발달과 역동
- 창조적 예술집단을 계획하는 원리

이 책에서 전반부의 핵심은 치료사에게 창조적 예술집단을 이끌 수 있는 근본적인 내용을 제공하는 것이다. 이 책은 실용적이고 응용할 수 있도록 고안되었으며, 치료와 교육적 환경에서 창조적 예술을 통해 작업해 온 다년간의 경험을 바탕으로 하고 있다.

후반부는 내담자와 학생들이 함께 했던 창조적 예술활동을 안내한다. 여러 해에 걸쳐 많은 학생이 이런 활동을 이끌고 참여하면서 직업적으로나 개인적으로 그들의 삶에 많은 영향을 받았다고 한다. 예술집단을 이끌어 가길 주저했던 학생들에게 수업은 시행착오를 거치면

서 활동을 전개하는 실험실이 되었다. 많은 학생이 예술활동을 성공적으로 마치면서 자신감을 얻어 창조적인 예술양식의 탐구를 계속 진행하고 싶어 했다. 개인적 차원에서 학생들은 스스로 활동에 참여하는 것이 어떤 느낌인지를 경험하였고, 그러한 활동이 내담자로 하여금 더욱 실제적인 감정을 불러일으킬 수 있다고 보았다. 학생들은 창조적 예술의 가치와 그런 활동을 촉진하는 데 무엇이 필요한지를 점점 이해하게 되었다.

각각의 창조적 예술양식은 최소한 세 부분으로 이루어져 있다.

- 양식의 묘사
- 그 양식을 가지고 집단을 이끄는 치료사의 고려사항
- 활동

창조적 예술이 인간의 삶, 특히 장애를 가진 사람의 삶에 영향을 준다는 것은 논란의 여지가 없다. 지속적인 어려움을 겪는 사람은 종종 창조적 예술이 제공하는 경험을 통해 큰 이득을 본다. 모든 사람에게 소중할 수 있는 이런 이득은 여러 분야에서 찾아볼 수 있다.

- 확장과 자유. 창조적 예술은 우리의 감각, 신체, 생각, 느낌을 자극한다. 일정한 시간 동안 우리는 시간과 공간 그리고 물리적 한계를 초월한다. 정상적인 실존 공간에서 벗어난 우리는 우리가 자연스럽다고 여기는 것을 자유롭게 생각하고 느끼고 표현할 수 있다.
- 내적인 의사소통. 창조적 활동을 하는 동안 우리는 우리의 내적 자기와 연결된다. 어떤 대상이나 상황과 상호작용을 하며, 보고 경

험하는 것에 대해 우리의 생각과 느낌을 소통하는 방법을 찾는
다. 우리는 창조적 활동에 참여하면서 우리의 독특한 자기와 더
욱 밀접하게 접촉하기 때문에 일상적인 수준의 의식에서 벗어난
아주 깊은 차원의 다른 자기와 돈독한 결합을 이룬다.

• 외적인 의사소통. 표현예술을 통해 우리의 생각과 느낌을 표현할
때, "이것이 존재하고 있는 나의 모습이다. 이것이 내가 세상을
느끼고 바라보는 방법이다."라고 말할 수 있는 기회를 갖는다. 자
기를 공유하는 것은 종종 두려운 일이기도 하지만 다른 사람과
연결해 주는 다리 역할을 할 수도 있다. 내담자를 잘 안다고 생각
했던 사람들은 내담자가 만든 예술작품을 관찰했을 때 놀랍다는
반응을 보일지 모른다.

• 여가. 창조적 활동을 하는 동안에는 바쁘고 힘겨운 내적·외적 삶의
혼란에서 벗어나는 것이 가능하다. 창조적 활동은 시간의 흐름을 묶
어 놓는다. 많은 사람이 창조적 활동을 하면서 '몰입감'을 경험하거
나 자기와 더불어 평화를 느낀다. 단지 그 순간의 활동만이 있을 뿐
이다. 우리는 다시 집단을 형성하여 신선한 조망을 가지고 세상에
대해 다시 생각하고 세상에 다시 들어갈 수 있는 기회를 갖는다.

• 대안적 의사소통. 일부 창조적 예술은 이미지나 소리, 동작을 통
해 표현한다. 이런 것은 사고를 요구하는 좌뇌를 경유하여 우뇌
를 거치게 된다. 이것은 우뇌가 좀 더 총체적이고, 덜 세부적이
며, 덜 논리적이지만 더 통합적이기 때문이다. 이는 종종 개인이
문제가 되는 생각이나 느낌 혹은 갈등을 새로운 방법으로 탐구
하고 표현하도록 한다. 즉, 이미지나 소리, 동작을 통해서 이전
보다 더욱 명확하게 의사소통하도록 도와준다. 심지어 말을 사

용할 때도 창조적 글쓰기 회기에서처럼 그 말들이 더욱 힘을 발휘하고 확대된 의미를 갖는다.

- 자기 가치. 창조성을 표현하는 과정은 개인적인 관점에서 비롯된 아이디어에 반응하고 소통하기 위해 자기를 탐구하는 것이다. 또한 그것은 재료나 언어 혹은 자신의 손과 신체를 통한 동작을 이용하여 작업하는 것이며 그 작품에 대한 자신의 평가와 타인의 평가를 다루는 것이다. 이런 과정은 놀라우면서도 즐거운 일이 될 수 있다. 이것은 '만약 ~라면' 하는 상황이 존재하는 곳으로 창조적인 여행을 떠날 수 있는 용기가 필요하다. 만약 작품이 내가 기대한 것처럼 나오지 않으면 어떻게 할까? 만약 내가 기대했던 것보다 더 어려우면 어떻게 할까? 이러한 의문이 들 때 작업을 계속하여 노력의 결과물이 완성되는 것을 지켜보는 것은 상당히 효과적이다. 그 완성품에 대해 누가 어떻게 느끼더라도, 개인은 평소와는 다른 미지의 길을 용기 있게 떠나는 여행을 자랑스러워할 수 있다.

- 치유. 창조적 예술은 두 가지 측면에서 치유가 될 수 있다. 첫째, 개인은 창조적 활동에 깊이 몰입하고 있을 때 일종의 '정신적 휴가'를 경험할 수 있다. 일상적으로 생각이나 불안 등에 의해 혼란된 사람이 창조적인 활동을 하면서 얼굴이나 신체가 눈에 띌 정도로 편안해지는 것을 볼 수 있다. 잡담을 하고, 적극적인 마음이 생기고, 생각과 감정이 적극적인 활동으로 교감을 이룰 때 이완이 일어날 수 있다. 둘째, 개인은 창조적 활동을 하면서 힘이 솟고 행복한 느낌이 생기는 것을 경험하기도 한다. 매슬로Maslow, 1968의 욕구위계 이론에 따르면, 창조적 활동은 자신의 잠재력을

탐구하고 표현할 수 있는 욕구를 충족시키고, 단순한 생존보다 더 고귀한 일을 할 수 있는 자신의 능력을 증명해 준다.

- 대인관계. 대인관계는 함께 문제를 해결하면서 발달된다. 창조적 예술이 사람들의 상호관계에 어떻게 영향을 주고 있는지를 설명하기 위한 가장 좋은 방법으로 다음과 같은 예를 들어 보자. 샌프란시스코의 VA 의료센터_{VA Medical Center}에서 정신과적 장애를 전담하는 사람들을 대상으로 미술 관련 프로젝트를 수행할 때, 한 집단이 점토 타일로 범고래 모자이크 패널을 만들었다. 많은 내담자가 참여하여 조각의 윤곽을 만들고 시멘트 풀로 붙이는 데 두 달이 넘게 걸렸다. 프로젝트를 수행하는 동안에 내담자 상호 간에 많은 긍정적인 교감을 나누었다. 개개인이 서로 도움을 주고받으며 각 부분을 완성하였고, 누군가 떠나게 되면 다른 사람이 그 책임을 떠맡기도 하고, 서로에게 용기를 주었으며, 완성된 작품에 대해서는 칭찬도 하였다. 집단이 60파운드가 넘는 모자이크 타일을 액자에 옮기는 데 어려움을 겪고 있을 때, 목수 경험이 있는 한 내담자가 자발적으로 나서서 주도적으로 문제 해결을 이끌기도 하였다. 지금 이 모자이크는 사람들이 함께 작업하여 창조한 그 아름다움을 기념하기 위해 VA 치료센터 건물의 로비에 전시되어 있다.

✿ 미술 부분과 치료 부분: 활동분석

창조적 예술을 내담자와 함께 사용하는 것은 진정한 이중적 과정이다. 한편으로는 예술적 노력을 수행하고, 다른 한편으로는 치료가

미술 부분	치료 부분
과정	인간발달
결과물	집단 역동
재료	치료변화의 조건과 과정
	개인적 및 전문적 자기 지식

이루어질 수 있는 환경을 어떻게 만들어 갈지를 이해하는 것과 관련
이 있다.

　어떤 활동이든 활동의 본질을 변화시킬 수 있는 부분 간의 관계가
있다. 이 관계는 [그림 1-1]에서 나타내듯이 변화할 수 있는 영역과
상호 간에 미치는 영향을 보여 주고 있다.

　이 다이어그램에서 어떤 변인이 바뀌면 하나 혹은 양쪽의 다른 변
인에게 영향을 준다간혹 전혀 영향을 주지 않는 경우도 있다. 예를 들어, 아동이 어
떤 게임을 하며 놀이를 할 때 '단순 게임'이라고 생각할 수 있다. 같은
게임을 친구끼리 여가 시간에 할 수도 있다. 이때 이 게임의 기능은
즐거움, 아니면 시간을 보내는 것이라고 할 수 있다. 만일 우리가 치
료회기에 이 게임을 함으로써 회기의 상황을 바꾸려고 한다면, 어떻

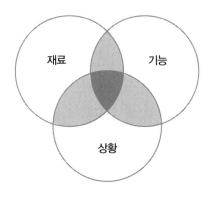

[그림 1-1] 재료, 기능, 상황의 관계

게 바꿀 수 있을까? 아마 자신의 목적에만 충실하다면 아무것도 바꿀 수 없을 것이다. 하지만 우리는 이 게임을 협동기술의 개발이 필요한 집단에 사용하기로 결정할 수 있다. 이제 우리는 이 게임의 기능 목록에 '사람들에게 함께 일하는 방법을 가르치는 것' 이라고 추가할 수 있다. 사용하는 재료는 같지만 사용되는 상황과 기능은 다르다. 상황, 기능, 재료는 치료사나 집단에 있어서 그들이 원하는 대로 바꿀 수 있는 변인이고, 이것이 활동분석 과정의 한 부분이다.

🌸 예술은 효과적이다

이유

발달상으로 볼 때, 인간은 행하기를 통해서 배운다.

사람들은 언어뿐만 아니라 비언어적으로 기능한다.

우리가 언어로써 표현한 방어와 상호작용은 물체를 이용해 비언어적으로도 표현될 수 있다.

창조적 예술집단이나 경험은 하나의 소우주와 같은 기능 과정을 집단 속에서 관찰할 수 있는 기회를 제공한다.

아리스토텔레스에 따르면, 미술은 "무의식의 긴장을 방출시켜 영혼을 깨끗이 한다." 다시 말하면, 미술은 정화작용으로서 문제나 걱정거리를 표현하는 것만으로도 위안을 준다. 이런 정화의 효과는 모든 표현치료에서 흔히 볼 수 있다.

예술에 드러난 요소는 개별적인 형태로든 결합된 양상으로든 자기표현과 창조성을 불어넣어 주며, 즐거움과 통찰력 및 지식을 제공한다.

엘리너 울먼_{Elinor Ulman, 1966}이 정의했듯이, 미술은 "내부세계와 외부세계의 만남의 장"이다.

창조적 예술치료는 창조적 과정을 통해 정서적 갈등을 진정시키고 자기 인식과 개인적 성장을 촉진시키는 수단이 되도록 한다. 창조적 예술치료는 내담자와 치료사의 특정 욕구나 성격, 능력에 부합하는 요소가 잘 어우러지도록 한다.

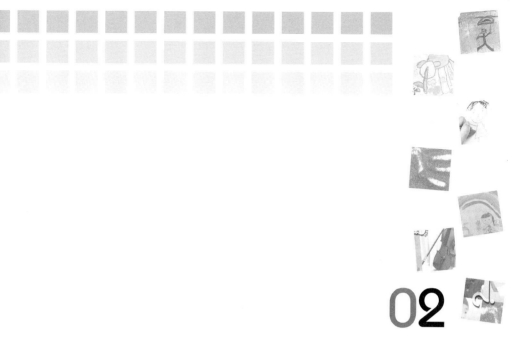

02

Therapy Techniques: Using the Creative Arts

창조성의 요소

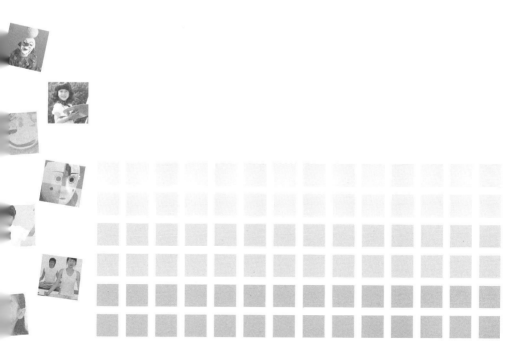

모든 창조적 활동은 홍수처럼 넘쳐나는 기존의 믿음에서 벗어나
개념의 새로운 순수를 담고 있다.

— 아서 쾨슬러Arthur Koestler, 『몽유병자』 중

유아일 때 우리는 자신이 어디에 있고, 세상에서 누가 그리고 무엇
이 중요한지를 배우기 위해서 감각을 사용한다. 색깔과 모양, 소리,
맛, 촉감 등은 유아나 아동에게 필수불가결한 도구다. 아동은 벌레부
터 별까지 자신들의 길 앞에 놓인 모든 것을 궁금해하고 호기심을 가
지고 바라본다. 어린아이는 급변하는 꿈과 상상력을 동원하여 순간적
으로 문제를 해결한다. 시간이 흐르면서 상상력이나 수평적 사고보다
는 직선적 사고와 '정답'만을 중요시하는 사회의 기대에 순응하려는
억압으로 인해 자연스러운 창조성이 힘을 잃어버린다. 많은 성인은
그들의 상상하고 창조하는 능력이 정체되어 있을 때 자신들의 삶에서
뭔가 잃어버렸다는 느낌을 갖는다.

이 장에서는 창조성의 요소를 살펴보고, 창조적 과정에서부터 창조
성을 양육하는 개인적 특성에 이르기까지 '몰입 경험'의 본질과 창조
성의 장애물에 대해 알아본다. 이것은 집단 내에서의 표현을 촉진하
거나 방해하는 조건의 목록으로 요약할 수 있다.

창조성이란 무엇인가

창조성은 철학자나 예술가가 수 세기 동안 그 개념을 정의하려고

시도해 왔지만, 규정하기 어려운 '사랑'과 '정의'처럼 아주 모호한 개념 중 하나다. 아마도 가장 간결한 개념 중의 하나는 '몰입과 창조성'이란 주제로 폭넓은 연구를 한 철학교수 미하일 칙센트미하이 Mihaly Csikszentmihalyi, 1996로부터 비롯되었다. 『창조성Creativity』이라는 저서에서 그는 "창조성이란 새로움의 산물을 수반한다."라고 표현하였다. 그 '요소'아이디어, 기법, 재료가 참신하거나 기존의 요소와 새롭게 결합한 것일 수도 있으나, 그 산물은 모든 개개인에게 아주 독특한 것이 될 것이다.

● 창조적인 사람의 특성

인간이 창조적 도구라는 특성은 모든 사람에게 어느 정도 나타난다. 일부는 자신의 창조성을 표현하는 데 더욱 어려움을 주는 신체적, 인지적, 정서적 난제를 가지고 태어난다. 때때로 환경이 이런 특성을 경험하고 표현하려는 인간의 능력을 방해하거나 손상시키기도 한다. 집단 내의 많은 사람이 자신의 창조성이 어떤 식으로든 억압받고 있다고 호소하기도 한다. 대부분의 경우 이런 증상은 유년 시절부터 시작된다. 그러나 정신적 외상의 상처는 성인이 되어서도 그 사람이 창조적 인간이 되는 데 많은 어려움을 줄 수 있다.

치료집단에서 예술을 사용하는 치료사의 과업 중 하나는 개인이 자신의 창조적인 자아를 재발견하고 삶의 모든 면에서 활기를 불어넣어 줄 수 있는 특성을 확인하도록 하는 것이다.

성격의 특성을 가지고 자연스럽게 창조적인 인간을 확인할 수 있는 방법도 있겠지만, 아직은 논란의 여지가 있다. 창조적인 과정을 촉진할 수 있는 특성이 명백히 있으며, 개인이 자신의 창조성을 확장할 수 있는지의 여부는 이 특성의 개발에 달려 있다. 어떤 특성은 아주 직접적으로 나타나지만 높은 수준의 창조성과 관련된 특성에는 밝혀지지 않은 측면이 있으며, 이는 역설적인 특성 간의 현상이다. 이러한 특성은 필요한 경우 한쪽 극단에서 다른 극단으로 이동하는 능력과 관계가 있다. 그들이 그러한 특성을 개발할 경우 성격의 경계가 확장된다. 창조성과 관련된 직접적인 특성으로는 다음과 같은 것이 있다.

- 호기심, 궁금증과 관심. 이는 사물이 어떻게 생겼고 또 그것들이 어떻게 기능하는지 관심을 갖는 것이다. 이런 특성이 부족하면 재미있고 창조적인 문제를 인식하기 어렵다.
- 경험에 대한 개방성. 환경에서 일어나는 사건을 지속적으로 처리하는 유연한 집중력은 잠재되어 있는 새로운 것을 인식할 수 있는 장점이 된다.
- 학습에 대한 즐거움. 학습에서 얻는 새로운 정보와 아이디어, 생각, 느낌은 창조적인 노력을 고무시킬 수 있다.
- 모호함에 대한 인내력. 모호함은 사람들을 불편하게 만드는 경향이 있다. 그러나 모호함을 견디는 것은 우리가 허용 범주보다 훨씬 큰 세상의 복잡성을 인식하는 능력을 의미하며, 그 능력을 통해 우리가 사물을 바라보는 방법은 풍요로워진다. 예를 들면, 흰색과 검은색을 혼합해 수백 혹은 수천 가지의 회색 물감을 만들 수 있다. 흰색과 검은색 사이가 그렇게 다양하다면, 우리는 왜 똑같

은 색깔만 계속해서 써야 하는 것일까? 실험을 해 보면 아마도 남과는 다른 자신만의 회색 물감을 만들 수 있을 것이다.

• 위험 감수. 위험을 감수하는 것은 '개인적으로 편안한 영역'을 벗어나는 것에 대한 도전을 받아들이는 것이다. 이것은 홀로 자신의 의견을 피력하는 용기를 갖는 것을 의미하기도 한다. 왜 위험을 감수해야 하는가? 성공은 그 자체로 보상이 된다. 그러나 위험을 감수한 도전이 실패하더라도 그 사람은 새로운 것을 배울 기회를 찾게 되고, 자신에게 편안한 영역을 벗어나 새로운 경험에 대한 인내력을 키우게 된다. 위험 감수는 자아존중감을 향상시킨다.

역설적인 특성을 이루는 쌍은 다음과 같다.

• 놀이성과 훈육. 놀이성은 아이디어를 탐구하는 방법이지만, 탐구 활동 후에는 새로운 생각이나 비전을 완성하기 위해 인내심이 따른다.

• 환상과 현실주의. 창조적 존재가 되는 것은 한쪽 끝에 있는 상상력과 환상을 다른 쪽 끝에 깊이 뿌리 내리고 있는 현실감으로 바꾸는 것을 의미한다. 개인은 새로운 '현실'을 창조하기 위해 '실제'라고 생각하는 것을 초월한다. 그럼으로써 현재의 환경을 분명히 지각하여 새로운 비전을 창출할 수 있게 되는 것이다.

• 열정과 객관성. 창조적 작업은 개인의 입장에서는 작업 대상에 대한 열정을 요구하며, 그것이 어려운 과업에 전념할 수 있도록 동기를 불어넣는다. 그러나 창조적 작업은 또한 자기 작업의 진정한 질을 인식하기 위해서 그 작업의 결점과 장점에 대하여 객관적으로

바라보는 능력을 요구한다.

🌸 창조적 사고: 좌뇌와 우뇌

전반적으로 볼 때 우리의 뇌는 논리적이고 분석적이며, 언어적 · 추상적 사고를 중요시하는 좌뇌중심 문화에 길들여져 있다. 그러나 실제로 인간은 정보를 처리하는 과정에서 두 가지의 다른 양상을 보인다. 지난 150여 년간에 걸친 연구자료를 살펴보면 뇌의 좌반구는 언어와 언어의 기능에 우월함을 알 수 있다. 뇌의 우반구는 좀 더 종합적이고 공간적이며, 직관적인 비선형적 방법으로 정보를 처리한다. 즉, 개별적인 부분보다는 전체적인 그림을 보는 것이다. 이런 구분은 일반적인 양상을 나타내지만, 왼손잡이의 경우는 우뇌나 양쪽 뇌를 이용하여 언어적 정보를 처리하기도 한다. 이처럼 인간은 두 가지의 정보처리 방법을 가지고 있다.

이것이 창조적 사고에 어떤 의미를 부여하고, 또 뇌의 이 두 영역은 어떻게 상호작용하는가? 보통은 좌뇌가 우세할지라도이 기능은 실제로 학교에서 가장 잘 개발된다 간혹 우뇌의 정보처리 방법이 과업에 더 적합하기도 하다. 좌뇌는 시간 순서대로 사건을 분석하며, 우뇌는 공간을 넘어 사건을 통합한다. 뇌는 과업 해결을 중심으로 하며, 주어진 과업의 특성에 따라 가장 적합한 방법으로 양쪽의 뇌가 함께 협력하기도 하고 또 독자적으로 활동하기도 한다.

우뇌가 많은 창조적 예술 과업을 처리하는 데 더 적합하기 때문에 우세한 좌뇌의 처리방식을 제쳐 두고 우뇌에게 그 주도권을 부여한다.

좌뇌를 잠재우는 한 가지 전통적 방법은 명상이다. 명상은 다면적인 훈련이지만, 초기단계에서 그 목적은 '재잘거리는 원숭이원숭이는 아주 활동적인 좌뇌중심 동물이다를 조용하게' 하여 더욱 직접적이고 전체적인 방법으로 세상을 지각할 수 있게 하는 것이다. 선불교에서는 공안화두이나 난센스 같은 질문, 즉 선문답한 손으로 손뼉을 치면 어떤 소리가 나는가?이 학생들에게 현실에 대한 큰 깨달음을 준다고 한다. 공안은 완전히 비논리적인 문제를 해결하게 함으로써 논리적인 사고를 멈추게 하려는 시도로 볼 수 있다.

실용적인 수준에서 베티 에드워즈Betty Edwards, 1989는 『우뇌를 이용하라Drawing on the Right Side of Brain』라는 그의 책에서 할 수 없거나 하지 못할 것 같은 과업을 우세한 뇌에 제시하여 인지적인 처리과정의 변화를 이끌어 내는 방법을 안내하였다. 그녀는 우뇌가 수행할 수 있는 수많은 그리기 과업을 제시하여 예술적 재능이 없다고 생각하는 사람들의 그림 그리는 기술을 향상시켰다.

양쪽 뇌를 효과적으로 사용하는 사람들은 더욱 창조적인 수준에서 작업을 하게 될 것이다. 창조의 과정에는 분석과 직관, 언어와 심상 그리고 사고와 감정이 함께 있어야 한다.

창조적 과정

창조성은 재능이나 선천적인 능력이라기보다는 오히려 일련의 과정으로 보인다. 이와 같이 창조성은 모든 사람이 가질 수 있다. 창조성은 천재의 전유물이 아니며, 다양한 분야에 종사하는 사람들이 수

많은 형태로 연습해서 획득할 수 있다. 비록 문제의 의미가 느낌을 표현하는 것부터 DNA 구조의 가설을 세우는 것까지 다양할지라도, 그것은 어떤 점에서 문제 해결의 한 형태다.

수많은 심리학자와 창조적인 사람들이 이 과정을 탐구하고 책으로 썼다. 전통적으로 창조적 과정은 5~6단계로 구성된다_{영감과 준비성은 간혹}

묶어서 생각되기도 한다.

1. 영감. 환경에서 일어나는 어떤 쟁점이나 문제, 정서적 경험, 풍경 등은 호기심과 흥미를 불러일으킨다. 일종의 내적 '긴장감' 이 분석되어야 할 영감에 의해서 일어난다.

2. 준비성. 정보 수집. '문제' 상황에 완전히 몰입하는 것. 관찰, 조사, 다른 사람과의 대화를 통해 주제에 대해 학습하는 것이다.

3. 부화. 칙센트미하이_{Csikszentmihalyi, 1996}는 이것을 '신비로운 시간' 이라고 부른다. 내적 묵상과 통합이다. 아이디어는 의식의 식역 아래에서 혼합되고 변형되어, 독특하고 예기치 못한 연결고리를 만들어 낸다.

4. 통찰. 퍼즐 조각이 하나로 잘 맞추어지는 순간 때로 '아하!' 하고 소리치게 되는 경험을 말한다.

5. 평가. 한 개인이 자신의 통찰이 추구할 가치가 있는지 결정해야만 하는 단계로, 자기비평과 불안감에 노출되므로 정서적으로 힘든 기간이 될 수 있다. 이것이 정말로 참신한 아이디어일까? 잘 실행할 수 있을까? 다른 사람은 이것을 어떻게 생각할까?

6. 정교화. 실제로 창조하는 작업으로, 가장 힘들며 시간을 많이 소비한다. 토머스 에디슨_{Thomas Edison}은 이 단계와 관련해 창조성이

란 1%의 영감과 99%의 노력이라고 하였다.

칙센트미하이는 사람이 자신의 작업을 정교화하는 데 있어 실제에서 통찰, 평가, 정교화에 몇 단계가 있을 것이라고 보았다. 이것은 순환과정으로서 그 사람이 자신의 창조성이 '정확하게 표현되었다'고 느낄 때까지 계속 반복된다.

끝으로 창조적 예술집단에는 결과물을 함께 공유하는 시간이 있다. 자신의 시간과 노력을 쏟아부었던 작업을 함께 공유하는 것은 아주 민감한 사항이다. 개인의 아이디어가 자신이 의도했던 것처럼 정확하게 전달되고 인정받는다는 보장도 없다. 이것은 창조자, 특히 내담자가 상처받기 쉬운 상황이 될 수도 있다. 공유하는 시간이 설정되면 어떻게 피드백을 주고받을 것인지에 대한 기본 규칙이 있어야 한다. 내담자가 원한다면 자신의 작업을 공유하지 않을 수 있는 권한도 부여해야 한다. 언제나 개인적 취향을 배제하고 진실을 일깨우는 것을 취하도록 내담자를 환기시킨다. 소중한 것을 배우면 그 사람은 나중에 그것을 사용하기 위해 메모를 하거나 5~6단계로 돌아갈 수 있다.

🌸 창조성과 몰입의 경험

이상적으로 치료사는 자신의 내담자가 창조적 경험을 즐기기를 바란다. 그러나 무엇이 즐거운 일인가? 칙센트미하이[1996]는 돈이나 명성에 관계없이 전문가로서 그 활동 자체를 즐기는 사람들을 연구하였다. 이런 최상의 경험은 종종 어렵지만 사람들의 역량을 확장시키고 새로운 요소를 발견하게 한다. 그는 이런 경험을 '몰입flow*의 경험'이라고 명명하였다. 이 경험에 대한 묘사는 문화나 성별 혹은 나이에 따라 달라지지 않는다. 그의 연구에 따르면 경험이 즐거울 때는 다음의 아홉 가지 요소가 작동한다.

- **분명한 목표**. 다음에 무엇이 행해져야 하는지를 정확하게 안다.
- **자신의 행위에 대한 즉각적인 피드백**. 일상적인 생활과는 대조적으로, 몰입 경험에서는 우리가 얼마나 잘하고 있는지를 정확히 안다. 각각의 음색이나 붓질, 움직임이 옳고 그른지를 즉각적으로 지각한다.
- **도전과 기술의 균형**. 도전 과제가 너무 높으면 사람들이 불안해하거나 좌절한다. 반면에 너무 낮으면 지루한 감을 준다. 따라서 몰입에서는 능력과 도전 과제가 적절한 균형을 이룬다.
- **행위와 의식의 통합**. 사고와 행동이 별개일 수도 있는 일반적인 활동과는 달리 몰입 상태에서 개인의 집중력은 자신이 행하고 있는 것에 초점을 둔다.
- **주의산만이 의식에서 배제됨**. 몰입 상태에서 우리는 단지 지금-여기와 관련이 있는 것만 인식한다. 몰입은 강렬한 집중력의 산물로서, 우리를 일시적으로나마 일상적인 생활에서 오는 두려움과 걱정에서 해방시켜 준다.

---

* 역주: 삶이 고조되는 순간, 주의가 물 흐르듯 온전히 투입되는 순간, 흔히 무아경이니 물아일체니 하는 상황을 말한다.

- 실패를 두려워하지 않음. 몰입 상태에서 그 사람은 매우 집중해 있어서 실패를 염려하지 않는다. 과정 자체가 결과보다 더 중요하다.

- 자의식이 사라짐. 몰입을 경험하는 동안 우리는 매우 집중해 있어서 자아를 보호하려고 걱정하지 않는다. 그러나 몰입의 삽화가 끝나면 일반적으로 더욱 강해진 자기개념을 형성하게 되고, 우리는 성공적으로 도전에 직면한 것이다. 역설적으로 자아는 자신을 망각하는 행동을 통해서 성장한다.

- 시간 감각이 왜곡됨. 일반적으로 우리는 몰입 속에서 시간을 망각한다. 많은 시간이 순간처럼 휙 지나갈 수도 있다. 혹은 시간이 쭉 늘어져, 빠른 시간 내에 행해진 동작이 경험한 시간 속에서는 아주 느리게 느껴질 수도 있다. 시간의 감각은 우리가 행하고 있는 것에 달려 있다.

- 활동 자체가 목적이 됨. 몰입의 조건이 거의 대부분 나타나고, 기술이 증가함에 따라 활동은 그 자체가 목적이 된다. 오토텔릭autotelic은 그 자체가 끝이라는 의미의 그리스어다. 우리가 인생에서 행한 많은 것은 그 자체를 위해서라기보다는 차후 목표 달성을 위한 외재적exotelic 목적을 가진다. 일부는 양쪽 모두의 목적을 가지고 있기도 하다. 예를 들면, 바이올린 연주자는 자신이 사랑하는 것을 하면서 돈을 번다. 여러 가지 면에서 행복한 삶의 비밀은 우리가 해야만 하는 다양한 활동에 최대한 몰입하는 것을 배우는 것이다.

우리가 창조적 예술 경험에 참여하는 이점을 설명할 때 이러한 몰입 경험이 바로 우리가 추구하는 것이라는 점을 분명히 해야 한다. 그러나 사람들은 창조적 경험을 할 준비나 의지를 항상 갖고 있지 않으

며 오히려 두려워한다. 사람들이 자신을 억누르는 한계를 벗어나도록
돕기 위해서는 무엇이 그들의 창조성을 방해하고 있는가를 정확히 이
해해야 한다. 다음 단계에서 이 문제에 대해 언급하겠다.

⚜ 창조성의 방해요소

왜 사람들은 더욱 창조적이지 못할까? 창조적 사고 분야에서 성공한
사업 컨설턴트인 로저 폰 외흐Roger von Oech, 1993는 『머리 부위를 툭 치
기A Whack on the Side of the Head』에서 그 이유로 두 가지를 제시하고 있
다. 첫째, 사람들은 자신이 하루를 효율적으로 보낼 수 있을 것이라 생
각해서 일과표routines를 개발한다. 그런 일과표가 없으면 성공적으로
업무를 달성하는 것이 불가능하다고 보는 것이다. 둘째, 스스로 창조
성의 발휘를 막는 우리 자신의 태도자신의 신념체계에서 비롯된 느낌이나 사고다. 폰
외흐von Oech는 이런 '정신적 자물쇠'에 대해 "우리 사고를 현상 유지
상태에 가둬 놓고 계속해서 '같은 것을 더 많이' 생각하게 하는 태도"
라고 정의하였다. 우리의 생각이 이런 영향을 받으면 창조적 활동을
하기는 어렵다. 또한 그는 다음과 같은 열 가지 '정신적 자물쇠'를 확
인하고 그것을 반박하였다.

1. 정답. 현재 우리의 교육계에서는 대개 정답만을 강조하며, 그것이
   우리의 사고 안에 깊게 자리 잡아 왔다. 그러나 실생활은 더욱 복
   잡하며 사실상 여러 개의 '정답'이 있을 수 있다.
2. 그것은 논리적이지 않다. 소위 '수평적 사고'로 불리는 이것은 다

양한 범주에 걸쳐 연결관계를 만들며, 한 가지가 아닌 여러 가지의 새로운 개념과 아이디어를 생성한다.

3. 규칙을 지키라. 규칙은 종종 임의적이어서 바뀌고 깨지거나 개선될 수 있다. 규칙은 우리가 사회적 인간이 되도록 도움을 주지만 계속해서 제한적인 게임을 하도록 할 수도 있다.

4. 실용적이어야 한다. 아이디어에 대한 가능성, 불가능성, 비실용성을 탐구하는 것은 종종 효과적일 수 있다. 왜 쓸모없는 모형비행기 조립이나 그림 그리기에 많은 시간을 소비할까? 왜 터무니없이 달에 가고 싶어 할까? 이런 유형의 사고는 우리의 발전에 도움이 되지 않는다. 어떤 문제에 접근할 때는 우선 상상력을 제한하지 말고 브레인스토밍을 하라.

5. 모호성을 피하라. 실생활에서 모호성을 피하기는 어렵다. 종종 어떤 대상이나 사건 혹은 사람의 행동에는 하나 이상의 의미나 해석이 있어서, 우리로 하여금 사고를 확장하고 무슨 일이 일어나고 있는가에 대한 자신의 더욱 깊은 이해에 도달하게 한다.

6. 실수는 잘못된 것이다. 실수를 통해 학습하는 교훈은 소중한 것이 될 수 있다. 최소한 회피하는 것보다 낫다.

7. 놀이는 하찮은 것이다. 놀이는 꼭 필요한 것이며, 뇌의 다른 부분을 활동하게 하고 사고를 확장한다.

8. 그것은 내 영역이 아니다. 자신의 지식과 경험의 폭을 제한하는 것은 창조성을 제한할 수 있다. 경계선을 넘어 한 영역에서 다른 영역으로 지식을 전달하는 것은 그 분야에 대한 신선한 통찰력을 길러 준다.

9. 어리석게 굴지 말라. 자신에게 바보스러운 놀이를 하도록 허용하

는 것은 사고를 전환하여 새로운 아이디어나 신선한 관점을 생성하게 한다.

10. 나는 창조적이지 않다. 자기충족적 예언self-fulfilling prophecy*이 되어 버리는 경우가 많다.

🌑 창조적 표현과 내담자

창조성 계발에 대한 많은 책은 재미있고 도움이 되는 경험과 연습에 대한 아이디어로 가득 차 있다. 이런 것은 창조성을 자극하는 수단으로서 재고해 볼 가치가 있다. 또한 어떤 책은 내담자가 창조성을 저해하는 요소를 극복하는 데 도움을 주기도 한다. 태도위에서 언급했던 것과 같은와 그것에 수반하는 감정예, 실패나 어리석게 보이는 것에 대한 두려움은 변화에 대해 강하게 저항할 수 있다. 치료사는 어떻게 창조성을 기르는 데 도움을 줄 수 있을까?

내담자가 창조적인 표현을 할 수 있도록 돕는 것은 곧 부정적인 태도를 인식하고 천천히 떨쳐 버리도록 하는 것이다. 자신들이 창조적이지 않다고 말한 내담자에게는 이런 창조성의 저해요소에 반박하기보다는 앞서 그 창조성을 성공적으로 보여 주었던 사례를 지적한다. 그가 창조한 시나 그림이 될 수도 있고, 형식을 갖춘 작품이 아니더라도 옷 입는 방식이나 요리, 낙서가 될 수도 있다.

---

* 역주: 기대와 믿음을 가지면 결국 그 사람이 기대되는 방향으로 행동하고 성취하도록 이끌 수 있다는 것을 말한다.

구조화된 활동결과물이 좀 더 직접적이고 관리가 가능한과 개방된 활동성과물이 각 개인
에게 더 많이 의존하는 간에 균형을 제공하라.

창조적 표현에 대한 내담자의 두려움을 다루는 데 있어서 존중과
연민을 갖되 포기하지 말라. 두려움은 직접 경험하는 사람에게는 실
제와 같다. 최근에 상실을 경험한 내담자는 미지에 대한 두려움을 스
스로 만들어 낸다. 두려움을 피해 달아나는 것보다 두려움이 지나가
기를 기다리는 것이 더 나은 방법임을 내담자에게 일깨워 주라. 굳은
의지로 시간을 가지고 지켜보면 그 두려움은 해결할 수 있는 상태로
호전되거나 저절로 없어지기도 한다. 인내가 중요하다.

모든 사람은 창조성의 정체를 경험한다. 평소 열정적인 참여자가 갑
작스럽게 발전하지 못하고 지루해할 것이다. 때때로 사람들은 자신의
느낌을 설명하지 못하거나 그 상태를 어떻게 헤쳐 나가야 할지를 모르
는 경우도 있다. 그러면 관점을 전환하기 위해서 다른 것을 시도해 보
라. 예를 들어, 당신이 시각예술 프로그램을 진행하고 있다면 스케치
북을 들고 야외로 나가 보라동물원은 그림을 그리기에 아주 좋은 장소다. 음악치료 프
로그램을 진행한다면 잡다한 폐품을 가지고 와서 내담자에게 그것을
악기로 재활용해 보도록 하라. 더 이상 방법이 없다면 최후의 수단으
로서 새로운 방법으로 사물을 보기 위해 뒤로 걷거나 기어가 보라.

심각하게 생각하지 말고 즐기라. 오락성과 창조성은 서로 단단히
연결되어 있다. 내담자는 창조성을 가지고 있다는 것과 그들이 그 기
대에 부응할 것임을 믿으라.

🌸 집단에서 표현을 향상시키거나 저해하는 요소

집단 상황에서 창조적 표현에 영향을 주는 요소가 세 가지 있는데, 그것은 치료사, 환경, 집단의 구성원이다.

이러한 요소 모두가 표현을 향상시키는 데 도움을 주는 것이 이상적이겠지만, 한 영역에서의 약점을 다른 부분의 강점으로 보완해 주는 것만으로도 충분하다. 유능한 치료사는 제한된 재료나 부적절한 공간에도 불구하고 최상의 결과를 이끌어 내며, 내담자가 어떻게 집단에서 효과적인 구성원이 될 수 있는가를 가르친다.

표현을 향상시키는 특성

'치료사'는 다음과 같은 특성을 보여 줌으로써 표현을 향상시킨다.

- 진정성. 진실하라. 자신의 느낌을 감추지 않고 그 상황에 정직하게 반응한다.
- 이해. 이것은 중요한 특성이다. 수용과 경청을 경험했다고 느낀 내담자는 자신의 개성과 창조성을 표현할 수 있다고 느끼는 것이 쉬워진다.
- 사생활 존중. 내담자가 노출하거나 감추고자 하는 것을 수용한다.
- 자기자신 및 집단과의 편안함 유지. 다른 모든 사람이 안도하고 편안해질 수 있는 기회를 증진시킨다.
- 비판단적인 태도와 객관성. 이 두 가지 특성은 모든 사람에게 용기

를 심어 주어 개인의 관점을 표현할 수 있도록 해 준다.

- 지지적인 안내. 이는 집단 내에서 스스로에 대한 신뢰감과 위험을 감수하는 용기 있는 행동을 길러 주는 태도다.

- 파트너십의 느낌을 창조하는 능력. '우리는 같은 배를 타고 있다' 는 느낌은 나눔, 협동심, 그리고 서로의 성장과 발견에 공헌한다는 의식을 촉진하여 집단의 결속력을 강화한다.

- 열정. 집단 구성원의 힘을 북돋아 줄 수 있는 전파력이 강한 특성 이 있다.

- 솔직성. "네가 의도한 바를 말하고, 말한 것을 의도하라." 이것은 집단에서 신뢰감을 조성한다.

- 온정과 보살핌. 내담자를 잘 보살펴 그들이 덜 지지적인 환경에서 는 드러내기를 꺼리는 측면을 내보이도록 한다.

- 심리적 안전감 이해하기. 안전하다고 느끼게 만드는 요소와 안전감 을 줄 수 있는 기본적인 규칙을 어떻게 수립할 것인지를 아는 것 이다.

- 개개인의 학습 속도 존중. 집단 구성원이 학습하고, 나누며, 타인과 새로운 환경에 편안한 느낌을 갖기까지는 적응기간이 각기 다르 다는 것을 이해한다. 따라서 속도를 강요해서는 안 된다.

- 참여. 치료사는 적극적인 집단 구성원이 되고, 필요할 때는 모델링 으로 참여한다.

- 놀이성. 치료사가 모델링하는 것은 집단 내에서 놀이성의 정신을 허용한다.

- 중립적인 자세. 치료사는 집단의 역동에 빠지지 말고 한 걸음 뒤로 물러나 있어야 한다.

표현을 향상시키는 '환경적' 특성은 다음과 같다.

- 다양하고 좋은 재료. 가능하면 최상의 재료_{예산과 유용성의 여건을 고려하여}를 제공하고 항상 양호한 작업 환경이 되도록 도구_{가위나 풀 등}를 관리한다.
- 선택권 부여. 개인에게 선택권을 부여하는 것이 놀이의 핵심이다. 선택권이 많을수록 그 집단은 더 많은 힘을 부여받게 될 것이다.
- 내적/외적 환경의 유용성. 대부분의 시설은 '레크리에이션/미술실'을 갖고 있지만, 안뜰이나 뒤뜰 그리고 공원을 프로그램 장소로 설정하는 것은 내담자의 기분을 상쾌하게 할 것이다. 수잔 미르비스_{Suzanne Mirviss}에 따르면, "내가 내담자와 함께하면서 가장 기억에 남는 경험 중의 하나는 해변에서의 소풍을 미술·음악과 결합한 것이었다. 우리는 모래촛불과 커다란 모래성을 만들고, 함께 노래 부르면서 우리의 모든 감각기관이 바다세계를 흠뻑 만끽하도록 하였다. 우리를 가두어 두는 벽이 없었기 때문에 마음껏 날개를 펼칠 수 있었다."
- 다채로운 공간. 집단이 교육적 환경에서 만나면 환경적으로 변화를 주는 데는 제한이 따를 것이다. 적어도 미술작품을 전시할 수 있는 게시판이나 잠긴 유리 진열장을 갖추라.
- 적절한 조명. 특히 시각장애를 겪고 있는 사람들이 적절하게 작업할 수 있도록 충분한 조명이 필요하다.
- 적절한 음악. 음악 취향은 서로 다르겠지만, 환경과 집단 그리고 활동에 적절한 음악을 선택하라.
- 방해요소 줄이기. 스태프에게 요청하여 외적인 주의산만 요소를

최소화할 수 있도록 한다. 라디오, 텔레비전, 그리고 사람들이 방 안팎으로 돌아다니는 것은 창조적인 표현을 저해할 수 있다.

- 작업공간. 작업공간은 항상 깨끗하게 정돈한다. 방 안에서 사람들이 흩어져서 작업할 수 있게끔 하고, 모든 사람이 적절한 개인 공간을 활용할 수 있도록 하라.
- 공간. 공간은 친밀감과 거리감, 개방성과 사생활을 모두 허용해야 한다. 또 필요할 때 그 안에서 움직이고 활동할 수 있어야 하지만 내담자가 요구할 때는 조용한 장소가 될 수도 있어야 한다.

'집단 구성원'은 다음과 같은 특성을 통해 표현을 향상시킨다.

- 지지. 집단 구성원은 부정적인 비난을 받지 않고 지지적인 격려를 받아야 한다. 부정적인 감정은 집단 응집력을 해친다.
- 수용. 치료사를 포함하여 모든 구성원은 그 집단이 효율적으로 기능하도록 하기 위해서 집단 안에서 수용받는다는 느낌을 가질 필요가 있다.
- 아이디어/피드백을 공유하려는 의지. 구성원은 그 집단이 진보하고 결실을 맺도록 하기 위해서 장시간 동안 적극적인 참여자가 되어야 한다. 이것이 심리적으로 불가능하다고 여길 때도 있겠지만, 그런 경우는 그 사람의 정신 상태를 존중해야 한다.
- 출석에 대한 약속. 이것은 집단의 초기단계에서 이루어져야 한다. 구성원이 나타나지 않을 때, 그들의 부재는 그 집단의 다른 구성원에게 영향을 미친다.
- 치료사 및 동료와 함께 작업할 수 있는 능력. 구성원은 설정된 구조

내에서 작업할 수 있는 능력이나 욕구가 없으면 제대로 기능할
수 없다.
• 창조적 과정에 관여하려는 의지. 어떤 구성원이 그 집단에 있고 싶
지 않거나 활동에 흥미가 없으면 모든 사람의 시간과 에너지를
낭비하게 된다.

표현을 방해하는 특성

말할 것도 없이 집단에서 작업할 때 이런 방해요소를 최소화시키려
는 노력이 중요하다.
'치료사'는 다음과 같은 방법으로 표현을 방해할 수 있다.

• 비판. 비판보다는 긍정적인 제안을 할 수 있는 방법을 찾아보라.
• 지나치거나 미흡한 구조화. 활동이 지나치게 구조화되면 사람들은
덫에 빠진 느낌을 갖게 되며, 반면에 구조화가 미흡하면 실수를
저지르기 쉽다. 사람들이 목적을 가지고 탐구하기에 적합하도록
충분한 구조를 구성해야 한다.
• 지나치거나 부족한 지시. 내담자가 너무 어린애 취급을 받는다는 느
낌을 갖거나 반대로 방향감을 잃지 않도록 지시는 균형을 유지해
야 한다. 지시에 대한 내담자의 욕구 수준을 지속적으로 평가한다.
• 자기의 부적절한 공유. 전문가가 넘지 말아야 할 선을 명심하고 꼭
필요한 것만 공유한다.
• 거리감. 심리적으로 집단에 참여하지 못하겠다거나 접근이 어렵
다고 느끼는 등 집단활동에서 괴리되어 있는 상태를 말한다.

- 내담자 욕구의 경시. 목표와 상호작용에서 내담자중심이 아니고 목표와 기대를 강요하게 된다.

- 격려 부족. 격려가 없으면 내담자가 새롭고 창조적인 활동을 추구하는 데 자신감이 낮아진다.

- 준비성의 부족. 비록 사실이 아닐지라도, 준비성의 부족은 구성원으로 하여금 자신이나 활동이 치료사에게 별로 중요하지 않다는 인식을 줄 것이다. 한 번의 문제는 해가 되지 않지만, 고질적인 준비 부족은 악영향을 미칠 것이다.

- 피드백의 결핍. 개인의 프로젝트와 집단의 공헌도에 대한 피드백이 없으면 구성원은 자신의 노력이 무가치하거나 인정받지 못하고 있다는 느낌을 받을 것이다.

- 노출이나 해석의 강요. 이것은 '내담자의 욕구를 경시' 하는 것과 관련이 있다. 강요는 심리적인 고통을 줄 뿐만 아니라 창조적인 작업에 비생산적이다.

- 작업을 재촉하기. 어떤 새로운 과정이든지 원만한 진행을 하기까지는 시간이 걸린다. 특별한 지시로 압력을 가하여 빨리 진행되도록 하면 대개 실패를 초래한다. 그 과정이 원만히 진행되도록 인내심을 가지고 지켜본 치료사는 더욱 크고 예기치 못한 성과로 보상을 받을 것이다.

- 불성실성. 내담자는 대개 성실하지 못한 치료사를 잘 파악한다. 종종 이것은 내담자에 대한 존중이 부족한 것으로 해석되며, 창조적 표현에 저해요소가 된다.

'환경상' 의 부정적 요인은 다음과 같다.

- 형식성. 과도하게 형식적인 환경은 내담자에게 놀이를 즐기거나 마음대로 어지럽히거나 편안해질 거라는 느낌을 주지 못한다.
- 무미건조함. 차갑고 텅 빈 공간은 내담자의 생산성이나 창조적인 작업을 하려는 의욕을 자극하지 못할 것이다.
- 필요한 시간의 부족. 계획을 세우는 것은 반드시 필요하다. 내담자는 서두를 때 스트레스 수치가 올라간다. 스트레스는 창조적인 능력을 감소시킬 수 있다어떤 내담자는 다른 사람의 주의를 끌기 위해 습관적으로 천천히 행동한다. 이런 상황에서는 처음부터 짜인 시간표를 철저하게 지키는 것이 최상이다.
- 불편한 공간. 비좁고 너저분하며 더러운 공간은 신체적으로나 심리적으로 내담자에게 불쾌감을 줄 수 있다. 너무 춥거나 너무 덥거나 불안하거나 불편하면 모든 '창조적 기운'이 막혀 버린다. 매슬로Maslow, 1968는 우리가 창조성을 경험하기 위해서는 인간의 기본적인 안정감에 대한 욕구가 충족되어야 함을 분명하게 언급하였다.
- 소음이나 주의산만. 이러한 요인은 집중을 어렵게 만든다. 창조성은 '몰입'의 상태에서 가장 잘 경험할 수 있다. 주의를 산만하게 하는 다양한 요소는 이런 상태의 유지를 어렵게 만든다.

'집단 구성원'은 다음과 같은 요소로 창조적 표현을 방해할 수 있다.

- 선입견. 구성원이 집단의 목표와 계획에 대해 부정확한 정보를 가지고 집단에 참여했는가?
- 부정적 느낌. 부정성은 치료사가 그 느낌을 다루지 않으면 심리적인 장벽이 된다.
- 우울감이나 피로. 피로하거나 우울한 상태에 있는 구성원은 집단

에 커다란 부담을 안겨 줄 수 있다. 집단 구성원에 대해 알고 그들이 어떻게 지내는지 규칙적으로 확인한다. 구성원이 감정을 정리하기 위해 집단을 잠시 떠나 있어야 하는 경우도 있다.

- 무례함. 이것은 자존감_{개인적 또는 집단적}을 손상시키고 불안감을 조성한다.

- 자신감 부족. '나는 창조적이지 못하다' 와 같은 두려움에 토대한 이런 자신감 부족은 개인과 집단의 발전을 가로막는다.

- 노출이나 해석에 대한 두려움. 이 두려움은 자기표현을 거의 불가능하게 만들기 때문에 치료사와 개인이 함께 해결해야 한다.

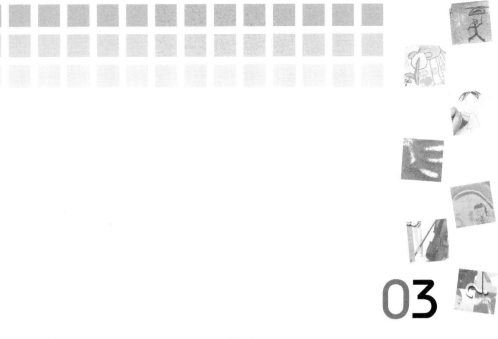

03

Therapy Techniques: Using the Creative Arts

치료사의 역할

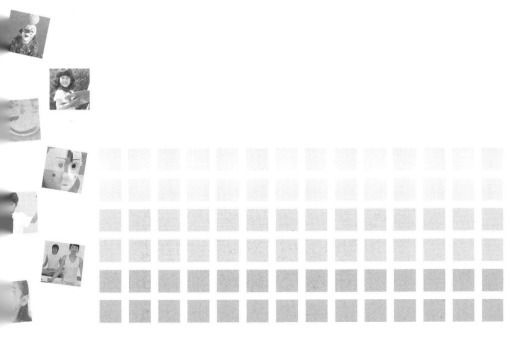

집단의 치료도구로 예술을 이용하는 치료사는 발견과 경이의 여행을 떠난다. 아주 꼼꼼하게 계획을 세웠더라도 집단 내 개인의 마음과 정신세계에서 생겨나는 신비한 요소가 존재한다. 그 정신세계를 어루만지고 일상적인 생활과 다른 의사소통의 수준을 촉진시키는 것이 바로 예술의 마법이다. 창조적인 표현을 할 수 있는 기회를 고안하고 치료의 결실로 나타난 정보를 정리하여 사용하고자 하는 치료사는 단순히 자극적이고 신비한 영역만을 섭렵하지 말고 다양한 역할을 수행할 수 있어야 한다. 이 여행에 스스로 집념을 불태우기 위해서 치료사는 다양한 역할을 검토하여 치료과정에서 편안한 자세로 임해야 한다. 치료사의 주된 역할은 촉진자, 교사, 예술가, 그리고 치료사의 역할이 될 것이다.

◉ 촉진자의 역할

'촉진시키거나 수월하게 하기 위해서' 치료사는 집단 내에서 독보적 지식의 권위자로서의 전통적인 위치를 버려야 한다.

구성원이 느끼기에 치료사뿐만 아니라 구성원 서로가 지지를 추구할 수 있다는 집단 분위기를 조성하는 것이 중요하다. 창조적인 경험은 종종 수수께끼와 같기 때문에 모든 집단 구성원이 그 본성에 따라 평등하며, 그 의미를 파악하도록 한다. 유능한 촉진자는 내담자에게 그들을 위한 진실이 무엇인지에 대해 권위를 부여하며, 서로 성장하고 뭔가를 발견할 수 있도록 정보와 지지를 주고받는다.

유능한 촉진자가 된다는 것은 다음과 같은 것을 할 수 있음을 의미한다.

집단을 안전하게 만든다

개인이 집단에서 직분을 잘 수행하는 구성원이 되기 위해서는 스스로가 서로에 대해 안전하다는 것을 느끼는 것이 중요하다. 구성원이 집단의 다른 구성원에게 존경심을 보이고 자신들의 통찰과 느낌을 공유하며 집단에서 중추적인 인물로 참여하고 행동하는 법을 지도하기 위해서는 집단 형성 초기부터 특별하고 근본적인 규칙을 세워야 한다. 집단의 환경이 안전하다면 개인은 자신의 예술 경험에서 발견한 것을 탐구하고 표현하는 데 편안함을 느낄 것이다.

역할모델이 된다

사람들은 종종 말로 표현된 것보다 행동으로 나타난 것에서 더 많은 것을 배운다. 내담자에게 집단에서 유능한 구성원이 되라고 조언하는 것이 아니라 그 결과가 무엇을 수반하는지 예를 보여 주는 것이 중요하다. 예컨대, 집단 구성원은 치료사가 다른 구성원을 찾아가 그와 어떻게 피드백을 주고받는지를 보여 주게 되면 이를 관찰한다.

참여한다

유능한 역할모델이 되기 위해서는 집단에서 적극적인 참여자가 되는 것이 중요하다. 뒤로 물러서서 다른 구성원이 활동하는 것을 관찰하는 것이 간혹 필요하기도 하지만, 규칙적으로 하는 것은 별로 도움이 되지 않는다. 역할모델의 경우 활동에 대해 말로만 하는 것이 아니라 집단의 일부로서 활동에 직접 참여하는 것이 가장 효과적이다.

위험을 감수한다

위험을 감수한다는 것은 변화를 받아들이는 것을 의미한다. 한 집단에서 위험이란 내담자로 하여금 자신의 작업에 대해 말하도록 격려하거나 뭔가 잘 모르는 것을 인정하도록 하는 것에 이르기까지 무엇이든 될 수 있다. 위험을 감수하고 성공하는 것은 타인에게도 더 많은 위험에 도전할 수 있는 용기를 심어 준다. 역설적으로 실패를 대수롭지 않게 생각한 내담자는 위험을 당연하게 받아들일 것이다. 위험을 감수하고 도전한 일이 실패로 끝날지라도, 그 내담자는 치료사를 똑같은 인간으로 보거나 혹은 그것을 흔히 일어날 수 있는 일로 간주할 것이다. 상처받을 위험을 감수하면서 치료사는 타인에게 성공할 수 있는 가능성을 보여 주려고 자신을 희생한다. 이것은 과업을 달성할 수 있다는 강력한 메커니즘으로 타인의 자존심을 강화시키려는 의지를 보여 준다. 수잔 미르비스Suzanne Mirviss에 따르면, "나에게 가장 가슴 아팠던 순간 중 하나는 집단미술 프로젝트에 관한 문제를 어떻게 해결해야 할지 몰랐던 것을 인정해야 하는 수모를 겪은 일이었다. 그렇게 인정을 하고 나면 몇몇 관련된 경험을 가진 구성원이 앞으로 나와 그 딜레마의 상황을 이끌고 나가게 되었다".

진실하다

누군가 진실하지 않다면 그 사람 스스로도 솔직하지 않을 것이며, 이는 집단 내의 안정된 분위기에 영향을 미친다. 치료사가 집단 내에서 말한 것은 타인에게 진실이라고 느껴져야 한다. 예를 들어, 치료사가 실제로 아무것도 한 일이 없는 내담자에게 "당신은 정말로 큰일을 하였습니다."라고 한다면, 그 사람은 치료사의 진실을 의심하고 차후에 이어진 피드백에 대해 불신감을 갖게 된다.

타인에게 우호적이고 개방적이다

효과적으로 촉진하기 위해서는 존재에 대해 환영하고 우호적이며 내담자를 위해 일하는 것을 진심으로 행복해해야 한다. 예를 들어, 치료사가 지친 모습을 보이고 자기 노출을 두려워하면 따뜻하고 지지적인 집단의 분위기를 이끌어 내기가 어렵다. 타인에게 개방적이고 진정한 자비심을 보이며 내담자에게 일어난 일을 보살피는 것이 진정한 치유의 약이다.

조직 내에서의 자유를 격려한다

집단 작업의 도전 중 하나는 집단 구성원을 위한 조직의 편안한 환경을 조성하고예, 회기별 활동에 대한 계획, 자유로운 분위기를 유지하는 것이다. 치료사가 유연해지고, 내담자에게 관심을 가지며, 활동이나 방향성의 변화에 대해 개방하는 것은 내담자가 자유로운 느낌을 경험할 수 있도록 한다. 많은 치료사는 자신이 훌륭한 활동이라고 생각하고 집단활동에 적용했다가 '이것을 하고 싶지 않아!' 라는 공허한 시선을 경험했던 적이 있다. 그 이유는 치료사와 별로 관계가 없다. 효과적인 촉진책은 집단 구성원이 원하는 것을 찾기 위해 원래의 계획을 기꺼이 포기할 수 있음을 뜻한다.

적절한 경계를 유지한다

치료사는 참여를 하고 위험을 감수하며 열정을 소유하고 있으면서도 적절한 개인적 경계를 유지해야 한다. 이것은 개인적 고충을 한탄

하거나 자신의 과거사를 내담자에게 터놓지 말라는 뜻이다. 치료사가 아닌 내담자가 도움을 필요로 하고 있다. 집단 내에서 사회적으로 내담자와 어울리는 것은 경계선을 무너뜨리고 자신의 역할에 혼란을 초래할 수 있다. 내담자는 어디까지가 친구관계이고 어디서부터 치료사인지 분간하지 못한다.

촉매제가 된다

촉매제는 어떤 일을 가능하게 만든다. 많은 내담자는 삶의 변화에 압도당하거나 행동을 유발하는 추진력을 저해하는 장애를 가지고 있다. 촉진책은 때때로 내담자가 자신의 삶의 변화를 시작할 수 있는 힘이나 생각을 제공하는 '점화장치'가 되기도 한다.

🌸 교사의 역할

교사가 되는 것은 통합적으로 치료사가 되는 것이다. 창조적인 예술을 이용하는 치료사는 가르치기, 시범 보이기, 평가하기, 그리고 내담자에게 동기를 부여하기 위한 새로운 아이디어를 찾는 일에 적극적으로 관여한다.

교사는 다음과 같은 사항에 대해 알고 있어야 한다.

사람들이 학습하는 방법

내담자중심내담자의 성장을 성공의 척도로 평가이 되기 위해서 우리는 사람들이 각기 다른 방법으로 학습한다는 것을 이해해야 한다. 어떤 사람은 시각중심 학습자로서, 정보를 배우기 이전에 먼저 그 자료를 눈으로 보아야 한다. 또 다른 사람은 청각중심 학습자로서, 귀로 들음으로써 가장 잘 기억하고 학습한다. 신체동작 중심의 학습자는 직접 행동을 취하면서 습득한다. 대부분의 사람은 한 가지 이상 뛰어난 능력을 보인다. 숙련된 교사는 모든 사람이 다른 방법으로 학습하며, 어떤 활동을 가르칠 때도 한 가지 이상의 학습 방식을 가지고 있다는 것을 인식해야 한다.

활동과 재료의 표현

표현은 교사의 방식, 그리고 활동을 소개하는 시간과 방법 모두를 말한다. 조용한 활동은 에너지를 많이 소모하는 활동과 연계할 필요가 있다. 내담자에게 정서적으로 영향을 주는 활동은 천천히 도입하면서 워밍업 활동을 통해 진행하도록 한다.

표현의 효과적인 방식에는 여러 가지가 있다. 어떤 교사는 열의가 넘쳐 집단을 활발하게 이끄는 반면, 또 어떤 교사는 조용하게 주의를 환기시킨다. 방식에 관계없이 다음과 같은 기법을 적용한다.

- 내담자는 자신이 알고 싶었던 것을 이해했는지 확인하기 위해서 몇 가지 다른 방법으로 혹은 각기 다른 시간대에 듣고 싶은 것을 말한다.
- 들었던 것을 요약한다.
- 집단에서 기법과 재료를 사용하기 이전에 미리 연습을 한다. 그러면 시간을 절약하고 실수를 막을 수 있다.

자원과 기법

아이디어와 기법의 '복주머니'는 치료사가 집단의 요구에 유연하고 즉각적으로 반응할 수 있도록 도와준다. 그 분야에서 새로운 발전을 지금까지 유지하고 있고 생각과 활동의 목록을 확장하고 있는 것은 교사로서 치료사의 효율성을 증가시킬 것이다.

교사로서뿐만 아니라 학습자가 되는 방법

가장 훌륭한 교사는 배움 자체를 사랑하는 사람들이다. 배움을 사랑하고 새로운 생각을 탐구하려는 욕망을 심어 주는 것은 치료를 받는 사람들에게 큰 선물이다. 이러한 '학습자이기도 한 교사'는 모든 학습자가 경험하는 취약성, 즉 자신이 무지하다는 느낌 또한 잘 알고 있다. 이러한 지식은 당신이 내담자에게 가르친 것을 그가 잘 이해할 수 있도록 도와줄 수 있는 효과적인 방법을 찾도록 당신에게 동기를 부여한다.

🌸 예술가의 역할

치료적 도구로서 예술을 사용하기 위해서는 화가나 음악가 혹은 다른 성공한 예술가가 되어야 하는가? 그들이 창조적이지 못하다고 느끼는 것은 종종 예술에 관심은 있지만 편안함을 느끼지 못하고 예술 관련 치료활동을 성공적으로 이끌 자신이 없다고 생각한 치료사의 고민에 지나지 않는다. 분명히 예술과 관련된 분야의 전문가에게 도움을 청할 수도 있지만, 꼭 집단 작업에 병합할 의무는 없다. 필요한 것은 예술이 내담자를 위해 무엇인가 이룰 수 있다는 확고한 생각과 자신을 창조적 표현의 촉진자로 이해하는 능력이다.

'예술가'는 다음과 같은 것을 해야 한다.

모든 사람이 자신의 삶에 대해서 창조성을 표현할 필요성, 정당성, 그리고 능력을 가지고 있다고 믿는다

사람은 천성적으로 창조적인 동물이다. 아동일 때 우리는 미술재료를 사용하고, 아이디어를 탐구하며, 창조성을 가지라고 격려받는다. 어떤 점에서 많은 사람은 창조적 활동보다 다른 활동을 중시하고, 예술을 경시한다는 암시를 받았다. 또 어떤 사람은 "당신은 절대 예술가가 될 수 없어." 혹은 "당신이 예술이나 작품으로 성공하려면 재능과 실제적인 기술이 있어야 해."라고 마음에 상처를 주는 말도 듣는다. 결과적으로 사람들은 자신들의 중요한 일면을 상실하거나 유년 시절에 느꼈던 열정적인 관심을 잃어버린다. 창조성을 표현하는 것은 모든 인간에게 필요한 것이다. 우리가 할 일은 내담자를 치료하고 내담자에게 충만함을 주기 위해서 이러한 방법을 찾아서 이용하는 것이다.

일상적인 삶 속에서 창조성의 역할을 이해한다

창조성, 자기표현, 그리고 놀이성은 함께 어울린다. 일상적인 활동, 즉 함께 옷을 입는 것에서부터 내담자에게 새로운 활동에서 편안함을 줄 수 있는 방법을 개발하는 것에 이르기까지를 창조적인 선택의 관점으로 비춰 볼 수 있다. 창조적 표현의 형태에 대한 정의를 확대하는 것은 내담자를 위한 창조적 선택에 대한 인식을 향상시킬 수 있다.

창조성에 대한 자신의 장애물을 안다

치료사는 창조성에 대하여 자신이 가지고 있는 장애요소나 부정적인 메시지를 인식할 필요가 있다. 이런 메시지는 우리의 태도에 영향을 미치며, 삶에 침투하여 의심과 두려움을 유발한다. 이런 장애물을 제거할 수 있는 방법을 찾는 것은 예술가 자신의 창조성을 더욱 잘 표현하도록 하며 내담자도 똑같이 잘 표현하도록 도와준다.

예술을 탐구한다

실제로 생각이나 재료 그리고 과정은 무한히 공급된다. 하나의 기법이 치료사나 집단에게 영감을 주지 못하면 다른 여러 가지 기법을 실험해 볼 수 있다. 책이나 공예 잡지, 신문, 교과목, 인터넷 등의 자료를 활용할 수 있다.

🌑 치료사의 역할

치료사는 내담자가 풍부하고 조화로우며 즐거운 삶을 영위할 수 있는 방법을 찾는다. 이런 목표에 도달하는 한 가지 방법은 여가를 즐길수 있도록 도와주는 것이다. 여가생활 자체는 삶의 모든 부분에 영향을 주기 때문에 창조적 활동 중에 더욱 현저하게 나타난다. 창조성의 도구를 이용하는 것이 치료의 본질적인 수단이 되었다. 치료적 경향과 관계없이, 치료사는 미술, 심리학, 연극, 춤, 음악, 레크리에이션 및 작업치료와 같은 다양한 건강치료와 연합하였다.

연합된 전문적 과정을 이용할 때, 우리는 우리의 전문적 목표와 그 경계를 분명히 해야 한다. 예를 들어, 미술치료사는 주로 심리학, 미술발달, 미술양식에 초점을 둔 전문 훈련을 받았다. 그는 그림을 해석하고 진단을 하고 치료를 권한다. 연극치료, 춤치료, 혹은 음악치료 또한 전문적 훈련과 경험이 필요하다. 모든 치료사가 이러한 기능을 수행하기 위해서 반드시 훈련을 받아야 하는 것은 아니다. 그러나 우리는 집단에서 탐구를 위한 재료로 미술치료사와 음악치료사의 과정을 이용할 수 있다. 이러한 수단을 사용하는 방법이나 드러난 정보를 처리하는 방법은 다르기 때문에 자신의 전문 영역 내에서 다루어야 한다. 예를 들어, 우리는 내담자의 예술작품을 해석하기보다는 내담자로 하여금 그 작품이 무엇을 나타내고 있는지 말하도록 한다. 우리는 우리 스스로 미술치료나 연극치료의 처치계획을 세울 수 없다 해도 집단활동을 하는 동안 내담자에 대한 어떤 중요한 것을 발견할 수도 있고, 정보와 토론을 위해 치료 팀 미팅을 할 수도 있다. 전문 영역의 한계를 기억하고 치료사로서 자신의 역할을 인정하는 것은 우리의 책임이다.

'치료사' 는 다음과 같은 것을 알아야 한다.

집단의 목적

집단은 미술기술을 배우기 위해서, 자신의 삶을 축복하기 위해서, 혹은 개인적 탐구나 치료목표를 위해서 형성되었는가? 집단의 목적에 따라 치료사의 태도와 방식, 집단 구성원 간의 상호작용, 정보의 수집방법 및 집단의 진행과정이 그와 같은 분위기를 형성한다.

집단의 목표

집단활동이 진행되는 동안 특히 각 내담자는 무엇을 성취할 수 있는가? 일단 집단의 목표가 명확하게 정의되면, 지적으로나 정서적으로 적절한 창조적 예술활동을 선택하고 통합시킬 수가 있다. 집단에서의 성공은 분명하고 실제적인 목표와 직접 연관된다.

관찰기술

내담자가 우리의 행동을 관찰하면서 배우는 것처럼, 우리도 집단에서 그들의 행동을 관찰하면서 배운다. 훌륭한 관찰기술을 통해 치료사는 중요한 신체 자세나 얼굴 표정, 감정적 반응이나 미묘한 행동을 포착할 수 있다. 이와 같은 무의식적 반응은 종종 사람들이 말로 표현하는 것보다 더 잘 드러난다.

심리적 발달

내담자가 다루고 있는 문제를 인식하고 잘 이해하기 위해서는 각 개인이 삶의 발달단계를 통해 겪은 심리사회적 과업에 친숙해야 한다. 이런 문제를 해결하지 못하는 것은 개인의 발달에 영향을 준다.

집단 역동

집단을 대상으로 작업하는 치료사는 그 집단의 기능을 이해해야 한다. 집단 역동의 중요한 측면은 다음과 같다.

- 개인이 집단을 구성하는 방법
- 집단의 발달단계

- 리더십 방식과 그것이 집단에 미치는 영향
- 갈등 해결
- 집단의 변화에 효과적인 방법

직관적이 되는 법

내가 무엇을 느끼고 있는가? 내담자는 정말로 무엇을 원하고 있는가? 이 집단에 종결을 가져오게 하는 것은 무엇인가? 직관적이 되는 것은 종종 육감으로 언급되는데, 이는 숨어 있는 뜻을 읽는 능력이다. 이것은 많이 배운다고 해서 되는 것이 아니라 계발해야 된다.

'최소 제한적 개입'의 개념

이것은 내담자나 집단이 편안한 느낌을 주는 자유와 개인적 표현과 같은 개인적 변화의 과정을 작업하도록 한다.

분석하지 않는 법

참여자는 자신이 만든 이미지, 언어, 그리고 때로는 사적인 설명을 구두로 표현하는 데서 자신만의 답을 발견할 것이다. 부연설명이 없어도 내담자는 자신의 통찰력과 노출을 충분히 활용한다.

최우선의 설정

구조 내에서 자유를 창조하는 촉진자로서 유능한 치료사가 되는 것은 규정하는 활동과 선택 사이에 균형을 찾는 것이다. 어떤 활동은 치료를 중시하고 다른 활동보다 치료를 비중 있게 다룬다. 구성원의 심리적 욕구에 적합한 스케줄을 정리할 필요가 있겠지만, 집단의 목적이 문제를 해결하는 것이라면 그 활동은 선택적으로 제시할 필요가 없다.

활동분석

활동은 집단의 목표에 맞게 아주 세심하게 선택되어야 한다. 활동분석을 이해하면 치료사는 집단에 도입하고자 하는 활동의 심리적, 인지적, 정서적, 사회적 요구를 판단할 수 있다. 활동분석은 다음과 같은 질문에 답변하는 것을 돕는다. 이 활동은 나이에 적합한가? 과업을 완수하기 위해서 어떤 기술과 능력이 필요한가? 나는 어떤 리더 방식을 염두에 두고 있는가? 치료사는 항상 개입방법을 계획하고 응답이 가능하도록 선택해야 한다. 우리가 하는 모든 것은 함께 작업하는 사람들에게 영향을 미친다.

여가이론

여가의 중요성을 이해한다는 것은 치료사가 개인의 경험을 통합하여 내담자에게 힘을 실어 줄 수 있는 방법을 찾는 것이다. 그래서 내담자는 그 시대에 적합한 자신의 답을 찾을 것이고 통합감과 자존감을 지키는 방식으로 그 답을 표현하게 될 것이다.

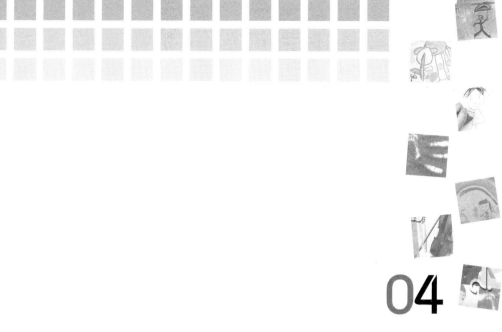

04

Therapy Techniques: Using the Creative Arts

개인과 치료집단

치료집단에 참가한 모든 사람은 개인적 경험이나 심리적 발달, 성격, 문화, 연령, 성별, 그리고 물리적 환경이 각각 독특하다. 어떤 집단을 형성하는 도전 중 하나는 이러한 구성요소가 각 개인과 기대감, 그리고 집단 내에서 수행하게 될 역할에 어떤 영향을 미치는지를 이해하는 것이다. 이것은 차례로 집단을 움직이는 '화학작용'과 그 기능에 영향을 준다.

또 다른 도전은 치료사와 각 개인의 관계조력관계 및 집단의 역동을 이해하는 것이다. 그 집단의 역동은 각 개인이 어떻게 상호작용을 하고 집단활동 과정이 어떻게 전개되는가를 보여 준다. 치료사로서 우리는 집단의 모든 감정과 복잡한 상황을 잘 관리할 수 있기를 기대한다. 그렇지만 이것은 복잡한 퍼즐이다. 이 장에서는 개인의 문제에서 집단의 문제에 이르는 몇몇 퍼즐 '조각'을 보여 준다. 달리 표현하면, 집단의 행동과 개인의 행동이 집단의 일부라는 것을 이해할 수 있는 틀거리를 구축해야 한다.

정보를 조직할 수 있는 방법이 다양하기 때문에 치료사는 복잡한 상호작용의 역동을 이해할 수 있다. 치료사는 인식능력의 정상적인 성장과 발달 모델, 상호작용의 유형, 치료집단 내의 심리적 발달단계, 조력관계 및 종결 이후 분리에 대해서도 이해해야 한다. 이 장에서는 집단을 좀 더 쉽게 운영할 수 있는 방법에 중점을 두고 치료사에게 각 주제에 대한 정보를 제공한다.

집단 내의 개인

내담자와 그의 욕구를 이해하는 과정은 복잡하면서도 진행 중에 있다. 누군가가 무엇을 요구하는지를 이해하는 것은 정보를 수집하고, 다른 직원과 의논하며, 내담자의 이야기를 듣고, 그의 행동을 관찰하는 것을 포함한다. 내담자를 이해하는 것은 역동적이며, 우리가 다른 사람과 지속적으로 상호작용하는 것처럼 발전한다.

'평가'는 내담자의 욕구와 흥미를 표현하는 프로그램을 고안하기 위해서 내담자에 관한 정보를 수집하는 개념이다. 평가의 핵심은 연구하고, 경청하고, 관찰하며, 분석하는 것이다.

내담자 개개인에 관해 수집할 수 있는 일반적인 정보에는 다음과 같은 것이 있다.

- 연령과 성별
- 개인이 시설에서 지낸 시간과 그 개인과 함께 일할 수 있는 시간은 어느 정도인가?
- 사회적 기능의 수준. 개인은 집단 내에서 얼마나 잘 적응하는가? 관련이 있다면, 내담자에게 부정적인 반응이나 행동을 유발하는 것은 무엇인가? 내담자의 부정적인 반응이나 행동에 대해 치료 팀은 일관성 있는 접근을 시도했는가?
- 어떤 장애나 능력의 특성
- 건강 상태. 개인이 종종 아프거나 신체적·정신적 건강문제로 약을 복용하고 있는가? 그 사람의 일반적인 상태는 안정적이고 예

측 가능한가, 아니면 실수투성이이고 불규칙적인가?

• 관심사항. 현재와 과거

• 지지체계. 내담자는 치료시설 외에 어떤 지지를 받을 수 있는가?
치료기관 내에서는 어떤 지원을 받고 있는가? 이 내담자를 어디
로 퇴원시킬 것인가?

덧붙여 치료사는 각 개인의 행동, 관심사항 및 집단의 일원이 되고
자 하는 동기를 평가하기 위해서 첫 모임을 시작하기 전에 집단의 유
능한 구성원과 종종 면담을 할 것이다. 이 모임은 간결하고 친밀감을
유지한다. 이것이 언어적 단서를 경청하고 비언어적 행동을 관찰하는
기술을 보여 준다.

🌸 발달단계

인생은 흘러가는 강물과 같다. 강의 수원지에서 물줄기는 작고 얕
게 졸졸 흐른다. 강의 하류에 이르면 그 강물의 속도나 깊이, 심지어
물속에 존재하는 생명체도 변화한다. 나이가 들고 성숙하는 과정도
똑같다. 사람도 나이를 먹어 가면서 인생을 한 걸음 한 걸음 배워 간
다. 다음에 제시한 〈표 4-1〉에서〈표 4-8〉까지는 전형적인 성장과
발달의 이정표를 개괄적으로 나타낸 것이다.

이 이정표는 단지 일반적인 지침이다. 사람의 생활연령실제 연령은 자신
의 생물학적 연령신체 연령이나 기능적 연령다른 집단과 비교되는 기술과 다를 수
있다는 것을 기억하는 것이 중요하다.

문화적 규준과 환경 또한 개인의 발달에 영향을 준다. 먹을 것이 풍부한_{아마 너무 많은} 주요 국가에서 성장한 소녀는 영양이 결핍된 제3세계 국가에서 성장한 소녀보다 사춘기를 더 빨리 맞이하는 경향이 있다. 어떤 문화적, 사회경제적 집단에서 개인의 생명주기는 삶의 양식과 건강보험 혜택으로 30년 정도 더 길어질 수 있다.

아마도 발달 차트를 사용하게 된 가장 중요한 이유는 개인의 다음 성장단계를 예상하며 준비하기 위해서일 것이다.

다음에서는 발달연령에 따라 집단을 구분하여 표로 보여 주고 있다. 피아제Piaget, 프로이트Freud, 에릭슨Erikson, 콜버그Kohlberg, 설리번Sullivan과 같은 이론가는 모두 발달과정을 이해하고 그 단계를 구조화하는 데 도움을 주었다. 〈표 4-1〉에서부터 〈표 4-8〉까지는 각각의 발달단계에 따라 전형적인 놀이행동, 생리적 사건, 일반적인 두려움, 의학적 준비사항에 관한 정보를 토대로 이론가의 아이디어를 간단히 설명하고 있다.

발달 수준은 성인이 되어서도 끝나지 않는다. 그러나 20세 이후는 명확히 한계를 구분하기가 어렵다. 그래서 학자들은 발달단계보다는 직업의 성숙도, 퇴직과 죽음 같은 사건을 토대로 발달단계를 측정한다. 이런 방법으로 에릭슨의 발달단계에 대한 정보를 제공한다.

〈표 4-1〉 발달단계: 출생～12개월

심리사회적 발달단계 (에릭슨)	1단계: 유아기	신뢰감 대 불신감	타인과 자신을 신뢰하는 능력; 희망감 위축과 소외. 욕구가 일관 성 있게 충족되지 못할 때 의 정서적 결핍
도덕적 판단 (콜버그)	콜버그는 이 단계에서 도덕적 판단의식을 언급하지 않는다.		
중요한 관계의 범위 (설리번)	한두 명의 양육자와의 관계가 중요하다고 보았다. 그러나 아동보 육시설의 확대로 오늘날 그 구분은 희미해지고 있다.		
인지단계 (피아제)	피아제는 이 단계를 감각운동기라고 부르고 그 시기를 2세까지 확장한다.		
심리성적 발달 (프로이트)	이 시기에는 소리 내기, 빨기, 씹기와 같은 구강 활동을 통해 세 상을 배워 나가는 것에 가장 큰 쾌감을 느낀다.		
놀이행동	혼자 독립적으로 논다. 자신보다 나이가 많은 사람과 함께 놀기 도 하지만 놀이행동은 아기의 흥미 위주로 나타난다. 우연한 움 직임을 통해 시각적으로 세상을 탐색한다. 손으로 물건을 잡아서 입에 넣는 능력이 발달함에 따라 그러한 능력을 이용해 세상을 탐색하게 된다.		
기본 생리적 사항	공간을 이용해 기본적인 통제력을 개발한다(손에서 입으로, 앉거 나 일어서기, 기어가기, 누워서 배와 등으로 구르기). 기본적이고 섬세한 동작을 개발한다(물건 잡기, 반원이나 손가락 쥐기, 가위 잡기, 세 개의 턱, 이빨로 물기, 핀셋 잡기).		
일반적 두려움	믿었던 성인으로부터의 보살핌이나 지지 상실, 이방인, 동물, 혹 은 큰 소음, 갑작스러운 움직임이나 밝은 불빛 등에서 두려움을 느낀다.		
의학적[*] 준비사항	기능상 1년 미만의 환자는 미지의 세계나 두려운 상황에서 생존 하기 위해 부모나 친지의 도움에 크게 의존한다. 환자가 신뢰하 고 있는 부모나 스태프에게 그 과정을 설명하면 치료받는 동안 기꺼이 그 환자의 곁을 지킬 것이다. 환자는 자신의 환경을 통제 할 능력이 부족하여 자신들이 신뢰하는 부모나 스태프가 곁에 있 어야 마음을 놓는다. 이런 환자 역시 새로운 환경에 적응할 수 있 는 능력이 극히 제한되어 있다. 치료가 진행되는 동안에 부모나 친숙한 직원을 동행하여 그 방 안에서 다른 친숙한 대상을 소개 하거나 제공한다.		

[*] Burlingame, J., & Skalko, T. (1997). *Idyll Arbor's Glossary for Therapists*. Ravensdale, WA: Idyll Arbor, Inc.

72

〈표 4-2〉 발달단계: 1~3세

심리사회적 발달단계 (에릭슨)	2단계: 유아 후기 및 아동기 초반	자율성 대 수치심 및 의심	자존감의 상실 없이 자기를 통제; 스스로를 관리하고 표현할 수 있는 능력
			강박적인 자기 억제나 맹종; 반항, 고의성. 수치심. 의심; 자신이 한 것은 아무것도 없다는 느낌

도덕적 판단 (콜버그)	전인습단계. 외적 도덕성은 권위자들이 지시하고 강요한 것이다. 전인습단계는 2수준으로 나누어지는데, 첫째는 처벌과 복종을 지향(행동의 결과를 보고 선과 악으로 구분함)하는 것으로, 이 연령의 집단이 해당된다.
중요한 관계의 범위(설리번)	부모애(삼각관계)
놀이행동	혼자서 독립적으로 놀이를 한다. 다른 아동은 옆에서 놀이를 할 수도 있지만 그들의 행동은 아동의 놀이에 전혀 영향을 주지 않는다.
심리성적 발달 (프로이트)	항문기. 아동은 대변을 자기 의지대로 억제하거나 발산하는 것을 배운다. 인색함, 완고함, 과대망상, 지나친 관대함, 결벽성 또는 불결함과 같은 미래의 성격 특성이 개발·조정된다.
기본 생리적 사항	책장을 넘기고, 블록을 9단계까지 쌓을 수 있으며, 계단을 이용하고, 발끝으로 2초간 서 있을 수 있다. 미술에서는 원과 대각선을 따라서 그릴 수 있다.
일반적 두려움	부모나 주 양육자와의 분리, 상처, 낯선 사람이나 장소(예, 의사, 치과의원), 큰 소리나 갑작스러운 소음, 어두운 곳, 큰 기계
의학적 준비사항*	환자는 자신이 가지고 있는 대근육/소근육 운동능력에 많이 의존한다. 제한된 동작은 환자의 스트레스를 증가시킨다. 혈압검사와 같은 간단한 절차도 불안감을 조성할 수 있다. 고통을 주지 않는 절차를 위해 장비를 보여 주고, 해부학적으로 정확한 인형을 가지고 그 과정을 시행하고 환자에게 모방하도록 가르치면 두려움을 줄일 수 있다. 놀이는 실제로 과업을 수행하기 이전에 몇 차례 연습해 볼 필요가 있다. 이 단계에서는 신체의 내부에 무엇이 있는지 잘 모른다. 무엇을 '고치고' 또 '검사하는지'에 대한 장황한 토론은 피하는 것이 좋다. 그 치료과정을 느낄 수 있도록 집중하라. 강력한 감정적 흥분이나 신체적 저항은 발달상으로 정상적이다. 치료과정은 가급적이면 빠르고 부드럽게 신뢰할 수 있는 스태프나

신체적으로 밀접한 부모와 이루어져야 한다. 고통스러운 과정이 끝나면 두려움이나 오해를 떨쳐 버릴 수 있는 다양한 기회를 제공한다. 종종 이 단계의 집단은 고통을 직접적으로 처벌과 연결한다. 치료과정에 들어가기 이전에 부모가 말로 설명하고 인형을 가지고 '나쁜' 것에 대해 이야기하면, 스태프는 그 환자와 놀이를 진행하며 일어난 상황에 대한 진정한 모습을 반영할 수 있다.

* Burlingame, J. & Skalko, T. (1997). *Idyll Arbor's Glossary for Therapists*. Ravensdale, WA: Idyll Arbor, Inc.

〈표 4-3〉 발달단계: 3~6세

심리사회적 발달단계 (에릭슨)	3단계: 아동기 초반	주도성 대 죄의식	양심에 따라 원하는 목표를 성취하려고 노력하는 용기 자기 부정과 자기 억제
도덕적 판단 (콜버그)	전인습단계. 도덕성은 외적 요소로서 권위적 인물에 의해서 지시되고 강요받는다. 여기에는 전인습단계와 관련이 있는 두 수준이 있다. 그 두 번째 수준은 도구와 관련 있는 것으로(즐거움만 가져온다면 모든 행동을 정당한 것으로 간주한다) 이 연령에 해당한다.		
중요한 관계의 범위 (설리번)	기본 가족		
놀이행동	아동은 장난감을 가지고 논다. 주변의 다른 아동과 유사한 활동을 하면서도 함께 하지 않고 그냥 옆에서 놀이를 한다. 가장놀이나 극놀이를 한다.		
심리성적 발달 (프로이트)	남근기. 프로이트는 이 발달단계에 있는 아동이 성별에 대한 차이를 인식하기 시작한다고 보았다. 또한 아동은 자신들의 생식기에 흥미를 갖고 예민한 반응을 보인다. 음경에 대한 부러움과 거세불안이 이 연령에 있는 아동에게는 가장 중요한 관심사다. 프로이트는 이 단계에서 발달하는 개인의 성격적 특성을 수줍음 또는 경솔함, 맹목적인 용기 또는 소심함, 화려함 또는 단조로움 등으로 보았다.		
기본 생리적 사항	한 발로 껑충 뛰며, 공을 잘 던지고 받는다. 뒤로 걷기도 하고, 신발끈을 묶으며, 하키선수를 그릴 때는 십중팔구 빠뜨리지 않고 잘 그린다. 또한 계속 활동적이다.		

일반적 두려움	괴물이나 귀신 혹은 다른 초인적인 물체, 부상이나 죽음, '나쁜' 사람들, 그리고 어둠을 두려워한다.
의학적 준비사항* (이에 해당되는 자료는 3~7세 환자가 발달상 요구하는 것을 기초로 하고 있다. 7세 정도 되면 아동은 의학적인 건강문제를 더 잘 이해할 수 있게 된다.)	(3~7세) 환자는 자신을 중심으로 생각하는 경향이 있으며, 이해하지 못하는 것은 미술적 사고를 통해 설명한다. 적절한 준비가 없으면 아동의 마음은 아주 왕성한 상상력을 보이며, 치료과정을 실제보다 과장하거나 두려워할 수 있다. 인형이나 꼭두인형 혹은 다른 시각적 보조도구를 이용하여 치료과정을 설명하라. 치료에 들어가기 전에 아동이 편안하게 느낄 때까지 연습생의 한 역할을 해 보도록 하자. 이렇게 하면 신체적·생리적 긴장감을 줄일 수 있다. 이 연령대의 아동은 절단, 특히 거세에 대한 불안감을 나타낸다. 이 단계에 있는 일부 성인은 이런 행동을 보이지 않지만, 많은 환자는 아직도 이런 두려움을 경험하고 있다. 치료받게 되는 신체 부분에 대해서는 아주 명확하게 설명한다. 종종 환자는 '성인 남녀'와 같이 행동하고 싶어 한다. 자신들의 두려움을 표현하거나 울음 혹은 비명을 지르는 것을 스스로 허락하지 않는다는 뜻이다. 꼭두각시인형이나 인형을 사용하여 스태프는 환자가 자신의 느낌을 적절히 표현하는 방법을 배울 수 있도록 도와준다.

* Burlingame, J., & Skalko, T. (1997). *Idyll Arbor's Glossary for Therapists*. Ravensdale, WA: Idyll Arbor, Inc.

〈표 4-4〉 발달단계: 6~12세

심리사회적 발달단계 (에릭슨)	4단계: 아동기 중반	근면성 대 열등감	유능성과 인내심을 인식한다. '잘 안 된다'는 느낌, 학교나 동료로부터 위축됨
도덕적 판단 (콜버그)	인습단계. 복종, 충성, 그리고 사회질서 유지를 최고의 가치로 여긴다. 이 단계는 인지기능에 대한 아동의 조작 수준과 밀접하게 관련된다. 이 단계는 3단계와 4단계로 나누어지는데, 3단계는 대인 간 화합을 꾀하며('규준'에 순응하여 승낙을 얻으며, 착한 아이를 지향한다), 4단계는 '법과 질서'의 수호에 중점을 두고 '권위'가 '올바른' 행동을 이끈다고 본다.		
중요한 관계의 범위 (설리번)	이웃과 학교		

놀이행동	어떤 목적을 위해 조직적인 방법으로 놀이를 한다(예, 스포츠 팀이 승리를 위해 노력하는 것 등). 집단에 대한 소속감. 한 젊은이가 리더나 추종자와 같은 역할을 하며 타인은 어느 정도 그 역할을 지지한다.
심리성적 발달 (프로이트)	잠복기. 프로이트는 이 기간을 성숙의 시기로 보고 이전의 성격적 특성을 가다듬으며 지식을 습득하기 위해 전념한다고 하였다.
기본 생리적 사항	3단계의 명령을 수행할 수 있고, 기술을 향상시키기 위해 연습을 반복하며, 자신과 같은 성별과 놀이하기를 선호한다. 혼자서 완벽하게 옷을 입을 수 있으며, 일반적으로 경쟁을 좋아하고, 사춘기의 변화가 시작된다.
일반적 두려움	폭풍, 어둠, 혼자 남는 것, 학교생활이나 시험의 실패, 초인적인 존재(특히 TV나 영화에 나타난 물체), 죽음 등을 두려워한다.
의학적 준비사항* (이에 해당되는 자료는 7~13세 환자가 발달상 요구하는 것을 기초로 하고 있다. 13세 정도 되는 청소년은 생리적 변화로 혼란을 겪으며, 일어나고 있는 변화에 대해 말하고 싶어 한다.	이 발달단계에 있는 환자는 다른 질병이나 특정 신체기관이 없으면 사람이 살 수 없다는 것에 대해 적어도 조금은 이해하고 있다. 이 집단에게 강압적으로 치료를 할 때는 먼저 침착하게 그 과정을 설명해야 한다. 일부 환자는 자신이 통제권을 확보하려고 무수한 질문을 할 것이다. 그럴 때는 인내심을 가져야 한다. 무슨 일이 일어날지에 대해 이해시키면 굳이 억압할 필요가 없다. 7세 이하 혹은 13세 이상의 환자와는 달리, 이 집단의 환자는 치료과정을 설명하기 위해 인형을 사용했다는 사실을 다른 사람이 알게 되면 오히려 당황할 수도 있다. 인형이나 다른 유사한 훈련도구를 사용하고 싶지 않으면 그림을 이용해서 치료과정을 설명해도 좋다.

* Burlingame, J., & Skalko, T. (1997). *Idyll Arbor's Glossary for Therapists*. Ravensdale, WA: Idyll Arbor, Inc.

76

〈표 4-5〉 발달단계: 12~19세

심리사회적 발달단계 (에릭슨)	5단계: 청소년기와 후기 청소년기. '정체성 위기'	정체성	성적 성숙과 개인화. 자기감에 대한 일관성; 자신의 능력을 실현하고자 하는 계획
		대	
		역할혼란	혼란스러운 느낌, 우유부단함, 반사회적 행동
도덕적 판단 (콜버그)	후인습단계. 사회계약과 합법성에 기초한다. 도덕적 판단은 사회통념상 용인한 규범을 반영하며 지역사회의 법규를 준수하는 경향이 있다. 일반적으로 지역사회의 정당성과 권한을 증가시킬 수 있다면 개인의 규범에 변화를 줄 수 있다고 본다.		
중요한 관계의 범위 (설리번)	외부집단. 이 단계에서의 대인관계는 이전에 발달했던 친밀한 교우관계가 확대된 것이라고 볼 수 있다. 먼저 동성 간의 관계가 확대되고, 그 후에는 이성관계가 확대된다.		
놀이행동	일반적으로 남성과 여성 모두가 자신의 동료의 활동에 참여하며, 여성은 남성보다 '대상'에 대해 대화하면서 더 많은 시간을 보낸다. 스포츠나 취미, 오락(특히 컴퓨터 게임, 비디오나 음악)은 청소년 '놀이행동'의 많은 부분을 차지한다.		
심리성적 발달 (프로이트)	생식기. 이 단계부터 청소년기가 시작되며 성적 호르몬이 분비된다. 대인관계는 아주 중요한 관계로 발전하는 경향이 있으며, 성적인 쾌락과 긴장을 통해 주로 즐거움을 만끽한다.		
기본 생리적 사항	스포츠에 참가한 10대 후반은 권위자로부터 해방하여 자유를 누리고자 한다. 위험을 감수하며, 동료로부터 인정받고 싶어 한다. 소녀들은 보통 소년들보다 발달상 2년이 빠르다.		
일반적 두려움	사회적 고립, 신체와 성의 변화, 부모의 이혼, 잡담, 대중 앞에서의 발표, 공공연한 실수 등		
의학적 준비사항*	치료과정을 시각적으로 보여 주기 위한 보조도구를 이용한다. 환자의 정상적인 외모에 변화를 가한다면 치료 후에 예상되는 모습(예, 깁스, 실밥 등)을 보여 준다. 이 단계에 있는 환자는 치료에 대한 설명이 이루어질 때 부모나 다른 친숙한 직원이 옆에 있는 것을 싫어한다. 환자의 사생활을 존중해야 한다. 또한 환자가 자신과의 약속을 통해 긴장감을 줄일 수 있는 통제력을 얻을 수 있다.		

* Burlingame, J., & Skalko, T. (1997). *Idyll Arbor's Glossary for Therapists.* Ravensdale, WA: Idyll Arbor, Inc.

〈표 4-6〉 발달단계: 18~25세

심리사회적 발달단계 (에릭슨)	6단계: 성인 초기	친밀감 대 고립감	상호 헌신적인 자세로 사랑하 는 역량; 자기를 상실하지 않고 일과 대인관계를 잘 수행함 비인격적인 관계, 편견

〈표 4-7〉 발달단계: 25~65세

심리사회적 발달단계 (에릭슨)	7단계: 성인기, 40대 중반 - 삶의 위기; 42~65세 중년	생산성 대 침체감	창조성, 생산성, 타인에 대한 걱 정, 다음 세대 준비 자기방종, 자기에 대한 무기력감

〈표 4-8〉 발달단계: 65세 이상

심리사회적 발달단계 (에릭슨)	8단계: 노년기 사회적, 경제적 지위 의 상실과 체력의 저 하, 복지시설 요양, 생산적인 직업활동 과 전문적인 활동에 서의 배제. 친지나 가족, 친구들이 점점 더 소중하게 여겨짐	자아통합감 대 절망감	자신의 삶의 가치나 독창성을 인정하고 정서적 통합을 이룸. 자신의 과거사를 존중하는 반 면에 리더십을 젊은이들에게 양도 상실감, 타인에 대한 경멸. 자신의 욕망을 달성하기에는 삶이 너무 짧고, 다시 시작하기 에는 너무 늦었다고 생각함

🌑 예술적 기술의 발달

미술에서 발달 수준을 이해하는 것은 여러 가지로 유용한 이점이
있다. 치료 대상의 집단에 아동이 포함되어 있다면, 치료사는 활동과

재료를 좀 더 적절하게 선택할 수 있고 특정 집단의 아동이 달성할 수 있는 것에 좀 더 현실적으로 기대를 한다비록 연령에 적합한 활동이라도 아동의 능력에 따라 변화는 있다. 일부 1학년은 미술시간 내내 선을 긋고 자르는 것에 어려움을 느끼는 반면, 다른 부류는 이런 과업을 쉽게 끝내고 다음 활동으로 넘어간다. 미술발달 단계를 이해하면 치료사가 정서적으로나 발달상에서 어려움을 느끼는 아동이나 성인을 유도하는 데 도움이 된다. 미술치료사는 종종 그 작품을 검토하면서 발달상의 지연이나 장애물을 파악할 수 있다.

다음의 설명은 1~7세의 아동이 평범하게 달성할 수 있는 미술 작업에 대한 개관을 보여 주고 있다. 대부분의 아동은 7세까지 기본적인 미술기법을 익힌다. 예를 들면, 다양한 미디어 사용을 경험하고, 선 그리기, 모양과 구성, 자르기, 복사하기, 펀치 등을 할 수 있다. '현실 단계'나 7~10세 아동은 표현미술에 점점 더 흥미를 갖는다. 아동기 후반이나 성인 초기가 될 때, 아동은 자기 문화 내의 선형적 관점을 답습하거나 2차원적인 표면에 3차원의 깊이를 표현하려는 환상에 빠진다Winner, 1986. 그러나 많은 사람의 미술에 관한 경험에서 핵심적인 부분을 차지하는 것은 바로 아동기 그림이다.

팔 전체를 움직여 그리기(1세)

이 단계의 아동은 걷는 것을 배우고 전반적인 동작을 익히는 데 전념한다. 정교한 운동기술이 필요한 그림 그리기는 약간의 동작을 통제할 수 있는 1세 무렵에 팔 전체를 이용한 큰 동작을 통해 이루어진다.

난화 그리기: 2~3세

재료나 색상, 손이나 손목의 움직임을 순수하게 탐구하는 단계다. 난화는 아동 미술의 기초이며 좀 더 인식이 용이한 형태로 이끌어 준다. 그리기에는 통제된 낙서 모양으로 '제스처 그리기'라고 불리는 원시적인 스케치 형태가 있다. 아동은 약 20여 가지의 난화 형태를 목록에 보유하고 있으며, 색상을 변경하면서 난화를 통해 여러 가지를 탐구할 수 있다. 이 단계의 아동이 스스로 계획을 세우지 못하기 때문에 난화는 아주 즉흥적이라고 할 수 있다. 아동은 배경색과 반대되는 유형으로 표시를 하면서 기쁨과 흥미를 느낀다.

모양의 비밀: 2~4세

난화 속에 감춰진 모양을 찾는다. 예를 들면, 원이나 타원, 사각형, 직사각형, 삼각형, 혹은 기이한 모양이나 십자형 모형 등이다.

윤곽의 표현: 3~4세

아동은 크레용을 쥐고 하나의 선을 이용해서 자신이 좋아하는 형태를 낙서하면서 그림을 그린다. 이 단계에 있는 아동은 모양의 윤곽을 그릴 수 있는 능력을 가지고 있다. 어떤 모양은 아동에게 즐거움을 준다. 그래서 아동의 반응은 그 그림에서 아름다운 선이나 예쁜 원을 보는 것이다. 아동은 낙서를 하고는 "이것은 트랙터이고, 여기에 바퀴가 있으며, 또 여기에는 남자가 있다."라고 자랑스럽게 말한다. 성인의 역할은 잘 듣고 열정을 보이며, 그 아동에게 특별한 지시를 하지 않는 것이다. 이 시기는 아동 스스로가 미술 교사/탐험가다.

아동과 디자인: 3~5세

아동은 어떤 모양의 윤곽을 그리게 되는 순간부터 그 형태를 디자인과 결합하기 시작한다. 예를 들면, 원을 사각형 안에 넣기도 하고 또 반대로 사각형 안에 원을 넣기도 한다. 아동이 두 가지 이상의 모양을 사용할 때는 그 결합의 수는 거의 무한대다. 이 단계에 있는 아동은 자신이 좋아하는 색상이나 모양, 미술작품을 시작하고, 공간을 채우는 방식에서 자신만의 방식을 개발한다. 자신감이 충만한 시기다.

만다라, 태양, 광선: 3~5세

광선은 주로 별표로 나타낸다. 식물은 물결치는 나뭇잎으로 표현하고 7월 4일의 폭발, 태양, 만다라 바퀴나 미소 짓는 얼굴을 표현할 수 있다. 이 단계는 아동이 사람의 형태를 그릴 수 있는 단계로 발전하는 아주 중요한 시발점이 된다.

사람, 사람, 사람들: 4~5세

종종 태양을 그리면서 사람의 얼굴이 표현된다. 또한 아동도 하나의 원과 다리를 나타내는 두개의 선으로 '올챙이' 같은 모습의 사람 형상을 처음으로 그리기 시작한다Winner, 1986. 처음에는 나뭇가지처럼 가느다란 다리에 비해 머리를 크게 그린다. 이 단계의 아동은 사람과 흡사한 모습을 그리지는 못하고, 단지 자신이 즐거워하고 옳다고 여기는 방법으로 각 부분을 묘사한다.

유사한 그림: 4~6세

일단 아동이 사람을 그리기 시작하면, 보트나 꽃처럼 그 디자인은 성인이 인식할 수 있는 모양을 갖추기 시작한다. 사람의 모습을 그리고 나면 네발이 아닌 양발로 서 있는 동물의 모습을 그리게 된다.

아동기의 그림에는 아주 큰 매력과 유동성이 있다. 얼굴을 갖고 있는 구름이나 양발로 서 있는 동물을 그리는 것은 보통 유치원 시절에 많이 한다. 종종 아동기의 상상력을 떠올리고 싶은 예술가는 다음과 같이 해야 한다. "한때 자신들이 자연스럽게 했던 것을 의식적·의도적으로 열심히 노력해야 하는데, 그것은 선택의 여지가 없기 때문이다." Winner, 1986 피카소는 이렇게 말한다. "나는 한때 라파엘로처럼 그림을 그렸지만 어린아이처럼 그림을 그리는 법을 배우는 데는 평생이 걸렸다."

5세 정도 되면 아동은 지적으로 발달하여 표현중심으로 그림을 그리는 데 흥미를 느낀다. 그리고 자신의 삶이나 들었던 이야기 혹은 환상의 세계에서나 볼 수 있는 것을 표현하고 싶은 욕망이 생긴다. 이와 같이 그리기에 초점을 두는 것은 성인의 해석이 없어도 자연스럽게 발전하기 시작한다.

그림: 5~7세

보통 5~6세에 이르기까지 아동의 그림은 자신의 이야기를 표현하지 못한다. 이제 우리는 꽃이 만발한 집과 무지개, 미소 짓는 태양을 볼 수 있다. 이것은 그들이 바라보는 삶의 그림이다.

섬세한 운동을 요하는 과업을 완수할 수 있는 능력이 연령층에 따라 다르지만, 일반적으로 5~7세의 아동은 솜씨가 뛰어나다. 이 시기의 아동은 테두리 안에 그림을 그리면서 약하게 혹은 진하게 색칠하여 다양한 효과를 내기도 한다. 또한 거의 모든 미술재료를 활용할 수 있다.

5~7세는 아동의 미술발달 과정 중에서도 중요한 시기다. 자신이 좋아하는 색상이나 기본 모양을 자유롭게 사용할 수 있는 아동은 더욱 미술다운 작품을 만들면서 예술적으로 성장할 것이다. 이때에 성인은 아동이 미술을 더 잘 표현할 수 있는 '방법'을 전수하기 시작한다. 아동은 종종 '참신하고 이해할 수 있는' 미술을 요구하는 성인의 압박에 다소 실망하고 의기소침해서, 7세 정도가 되면 미술에 대한 흥미를 잃기도 한다. 가끔 사람들은 어린 시절에 미술을 포기했다가 후에 새로운 형태로 재발견하기도 한다.

물론 미술은 그리기 이상으로 많은 것을 담고 있다. 아동은 색채나 조명, 감정, 미디어 등 생각과 느낌을 전달하기 위해서 다양한 기법과 조합으로 탐구한다. 그림 기술의 발달은 미술과 관련된 발달과정에서 일부분에 지나지 않는다.

조해리의 창: 자기인식 모델

조해리의 창_Johari windows_은 어떤 사람이 자신과 타인에 대해 얼마나 잘 이해하고, 또 타인이 자신에 대해서 얼마나 잘 인식하고 있는지를 나타내는 방법이다. 이를 사용하기 위해서는 먼저 자신에게 다음과 같은 두 가지 질문을 던진다.

- 이 사람이 자기 자신에 대해 얼마나 잘 알고 있는가?
- 집단 내에 있는 타인이 이 사람에 대해 얼마나 잘 알고 있는가?

이 질문에 답하기 위해서 당신은 조해리의 창을 만들 수 있다. 그 사람을 나타내기 위한 표를 그린다. 그 사람이 알고 있는 자신과 타인에 대한 친밀도를 나타내기 위해 위에서 아래로 선을 그린다. 그런 다음 집단의 다른 구성원이 그 사람에 대해 얼마나 알고 있는지를 나타내기 위해서 좌측에서 우측으로 수평선을 긋는다. 치료를 받으면서 집단이 그 사람에 대해서 더 배우고 또 그 사람이 타인과 자신에 대해서 더 많이 알게 되면 선의 위치가 이동할 것이다.

다음 그림에서와 같이 큰 사각형이 4사분면으로 나뉜다. Q1개방형은 개인과 집단 모두에게 공개된 정보로서, 그 정보를 모든 사람이 알고 있기 때문에 개방형이라고 부른다. Q2맹목형는 집단은 알고 있지만 개인은 잘 모르는 정보다. 자신이 거절당했다고 맹신하는 것이 그 예다. Q3은폐형은 개인은 알고 있지만 남에게 알려지지 않은 정보다. Q4고립형는 아직은 아무도 모르는 정보다. 억압된 기억이 이에 해당한다.

	자신에 대해 아는 부분	자신에 대해 모르는 부분
타인이 아는 부분	Q1 (개방형)	Q2 (맹목형)
타인이 모르는 부분	Q3 (은폐형)	Q4 (고립형)

조해리의 창은 개인이 한 일을 얼마나 공유하고 있으며 또 자신의 문제에 대해 얼마나 이해하고 있는지를 그림으로 보여 주기 때문에 집단의 역동을 살펴보는 데 유용하다. 대부분의 치료집단에서는 누가 정보를 공유하고자 하고 누가 그렇지 않는가를 알아야 한다. 또한 개인 스스로가 의식하고 있는 것을 공유할 것인지에 대해 생각해 봐야 한다. 치료과정은 상황에 따라 아주 다양하다.

다음 그림에서 집단이 몇 가지 패턴을 이루고 있는 것을 볼 수 있다. 로라는 자신에 대해서 잘 알고 있고 그것을 집단과 공유하기 때문에 가장 개방형이라고 볼 수 있다. 마리아와 샘은 모두 정보를 거의 노출하지 않고 있으면서도 각각 다른 이유를 보여 주고 있다. 마리아는 자신에 대해 아주 잘 알고 있지만 그것을 공유하려고 하지 않는다. 샘은 자신에 대해 잘 모르고 있어서 그 정보를 공유하려고 할지라도 많은 것을 공유할 수 없을 것이다. 치료과정에서 치료사는 아마도 샘이 자신을 인식하도록 도와주고, 마리아에게는 자신의 정보를 공유하라고 권장할 것이다. 이는 집단과 정보를 공유하지 않는 문제는 같을지라

집단 인식 형태

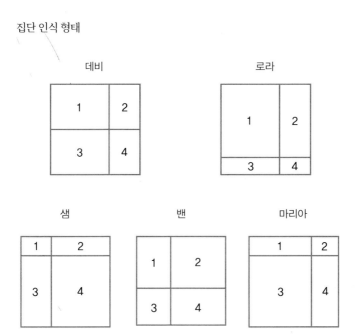

데비

로라

샘   밴   마리아

도 이유는 전혀 다름을 보여 주고 있다.

🔵 상호작용 유형

  어떤 활동은 '상호작용' 유형에 따라 분류할 수 있다. 다음은 상호
작용 단계의 진행을 나타낸다. 심리적으로 건강한 사람은 이 모든 단
계에서 상호작용을 할 수 있다. 먼저 개인이든 집단이든 각자가 편안
함을 느끼는 수준에서 상호작용을 시작한다. 성공을 하면 다음에는
조금 더 높은 단계의 활동을 준비한다. 이 과정은 사회적 상호작용 기
술을 구축하는 활동을 순차적으로 제공한다.

내적 상호작용

마음 안에서 일어나는 행위 혹은 마음과 신체의 일부와 관련된 행위를 말한다.

- 타인이나 외적 대상과 어떤 상호작용이나 접촉도 요구하지 않는다.
- 극단적인 현상을 보이지 않으면 정상적인 행동이다.

예 엄지손가락을 만지작거림, 코를 긁음, 환상이나 백일몽, 명상, 요가와 같은 활동

문제행동 내적 활동의 문제행동 특성은 극단적인 경우다. 문제를 가질 수 있는 잠재적 집단은 자폐아동, 심각한 우울이나 정신병 혹은 정신분열병과 같은 정신과적 진단을 받는 성인, 그리고 자기 파괴적 행동을 보이는 중등도에서 중도의 지적장애인이다.

대상중심 상호작용

어떤 대상에 대한 개인의 직접적인 행위를 말한다.

- 사람이 아닌 대상과 상호작용하거나 접촉을 요구한다.
- 무생물의 대상을 인식하고 그에 대해 흥미를 갖는다.

예 직소jigsaw 퍼즐, 장신구, 장난감 말 타기, 뜨개질, 역도, 샌드백 치기, TV 시청, 독서, 예술, 공예, 동물과 놀이, 유도된 심상, 비디오 시청,

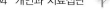

산책, 컴퓨터 게임, 정원 가꾸기, 개인적인 창조적 예술활동 등

문제행동 흥미보다는 강압적인 행동으로 상호작용을 이끌거나 다른 단계의 활동에 해를 끼치면서까지 이 대상중심 활동에 시간을 투자한다. 잠재적 집단은 강박성장애, 지적장애특히 중등도에서 중도의, 치매, 자폐증이 있는 사람, 병적으로 컴퓨터나 TV에 몰입하는 사람 등이 있다.

집합적 상호작용

한 개인이 대상에 대해 직접적인 행위를 하는 다른 사람과 함께 어떤 대상에 대해 직접적인 행위를 하는 것을 말한다. 물리적 근접성은 상호작용과 자발성 그리고 같은 유형의 놀이를 허용한다.

- 서로를 향해서 직접적인 행위를 하지 않으며, 참여자 사이의 상호작용은 원하지도 요구하지도 않는다. 리더에게만 반응을 보인다.
- 전형적으로 큰 집단의 여가활동이 해당되며, 관중이 있는 스포츠, 에어로빅 수업, 교육적인 학습활동, 공연활동 등이 있다.

예 빙고, 룰렛회전하는 작은 원반 위에 작은 공을 굴려서 하는 노름, 영화 감상, 연극 관람, 공예, 심리치료, 정원 가꾸기, 산책, 야구경기 관람, 여러 가지의 수업 상황, 에어로빅의 발동작 등

문제행동 개인이 다른 참여자를 무시하거나 피해를 주면서까지 '리더'에게만 주의를 기울이는 경우다. 청각장애를 포함한 감각기관의 장애, 주의력결핍장애와 같은 유형에서 볼 수 있다. 또한 실제로 사회적 상황에

서 민감하게 불편함을 느끼는 사람도 있다.

대인 간 상호작용

어떤 사람의 다른 사람과 직접적으로 이루어지는 행위를 말한다. 그것은 경쟁관계일 수도 있고 그렇지 않을 수도 있는데, 첫 번째는 교훈적 관계다. 이는 타인과 지속적으로 상호작용할 수 있는 능력으로 협력적 관계를 갖는다. 만일 초점이 경쟁을 강조한다면 각 개인은 상대방을 무시하고 자신만 내세우게 된다.

- 패턴이 경쟁적일 때는 사람들이 스트레스와 압력을 해소하고 승리와 패배에 대한 개념을 재정립하도록 도와야 한다. 치료사는 이 부분에 초점을 맞춰야 하고 계획표에 따라서 지도해야 한다.
- 계속해서 패배하는 것은 별로 이롭지 못하다.
- 이런 활동의 특징은 규칙에 따라 행동하고 그 규칙에 따라 자신의 행동을 규제하는 것이다. 성공적으로 참여하기 위해 경기자는 특정 방법에 따라 행동할 것을 동의해야 한다.

예 장기, 바둑, 테니스, 탁구, 레슬링, 거울 보기, 협동화, 리더와 추종자, 일대일 대화 등

문제행동 간혹 이 기술에서 병리적으로 부적절한 사람과 상호작용을 하는 가운데 '정상적인' 오류를 범하는 사람 간에는 분명한 차이가 있다. 대인 간 상호작용은 일상생활에서 우리 모두에게 일어나고 있으면서도 음성언어나 신체언어를 이용해서 메시지를 전달하고 피드백을 받는 아

주 복잡한 과정이다. 상호작용에 임할 때의 기대감과 상대방의 말에 주의를 기울여야 하는 의무감, 그리고 사회적 규범을 준수해야 하는 자신의 능력과 욕망 모두가 하나로 이루어진다. 일부는 단순히 '산만한' 성격일 수도 있다. 이런 경우에 메시지의 '전달자'는 그가 수신한 반응 때문에 순간적으로 자신의 생각에 혼선을 빚는다. 전달자는 수신자가 '자신과 같은 생각을 가지고 있다고 보겠지만, 그 수신자가 어떻게 논리적으로 반응하는지는 이해할 수 없다. 실어증, 환각, 혹은 성대경련 등으로 사고과정의 장애를 가진 사람은 더욱 극단적인 상황을 보인다.

일방적 관계 상호작용

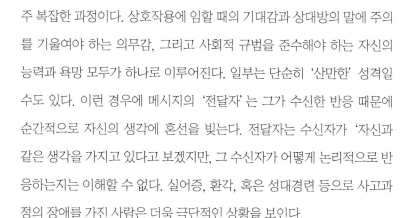

세 사람 이상의 관계에서 이루어지는 행위로, 그중 한 사람이 적대자가 되거나 '그것'이 된다. 역할의 차별이 시작된다.

- 상호작용은 리더의 관심을 얻기 위한 경쟁을 하면서 동시에 남을 가르치려는 관계를 보여 준다.

 예 술래잡기, 공 피하기 놀이, 블랙잭, 사이먼 가라사대, 신호등, 심리극, 재고평가, 부모의 관심을 얻기 위한 아동 간의 경쟁 등

문제행동 적대자의 환심을 얻기 위한 예외적인 행동을 하는 경우로, 종종 사회에 잘 적응하지 못하는 사람_{사회병리적 장애}에게 나타나며, 잠재적으로 머리손상이나 보속증이 있는 사람에게 나타난다.

다중관계 상호작용

세 사람 이상의 관계에서 이루어지는 행위로, 어느 누구도 적대관계를 보이지 않는다. 많은 사람이 동시에 주고받는다. 상대에 반응하기도 하고 주도적으로 이끌기도 한다. 각 개인은 다른 사람과 함께 시작할 필요가 있다.

- 이런 유형의 활동은 노력이 분산된다.
- 실제 삶에서처럼 여러 사람과 동시에 행하는 상호작용을 다룬다.
- 각자 스스로가 통제에 대한 책임을 지며, 의사결정, 전략, 행동은 팀의 구성원과 공유하지 않는다. 자신을 충족시킨다는 느낌이 있어야 한다.

예 낙서, 독점판매, 포커게임, 집단기계, 참만남집단, 연극게임, 우연한 사회화 놀이예, 커피를 마시기 위한 외출 등

문제행동 단 한 사람과의 경쟁적 혹은 협력적 관계를 유지할 수 없는 사람에게 주로 나타난다.

집단 내 상호작용

두 사람 이상이 협력관계를 유지하는 행위는 상호 공동의 목표를 달성하기 위한 것이다.

- 긍정적인 언어적 혹은 비언어적 상호작용을 요구한다.
- 사회기술을 구축하도록 도우며, 타협과 협력을 요구한다.

예 합창, 오케스트라 연주, 집단춤예, 호라 춤, 봉사 프로젝트, 인간 피라미드 쌓기, 집단 퍼즐, 벽화 만들기 등

문제행동 개인적 반응이 좀 더 적절할 때 집단의 협력이나 정보가 필요하다고 주장하는 사람이나 한 번에 한 사람 이상과의 상호작용을 어려워하는 사람에게서 나타난다. 사회병리적 성격을 갖고 있는 사람은 집단 내부 환경에서 일하는 데 어려움을 겪는다.

집단 간 상호작용

둘 이상의 집단 사이에서 경쟁적 혹은 비경쟁적으로 상호작용을 한다.

- 참여자가 다른 팀의 구성원과 협력해야 하고 또 다른 팀과 경쟁을 해야 하기 때문에 수행하기가 가장 어렵다.
- 다른 집단과는 협력뿐만 아니라 경쟁이 필요하다.
- 가장 복잡하며, 대다수는 이 수준에서의 상호작용에 아직 준비가 되지 않았다.
- 때로는 동료 간의 압박이 이로움을 주기도 한다.

예 훔치기, 농담하기, 농구, 축구, 제스처 게임, 팀 스포츠, 다양한 직업환경 등

문제행동 대인관계에서 필요한 협력이나 경쟁을 하다가 벌어진 '정상

적인' 실수를 범하는 사람에게는 분명한 한계가 있다. 이 단계에서는 정확하고 일반적인 측정도구보다도 집단의 규준이나 기대감이 더 잘 인정받고 있다. 타인의 행동에 방해를 줄 수 있는 바람직하지 못한 행동을 보이는 사람은 문제행동 대상자라고 본다.

🌸 치료집단: 심리적 발달단계

개인, 가족, 집단의 작업에는 예측할 수 있는 단계나 양상이 있다. 각 집단은 초기, 중기, 그리고 후기 단계를 거친다. 무슨 일이 일어날 것인지를 생각하고 그 일이 정상적으로 전개되는 순서를 지키는 것이 중요하다. 치료에 할당된 시간은 관리보호로 인해 단축될 수 있기 때문에 치료사가 매 단계에서 내담자를 성공적으로 이끌기는 어렵다. 이런 이유 때문에 치료사는 이런 순서를 이해하고 항상 내담자를 접할 때마다 원만하고 지속적인 발전이 이루어질 수 있는 방법을 찾아야 한다. 치료사가 아무런 목적도 없이 일을 추진할 시간적 여유는 없다. 다음에 설명하고 있는 몇몇 문제는 뒤의 '조력관계'에서 더욱 깊이 있게 논의할 것이다.

초기단계: 구조와 치료사에 대한 신뢰감 조성

- '치료적 동맹관계'를 맺는다.
- 역할을 분명히 한다.
- 함께 수행하게 될 작업의 특성을 명확히 한다.

- 집단이 함께 작업할 수 있는 조건과 구조를 확인한다.
- 집단 동의: 집단의 동의나 집단 혹은 치료사의 요구사항에 동의한다.
- 확고하고 분명하게 항상 적용되는 행동의 한계점을 설정한다.
- 치료사는 지속적으로 내담자의 이해를 구한다.
- 가급적이면 편안한 분위기를 만든다: 지지적 단계
- 집단을 무엇이라고 부를 것인가?_{선택사항}

중간단계: 표현의 자극과 '훈습'

- 집단 구성원에 대한 신뢰감 형성: 어떤 사람은 신뢰감을 빠르게 형성하는 반면, 어떤 사람의 경우에는 늦어지기도 한다. 따라서 개개인의 속도를 존중해야 한다.
- 저항기간: 함께 활동할 능력이나 의지가 없는 경우, 혹은 제한된 자기 노출, 피상적인 노출이나 퇴행 등을 들 수 있다. 저항은 자신을 보호하는 하나의 방법으로 자연스러운 방어기제로 볼 수 있다.
- 전이나 역전이 문제
- 위험, 탐구 및 생각과 감정_{태도}의 직면에 대한 과정. 동일한 문제를 여러 차례 숙고하기. 이것은 어떤 문제를 직면하고 이해하며 수용하는 기간이다.
- 순환성: 공개 회기 다음에는 종종 폐쇄 회기를 갖는다. 치료사는 변화에 대해 큰 불안을 경험한 사람들에게 지속적이고 공감적인 조언자가 되어야 한다. 그것은 마치 정신병자가 노출과 은폐 사이에서 균형을 가지려고 하는 것과 같다. 치료사는 이 '훈습' 단계

의 긴장감을 유지하도록 돕는다.
- 변화에는 시간이 걸린다. 치료를 위한 접촉은 실제로 '훈습'이 일어날 때까지 충분한 시간을 갖고 지속하는 것이 가장 좋다. 방어기제가 다시 나타날 수 있고, 내담자는 무기력함을 겪을 수 있다.

후기단계: 종결과정

- 종결 전 단계: 고착화
  - 자기에 대한 새로운 이미지나 정의를 발달시키고 통합한다. 새로운 행동방법을 실천하고, 과거의 방식과 오래된 환상을 애도한다.
  - 이별은 치료사나 집단이 정서적으로 겪어야 하는 과정이다. 과거의 이별을 재경험하게 될 수도 있다.
- 종결
  - 왜 치료가 종결되었는가? 자연스러운 과정인가, 아니면 다른 이유가 있는가?예를 들면, 보험료 삭감, 프로그램 중단, 부모가 아동을 강제 퇴원시킴 등
  - 치료사는 치료과정을 검토하고 요약하며, 다른 집단이나 치료사와의 연계를 위해 소견서를 작성한다.
  - 프로그램은 공식적으로 끝날 수도 있고 내담자의 선택에 의해서 종결될 수 있다.
  - 내담자는 치료사의 도움을 받지 않고서 자신의 역할을 재정립한다.

🌸 조력관계

　전문적인 '조력관계'는 두 사람 간의 독특한 조합으로서 그 자체에 규칙과 기대감이 있다. 우정과는 달리 단 한 사람, 즉 내담자의 요구를 충족시키기 위한 만남에 초점을 둔다. 치료사는 내담자가 문제를 해결하거나 혼자서 할 수 없었던 일을 완수하도록 도와줄 수 있는 지식과 기술을 가지고 있어야 한다. 도움을 주는 것에 초점을 두며, 치료사는 내담자를 위해 직접 문제를 해결하지는 않지만 심리적으로나 인지적으로 성장할 수 있도록 도움을 주어 자기 충족감을 갖도록 한다.

　조력관계는 어떻게 발전하며 유지되는가? 치료사나 내담자는 조력관계가 유익할 것이라는 확신을 가지고 어떤 행동에 임할 필요가 있다. 조력관계에는 두 가지 단계가 있다. 첫 번째 단계는 관계를 형성하는 것이고, 두 번째 단계는 내담자에게 긍정적인 변화를 촉진시키는 것이다. 각 단계는 약 네 단계로 진행된다. 아래에 총 8단계의 조력관계가 기술되어 있다. 여기에는 치료사에 대한 여러 조언이 들어 있는데, 내담자에게도 해당되는 부분은 특히 3단계다. 가능하면 집단 초기부터 내담자와 공유한다.

초기단계: 관계 형성

1. 입장: 관계의 시작-치료적 동맹을 위한 토대
- 만남을 개방한다.
- 개인이 할 수 있는 한 분명하게 자신의 욕구를 자유롭게 말할 수

있고, 함께 작업하도록 도움을 요청하거나 초대할 수 있는 환경을 만들도록 돕는다.

- 접근: 개인이 '도움을 받는' 것에 대해 어떻게 생각하는가? '도움을 요청' 하는 것이 약점으로 비치지는 않는가?
- 사람들은 자신의 내적 감정에 직면하길 꺼린다는 것을 기억하라.
- 의자와 의자 사이의 거리에 주목하라.
- 사람들이 도움을 받기 전에는 심리적 불안감이 크다는 것을 기억하라.
- 간접적인 질문과 진술을 사용하라.
  - "마음속에 생각나는 것을 말씀해 보세요."
  - "저와 함께 무엇을 논의하고 싶은가요?"
  - "저는 당신이 어떤 사람인지 알고 싶습니다. 제 궁금증을 해결해 주세요."
- 어떤 상황은 너무 과중하거나 독특해서 내담자가 쉽게 수용하기 어려울 수도 있다는 것을 기억하라.
- 연약한 것을 공유할 때는 문화적으로 함축된 의미를 인식하라.
- 일부 내담자는 자신들이 가지고 즐길 수 있는 너프볼$_{nerf\ ball}$이나 루빅큐브$_{Rubik\ cube}$와 같은 어떤 물체가 있으면 정보를 더 잘 노출한다. 이런 물체는 신경 에너지를 방출시키는 데 도움이 된다.

2. **명료화: 도움을 찾는 이유─문제나 관심사에 관한 진술**
- 모든 질문에 신중을 기한다. 개인은 심문을 받는다고 느낄 것이다. 상황에 대해 구체적으로 묻고 '어떻게' 란 질문을 던지는 것이 도움이 될 것이다.

- 내담자가 바라는 변화에 대한 욕망이나 동기의 정도를 평가한다.
- 조력관계의 가능성과 한계점에 대해 인식하고 있는가?
- 많은 내담자는 피상적인 문제를 던져 치료사가 어떻게 반응하는 가를 살펴본 후에야 '진실한' 문제나 요구사항을 표현한다. 또 내 담자가 자발적으로 자신의 최고 관심사를 드러내기 전까지 이와 같은 과정을 통해서 신뢰감을 형성할 필요가 있다.

3. 구조: 계약과 구조 공식화하기

- 우리가 작업하게 될 조건은 어떠한가?
- 초기단계의 목표는 계속 진행해야 할지 혹은 그만둘지를 결정하 는 것이다.
- 다음에 제시한 질문은 치료사나 내담자 모두가 답변해야 할 필요 가 있다.

  치료사의 질문
  - 나는 정말로 이 사람/집단과 작업하고 싶은가? 편안함, 적합성
  - 내가 내담자의 기대감을 만족시킬 수 있을까? 나의 기술, 지식
  - 내가 기대하고 있는 것은 무엇인가? 시간, 장소, 노력, 약속, 책임감
  - 어떤 형태의 구조로 진행할 것인가? 비형식적 이해, 상담 계약, 혹은 문제의 자 유로운 개방
  - 내가 이 사람/집단과 작업을 할 수 있을까? 기술, 지식, 경험 등 나의 지능과 직관, 마음이 모두 동의하는가?

내담자의 질문

- 이 치료관계에 나 자신을 기꺼이 맡기고자 하는가? 그렇다면 함께 잘할 수 있을까?
- 내가 원하는 것 이상으로 이 관계가 복잡하지는 않을까?
- 이 사람이 나의 치료에 도움이 될까?
- 치료사의 조건은 무엇인가?
- 이 사람은 내가 누구이며, 나의 문화와 내가 굳게 믿고 있는 신념을 이해할 수 있을까? 치료사의 문제가 아닌 나 자신의 문제를 잘 해결할 수 있을까?
- 특별한 작업을 하기 위한 '계약'에 동의하더라도 내가 원하면 취소할 수 있을까?
- 이 사람을 내가 믿을 수 있을까?

4. 관계: 조력관계 구축하기

- 관계의 깊이는 점진적이지만 꾸준히 증가한다.
- 변화를 추구하는 작업을 하기 위해서 치료사와 내담자는 함께 약속을 한다. 이로써 신뢰성 있는 수준에 도달하게 된다.
- 1~4단계는 내담자에 관한 정보를 듣고 확인하고 구조화하면서 내담자가 바라보는 세상에 대해 치료사가 이해해 가는 과정이다.

중기단계: 긍정적인 행위를 촉진하기

5. 탐구: 문제 탐구하기, 목표 공식화하기, 전략 수립하기, 사실 정보 수집하기, 깊은 감정 표현하기, 새로운 기술 습득하기

- 치료사는 더욱 적극적이고 확고해야 한다.
- 느낌을 표현하고 문제를 묘사할 때, 내담자는 강한 내향적 성향을 띤다.
- 때때로 내담자는 '아주 좋은 느낌'을 갖기도 하고 '급속히 건강해지는 느낌'을 갖기도 한다.
- 치료사에 대한 초기의 감정이 점차 내담자의 삶에서 중요한 존재로 전환되기도 하지만, 치료사 역시 그 내담자에 대한 태도가 바뀌기도 한다. 프로이트는 이러한 전이과정이 치료사에게 가장 효과적인 도구라고 하였다. 그것은 내담자가 자신의 느낌을 재구성하여 과거의 감정을 회복하도록 도와준다.
- 이 단계에서 치료사에게 특별한 과정의 목표는 다음과 같다.
  - 관계를 유지하고 향상시킨다 신뢰감, 편리함, 안정감.
  - 목표를 향한 발전에 저해가 되는 감정을 처리한다.
  - 감정의 탐구를 격려하여 내담자가 자기인식을 넓힐 수 있도록 한다.
  - 관계를 지속할지 혹은 종결할지를 결정한다.
  - 목표에 도달하는 기술을 가르친다 설명, 모델링, 코칭.
  - 목표를 향한 과제활동을 시작한다.

6. **강화하기: 대안 탐구하기, 느낌을 통해 작업하기, 새로운 기술 실천하기, 낡은 패턴 타파하기**
- 내담자의 전망과 세계관이 확장된다.
- 원만하지 못했던 과거의 생각과 행동 양식을 깨닫게 된다. 불안감은 새로운 것을 시도하려는 흥분과 뒤섞여 내담자가 다시 노력

하도록 격려한다.

- 이것은 내담자가 자신의 행동에서 얻은 통찰력을 활용하기 위해서 직접 실천에 옮길 것인지의 여부를 결정해야 하는 지점이다.
- 이것은 '책략 22'로, 내담자가 변하면 그들은 더 이상 치료사가 필요하지 않게 되거나 혹은 자신에게 치료사가 더 이상 필요하지 않기 때문에 치료사도 자신을 거부할 것이라고 여긴다.

7. 미래를 계획하기: 갈등 해결을 위한 전략 수립하기, 고통스러운 감정 완화시키기, 자기 지시적 활동을 계속하기 위한 새로운 기술이나 행동 일반화하기

- 종결이나 퇴원에 대한 계획과 혼자서 지속하는 방법을 공식화한다.
- 이 단계의 목표는 이전 단계에서의 논의를 행동계획으로 구체화하고 관계가 종결되는 그 지점까지 성장을 계속 추구할 것인지의 여부를 결정하는 것이다.
- 내담자가 적어도 한 번은 치료사의 도움을 받아 집단 내에서 대안적 생각이나 행동양식을 실천했다면 최상의 결과를 얻을 것이고 재발은 감소할 것이다.내담자가 입원해 있을 때 조력관계가 형성된 경우.
- 새로운 주제를 제시하는 것은 좋지 않다.

후기단계: 종결과정

8. 종결

- 치료과정을 요약한다.
- 성과를 평가한다.

• 종결하는 방법에는 여러 가지가 있는데, 치료사는 다음과 같은 방법을 주로 이용한다.
  - 개입을 줄이기 위해서 기간을 늘려 회기를 잡을 수 있다. 즉, 회기의 빈도를 줄인다.
  - 추후지도를 위해서 상담의 문을 개방해 놓는다.
  - 내담자에게 다른 치료사나 기관 혹은 정보망을 알려 준다.

🌸 분리를 다루기 위한 활동과 의식

집단치료를 종결하면서 여러 가지의 활동을 할 수 있다. 다음에 소개되는 것 이외에도 『연극이나 시, 그리고 글쓰기Drama or Poetry and Writing』란 책에서 언급되고 있는 여러 가지 종결활동도 여기서 사용하기에 적합하다.

선물

모든 참여자는 집단으로부터 선물을 받고, 원형으로 둘러앉는다. 말을 하는 사람은 "나는 여러분에게 _____란 선물을 주겠습니다." 라는 형식의 말을 한다. 선물은 물질적인 것이나 추상적인 것에 대한 소원으로, 예를 들면 환상, 소질, 경험 등이 될 수 있다.

콜라주 메시지

참여자는 약 28×36cm 혹은 더 큰 종이 위에 자신의 이름을 쓴다. 성원은 조그만 종이로 서로서로에게 메시지를 쓴다. 그런 다음 해당되는 사람의 종이에 그 메시지를 부착한다.

비밀친구

전통적인 놀이에서처럼, 각각의 참여자는 익명으로 하나의 이름을 선택해서 그 비밀친구를 놀라게 해 준다.

집단평가

집단을 원형으로 만들어 가운데에 평가를 받을 사람을 배치시킨다. 그런 다음 그 사람에 대해 평가하고, 다른 사람도 이런 과정을 거친다.

수피 하트 춤

참여자는 원형을 만든다. 부드러운 음악과 함께 하는 수피 하트 춤 Sufi Heart Dance은 계속 반복적으로 행해지는 의식적인 동작이다. 먼저 제안을 하듯이 오른손을 아래로 펴고 난 후, 다시 왼손을 똑같이 편다. 그리고 받아들이는 것처럼 양손을 함께 들어 올려서 가슴에 댄다.

동전활동

참여자는 소원을 빌기 위해 두 개의 동전을 받는다. 집단은 중간에 동전을 넣을 수 있는 항아리를 놓고 원형으로 앉는다. 각 구성원은 동전 하나는 자신을 위해서, 그리고 다른 하나는 집단을 위해서 소원을 빌며 항아리에 동전을 넣는다.

원형 형태

```
                    X

         X                   X

     X          O            X

         X                   X

                X
```

중앙에 있는 사람은 다른 사람으로부터 평가를 받으며, 아무런 말을 하지 않고 다른 사람의 차례가 돌아오면 집단에 참여한다.

선형 형태

```
                O
                X
                X
                X
                X
                X
```

각각의 X는 O에게 피드백을 준다. 이때 O는 그 줄의 끝으로 가서 다시 X가 된다.

낱말카드 공유하기

모든 참여자는 집단 내 구성원 수만큼의 색인카드를 받는다. 각 카드마다 구성원 각각을 가장 잘 묘사할 수 있는 낱말을 하나씩 쓴다. 12명의 참여자가 있다면 각 사람마다 11장의 카드에 특징적인 단어를 적는다. 다 적고 나서 참여자는 서로 낱말카드를 교환하며 왜 그 낱말을 선택했는지 상대방에서 간략히 설명해 준다.

메달 수여

각각 이름표를 뽑고, 활동이 끝날 때까지 누가 무슨 이름표를 가지고 있는지 아무도 모르게 한다. 참여자는 자신이 선택한 사람을 위한 메달을 예쁘게 꾸민다. 메달에 그 사람의 이름을 쓰고, 수상을 할 사람의 특성에 대해 간단히 묘사한다예, "항상 다른 사람의 감정을 생각한다." "어떤 집단에서나 사람들이 환대받도록 이끈다." 등. 그리고 축하행사 때 모든 사람이 존경의 마음으로 큰 갈채와 함께 그 메달을 수여한다옷깃에 꽂아 주거나 목에 걸어 준다. 그런 다음 상을 받고 스포트라이트를 받는 느낌이 어떤지 물어본다.

감사선물

모든 참여자의 이름을 모자에 넣은 후, 한 사람씩 자신의 이름이 아닌 다른 사람의 이름표를 뽑는다. 자신이 뽑은 사람을 위해 장식품이나 카드를 만든다. 선물을 줄 때는 자신이 선택한 사람을 위해 만든 것을 함께 나누고, 그 사람을 위한 소망이나 그 사람을 상징하는 긍정적인 특성을 함께 덧붙인다.

소원

집단을 둘로 나누어 각 집단을 도와줄 지원자를 뽑는다. 집단의 도우미는 각 집단 구성원의 이름을 쪽지에 써서 용기 안에 넣는다. 한 사람씩 자신의 이름을 제외한 다른 이름을 뽑되 공개하지는 않는다. 각 개인은 다른 사람을 통해 이별선물로 받고 싶어 하는 것을 그림

으로 그린다5~10분 정도 소요됨. 그림이 완성되면 그것을 뽑은 사람에게
준다.

🌸 변화를 위한 의식

모든 문화는 결혼이나 성년식처럼 계절, 정부, 혹은 각 개인의 변화
를 축하하는 독특한 예식과 의식을 가지고 있다.

축하행사를 계획하기

- 당신은 어떻게 축하를 하고 싶은가?
- 사적으로 축하할 것인가 혹은 다른 사람을 초대할 것인가? 소규
  모로 할 것인가 혹은 대규모로 할 것인가?
- 어디서 언제 축하행사를 거행할 것인가?
- 그 변화를 어떻게 명명하고 표현할 것인가? 특별한 변화나 그 변
  화가 주는 삶의 긍정적인 영향, 그리고 당신이 알고 있는 사람들
  의 삶을 설명하기 위해서 어떠한 개인적 상징물이나 상징적 행동
  을 만들어 사용할 것인가?
- 축하행사를 어떻게 시작할 것인가? 뒤에 이어지는 분위기를 어떻
  게 이끌 것인가?
- 누구를 초대하고 싶은가? 초대받은 사람은 당신의 축하행사에서
  어떤 역할을 담당하는가? 적극적인 참여자 혹은 단순한 관찰자?
  초대한 손님을 놀래 주고 싶은가, 아니면 이 행사를 도와달라고

할 것인가?

- 당신의 변화에 대해 즉흥적으로 말할 것인가, 아니면 특별한 문구를 준비할 것인가?

- 노래, 춤, 음악, 시, 이야기, 일화, 인용, 기도, 선물, 음식, 장식, 기념품, 기부금과 같은 것을 포함할 것인가?

- 당신의 변화된 모습을 세상에 존재하는 사랑과 힘에 어떻게 연계할 것인가? 당신 손님의 삶에 발전이 있도록 어떤 영감을 심어 줄 것인가?

- 행사는 어떻게 마무리할 것인가?

- 뒷정리는 누가 담당할 것인가?

05

Therapy Techniques: Using the Creative Arts

창조적 예술집단을 위한 계획

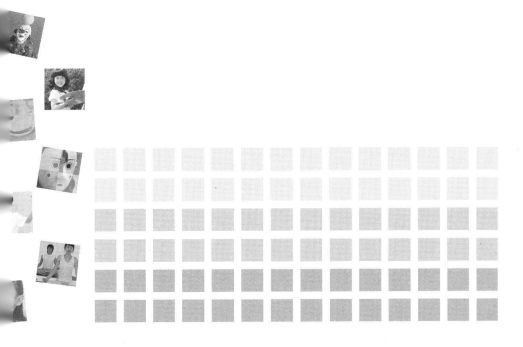

프로그램이나 집단을 성공적으로 이끌기 위해 계획을 세우는 데는 어느 정도의 시간을 투자하는 것이 중요하다. 사려 깊은 질문을 제기하고 미리 '사소한 문제'를 해결하는 데에 보낸 시간은 위기 시 해결하기보다 오히려 프로그램을 실행하는 데 사용되는 시간과 에너지를 줄여 준다. 덧붙여 프로그램을 위한 자금지원은 경쟁적이며, 자원은 무한하지 않다. 행정가들은 자금, 수많은 기본 서비스, 인원과 시설의 필요에 끊임없이 직면하게 된다. 창조적 예술집단을 위한 지원이 광범위하고 성공적으로 활용될 것이라는 확신을 임상감독자에게 심어 주기 위해서는 내담자의 예견된 또는 평가된 욕구에 근거하여 잘 개발된 계획을 제안하는 것이 중요하다.

🌑 창조적 예술집단 프로그램을 정당화하기

왜 특정한 시설에 창조적 예술 프로그램을 지원해야만 할까? 창조적 예술집단은 다른 유형의 집단의 내담자에게 어떤 이익을 줄 수 있을까? 이 질문은 치료사가 공식적인 지면에서 혹은 자기 자신에게 할 수 있어야 하는 질문이다. 만약 치료사 자신이 자신의 영역에 창조적 예술 프로그램을 적용하고자 한다면, 제안한 창조적 예술 프로그램이 왜 내담자에게 유익한지를 분명히 제시하고 레크리에이션 치료 서비스를 강화하는 것은 프로그램의 가치를 임상감독자와 스태프, 내담자, 대중에게 전달하는 데 도움이 된다.

이익은 창조적 예술 프로그램이 왜 내담자에게 가치 있는지를 설명하는 기본이 되며 그 목적을 개발하기 위한 토대가 된다. 그것은 『치료적 레크리에이션의 이익Benefits of Therapeutic Recreation』Coyle, Kinney, Riley, & Shank, 1991과 같은 책과 학술지 논문에서 나온 정보를 수집하는 데 도움이 될 수 있다. 이러한 문헌에는 창조적 예술 프로그램의 결과를 임상감독자에게 제공할 수 있는 정보가 들어 있다. 언급된 이익에는 다음이 포함된다.

- 창조성은 삶의 발달적 측면에서 중요하다. 창조적 예술은 신체, 인지, 정서, 사회, 심지어 직업능력의 개발에 영향을 미친다.
- 창조적 예술은 자기와 다른 사람이 볼 수 있는 유형의 형태로 사고와 감정의 표현을 촉진한다. 자기의 확장인 창조적 산물은 통찰, 기쁨이나 자존감의 확장을 가져올 수 있다.
- 창조적 예술은 자기 인식과 개인적 성장을 가져온다. 개인은 자신과 자신의 환경을 깊게 이해하고 경험한다.
- 정서에 몰입함으로써 개인은 새로운 경험을 하게 된다.
- 창조적 예술은 다른 사고 과정과 능력을 포함해서 언어적 · 비언어적으로 소통할 수 있는 기회를 제공한다.

🌸 창조적 예술 프로그램을 위한 공간의 고려

치료사가 능숙하게 능력을 발휘하고 창조적 예술을 실시하기 위해 완벽하게 준비하는 것이 이상적이지만 이런 경우는 흔치 않다. 대부분의 치료사는 그들의 환경에 적응해야 하고, 자신들을 위해 적절한 공간을 만들어야 한다. 다음은 창조적 표현을 지지하는 창조적 예술 공간을 만들기 위한 두 가지 제안이다.

방의 크기

시설에 모든 창조적 예술미술, 연극, 동작 등을 활용할 단 하나의 방이 있다면, 이는 용도가 많거나 유연한 공간일 것이다. 그것은 자유롭게 움직이거나 이완을 하기에 충분한 공간이어야 하지만, 글쓰기나 미술과 같은 더욱 내적인 작업을 하기에 적절해야 한다. 몇몇 시설은 운동이나 더욱 활동적인 동작을 위하여 사용될 수 있는 미술 방과 더욱 일반적인 용도의 방을 가지고 있다. 치료사가 자신의 필요에 따라 공간을 바꿀 수 있도록 벽을 나눌 수 있게 한 방을 갖춘 시설도 있다. 이용 가능한 방을 살펴보고, 그 공간에 어떤 프로그램을 적절히 적용할 수 있는지 결정하라.

사생활

그 시설에서 어떤 종류의 공간이 이용되든 간에 그 공간은 창조적인 예술집단이 진행되는 동안 사생활이 보호되어야 한다. 창조적 표현의 자유는 혼란스러움이나 장애물이 없는 연속적인 활동에서 나온다.

🌑 글쓰기 목적

내담자와 상호작용을 할 때는 집단의 목표를 분명히 하고 그것이 무엇을 달성할 것인지를 명심하는 것이 중요하다. 종이에 목적과 목표를 적는 것은 내담자와 작업을 시작하기 전에 의도를 분명히 하는 데 효과적이다.

목적goals, 의도의 전반적인 진술이며 프로그램의 방향을 이끈다. 치료사는 프로그램의 목적이 자신의 고용주나 시설의 목적을 잘 반영하는지 확실히 해야 한다. 다음은 창조적 예술 프로그램에 적절하게 사용될 수 있는 목적의 몇몇 예다.

- 창조적 자기표현을 통해 안녕wellness의 기회를 제공하기
- 내담자가 개인의 문제인지, 집단의 공동 문제인지를 탐구하도록 하기

목표objectives, 특히 행동목표는 프로그램의 결과로 나타나기를 기대하는 결과이거나 행동변화를 정의하는 특정한 진술이다. 목표는 실제적이고 측정 가능해야 하며 집단이 적절히 다룰 수 있는 학습이나 변화에 있어서 세부적이고 의미 있는 부분을 나타내야 한다. 목표에는 어떤 행동을 해야 할 것인지 그 조건이 포함되어야 하며 목적 달성을 위하여 바라는 행동과 시간표를 어떻게 실천할 것인지를 알기 위한 근거가 들어 있어야 한다. 다음은 창조적 예술 프로그램의 행동목표의 예다.

- 내담자는 하루에 1_2, 3번 $5_{10,\ 20}$분 정도 활동에 참여해야 할 것이다.
- 내담자는 스태프가 자신의 에피소드 중에서 50%$_{70\%,\ 100\%}$를 지원

할 때까지 통제하고 기다려야 할 것이다.

• 내담자는 그 시간의 50%$_{75\%,\ 100\%}$의 불안한 행동을 나타내지 않고 5$_{10,\ 15}$분 동안 활동을 견뎌야 할 것이다.

🔵 세부 계획서 작성하기

세부 계획서는 프로그램을 매끄럽게 운영할 수 있도록 하기 위한 프로그램의 실제적 측면이다. 세부계획에 대해 고려하는 것을 망각하면 처음에 피할 수 있는 문제를 나중에 고치기 위해 소중한 시간을 낭비하게 될 수 있다. 계획을 세우는 데 중요한 몇 가지 세부 계획서의 문제는 다음과 같다.

• 집단을 언제 어디서 만날 것인가?
• 시작 날짜는 언제인가?
• 프로그램의 길이는 어떻게 할 것인가?
• 가장 바람직한 집단의 크기는 어느 정도인가? 집단의 참여 가능한 최대/최소 인원은 몇 명인가?
• 내담자는 그 집단을 어떻게 알게 될 것인가? 홍보를 하기 위해 기관의 뉴스레터, 게시판, 월간 달력 또는 지역사회 모임을 활용하는가?
• 내담자는 집단에 어떻게 참여할 것인가? 조정이 원활하게 되는가? 만약 내담자가 스태프의 권유로 이 프로그램에 참여하게 된다면 일이 원활히 진행되도록 스태프와 함께 작업하도록 하는 것이 필요하다.

- 집단이 사용할 공간에 요건이 적절하게 갖추어져 있는가? 예컨 대, 휠체어 사용자가 접근할 수 있는가, 휴게실과 식수를 이용할 수 있는가?
- 시설에서 어떤 품목을 이용할 수 있는가? 예컨대, 수도, 카세트 플 레이어, 의자, 베개, 탁자는 있는가?
- 각자의 모임과 프로그램이 진행되는 동안에 부가적으로 제공될 수 있는 것은 무엇인가?
- 부가적으로 제공되는 것은 어디서 받을 수 있으며, 그 비용은 얼 마인가? 예컨대, 미술재료, 모자 같은 소품, 혹은 메모를 위한 일 지는?
- 적절한 장치가 필요한가? 예컨대, 그림을 그리는 데 필요한 입 보 호대가 있는가?
- 비상사태와 화재안전 대책은 무엇인가? 의료 구급함이 있는가? 질병이나 상해를 입었을 때 누구를 만나야 하는가?
- 자원봉사자나 조교가 참석하는가? 그러기 위해 어떤 훈련이 필요 한가? 회기 전후에 모임이 필요한가?

🌸 창조적 예술집단을 위한 체크리스트

다음은 창조적 예술 프로그램을 계획하고 평가하는 데 도움을 줄 수 있는 문제와 고찰해야 될 내용으로 구성되어 있는 체크리스트다. 필요에 따라 질문과 범주를 덧붙여 가면서 지침으로 사용하라. 치료 사는 자신에게 다음과 같은 질문을 해야 한다.

리더의 책임과 고찰점

- 고용된 나는 누구인가? 치료사인가? 놀이의 리더인가? 치료사가 연극, 미술, 음악, 동작이나 춤의 전문가인가?
- 내가 진행하는 훈련의 강점은 무엇인가?
- 내가 진행하는 훈련의 한계는 무엇인가? 당신이 할 수 있는 것보다 더 많은 책임을 맡지 않도록 주의하라.
- 나의 임상감독자는 어떤 기대를 하리라고 추측하는가? 그 기대는 현실적인가, 아니면 집단을 시작하기 전에 수정될 필요가 있는가?

기준

- 시, 도, 정부의 동의를 구할 필요가 있는 규정은 무엇인가?
- 동의를 구할 필요가 있는 임의기준(예, 공동위원회, CARF, 미국캠핑협회)은 무엇인가?
- 동의를 구할 필요가 있는 시설/기관의 정책과 절차는 무엇인가?
- 동의를 구할 필요가 있는 전문적인 기준은 무엇인가?
- 회기 전후에 작성해야 할 필요가 있는 서류는 무엇인가? 프로그램이 모두 끝난 후에는?

집단 시작 전에 준비하기

- 이 집단에 필요할 것으로 생각되는 것은 무엇인가?
- 집단을 위한 목표를 기록한 계획: 특히 새로운 프로그램의 경우, 또 당신이 진행 중인 집단에 새로운 촉진자가 되는 경우, 계획을 서류에 작성하는 것이 도움이 된다. 어떤 장면에서는 계획을 세우는 형식을 갖추고 있지만, 그것이 없다면 집단의 이름, 무엇을

달성할 것인지_{목적}, 세부 계획서를 어떻게 다룰 것인지, 그리고 프로그램을 어떻게 평가할 것인지에 대한 정보를 포함한 제안서를 만드는 것이 필요하다.

- 내가 이용할 수 있는 자원의 강점과 제한점은 무엇이며, 우리가 만나게 될 장소의 강점과 제한점은 무엇인가?

집단 구성원의 특성 파악하기

- 나에게 필요한 집단 구성원의 모든 정보를 갖고 있는가? 나는 전체 집단의 구성뿐만 아니라 각 개인이 누구인지 어느 정도 감을 갖고 있는가?
- 정의, 기능적 능력에 미칠 영향, 예방법을 포함해서 집단 구성원에게 작성된 진단을 알고 있는가?
- 지원 집단인가 강제 집단인가?
- 집단에서 구성원은 유동적인가? 중도에 새 구성원이 들어올 수 있는가?
- 이것은 새로 구성된 집단인가? 그렇지 않다면 집단의 과거 내력을 어떻게 알 수 있는가?
- 집단 구성원은 다른 장면에서부터 서로 알고 있는가?
- 집단에서 응집력의 요인은 무엇인가? 이것은 여성, 10대, 혹은 전문가를 위한 집단인가?

회기 계획하기

- 회기의 목표는 무엇인가?
- 각각의 회기에 어떤 종류의 행동이 기대되고 요구되는가?

- 집단에는 얼마나 많은 구조가 필요한가? 집단에는 더욱 지시적인 리더십리더가 특정한 방향에서 더욱 권위적인이 필요한가, 아니면 촉진적인 리더십리더가 방향을 설정하면서 내담자의 의견을 더 포함시키려는 접근이 필요한가?
- 집단의 욕구와 잠재력에 어떤 활동이 가장 적절한가? 만약 어떤 활동이 바라는 결과를 가져올 것인지 확신할 수 없다면 어떤 측면의 활동분석 과정을 활용하는 것이 도움이 될 수 있다. 활동분석은 그것의 본질적인 특성이나 참여요인, 결과의 가능성을 이해하기 위하여 특정한 활동을 분류하고 조사하는 데 사용된 일련의 변인을 체계적으로 적용한 것이다.
- 나는 활동을 위한 좋은 자원을 가지고 있는가, 그것을 어디에서 찾을 수 있는지를 아는가, 또는 묘안을 떠올려 도울 수 있는 사람이 누군지를 아는가?
- 집단을 진행하는 동안 일어날 수 있는 개인의 상황을 충족시키기 위해 계획된 활동이 수정될 수 있는가?
- 집단을 관찰하는 동안 무엇을 살펴볼 것인지 특별한 아이디어를 갖고 있는가?
- 구입에 필요한 예산과 구체적인 자료 목록 그리고 공급량을 갖고 있는가?

회기 동안

- 새로운 집단을 위해 리더와 구성원을 소개한다. 집단이 무엇을 해야 할지 논의한다. 규칙과 합의 사항, 의무를 논의한다. 집단의 제안과 반응을 격려한다.
- 어떤 위밍업 활동을 할 것인가?

- 집단의 일반적인 분위기는 어떤가? 이를 평가하기 위해 어떤 준거를 사용할 것인가예컨대, 집단을 시작할 때마다 질문할 것인가, 매번 같은 노래나 활동을 할 것인가, 집단의 활동과 반응을 관찰할 것인가?
- 집단의 목적과 관심은 무엇인가? 집단 전체의 목적과 관심은 무엇인가? 개인의 목적과 관심은 무엇인가?
- 진행과정은 재미있게 보이는가? 그렇지 않다면 아마 어느 누구도 도전하려고 하지 않을 것이다.

지난 회기 평가

- 그 이후 어떻게 되었는가? 기대하지 않았던 일이 일어났는가? 긍정적인 일이었는가? 부정적인 일이었는가?
- 치료사, 조력자, 그리고 서로 간에 집단의 반응은 어떠했는가?
- 목적과 목표는 적절하고 생산적이었는가? 그것들은 달성되었는가?
- 집단과 개인 구성원에게 새로운 목적과 목표가 설정되어 있는가?
- 일지나 개인 차트에서 관찰한 것을 기록한다. 고용인, 전문가, 공인 기관의 문서화된 요구사항을 확실히 충족시키라.

이후 회기 계획하기

- 집단이 동일한 기본 방향에서 계속되기를 원하는가?
- 접근방법, 시간과 영역의 활용, 임상감독이나 설명의 정도, 중재의 정도에서 내가 원하는 변화가 있는가?
- 개인 구성원이 만족하고 있는가?
- 집단 구성원에 대해 처음 사전 모임 때 가졌던 인상 및 지각과 지금 가지고 있는 그것들을 비교해 보라. 집단의 리더로서 당신 자

신에 대해 그리고 집단 자체에 대해 이것은 당신에게 어떤 통찰
을 주고 있는가?

🌸 경험의 수정

치료사로서 우리의 일은 사람들이 우리의 프로그램에 최대한 충분
히 참여하도록 기회를 만드는 것이다. 우리는 생각이 유연해야 하며
필요에 따라 프로그램을 기꺼이 수정할 수 있어야 한다. 때로는 이전
의 성공적인 활동이 새로운 집단에 맞지 않아 수정이 필요할 때가 있
다. 필요하다면 다음 지침산 조세 주립대학교 레크리에이션 및 여가연구학과에서 발행한 「틈을
메우기」(1989)에서 발췌함은 당신의 프로그램을 수정하도록 돕는 기본적인 사
항이 될 것이다.

1. 능력을 생각하기. 참여자가 할 수 있는 것을 근거로 수정한다. 예
   컨대, 몇몇 구성원이 제한된 시각을 갖고 있다면 듣고, 냄새 맡고
   접촉하는 그들의 능력을 고려하라. 모든 사람이 참여할 수 있도
   록 시각적 경험에 청각적 단서와 촉각적 단서를 덧붙인다. 모든
   사람의 경험은 확장될 것이다.

2. 참여자에게서 단서를 찾으라. 예컨대, 목발을 사용하는 사람이
   앉아 있을 때 특별한 그것을 절대 치우지 말라. 휠체어, 의수, 의
   족, 목발, 지팡이, 보행기는 그 사람이 충분히 기능하는 데 필요
   한 일부분이다. 불필요한 것을 만들지 않는 것도 충분한 도전이
   된다. 당신의 참여자 중 어떤 사람이 넘어지면 당황하지 말고 의

료인처럼 달려가라. 그 사람은 그런 일이 발생한다면 얼마나 많은 도움이 필요한지, 그리고 어떻게 해야 하는지를 당신에게 알려 줄 것이다. 훌륭한 해결책을 만들기 위해서는 상식과 존중을 결합해야 한다. 시간이 지나면서 모든 사람은 서로의 단서를 정확하게 읽을 것이고, 이는 여러 상황을 다루는 데 관례가 될 것이다.

3. 필요하다면 환경적 장애물의 한계를 최소화하기 위해 장소를 바꾸라. 휠체어를 사용하는 참여자가 있다면 당신이 사용하게 될 바닥의 표면을 생각하라. 더 단단한 표면은 부드러운 표면보다 작업하기가 더 쉽다. 잠재적인 장애물을 예상하라. 항상 휠체어의 접근을 살펴야 한다. 법률이 요구하는 곳에 접근하는 방법이 없다면 불편사항을 적절히 정리하라.

4. 가능한 한 원래의 활동과 가깝게 경험과 그 경험의 구성요소를 간직하라. 적용할 필요가 있는 요소만 수정한다. 이와 같이 이런 환경에서 학습된 기술은 학교, 직장, 공원 또는 더 큰 세계의 상황에 더욱 쉽게 적용될 것이다.

5. 적용과정에서 알고 있는 사람당신의 내담자을 개입시키라. 이것은 그들에게 집단 밖에서 여가생활을 하도록 격려할 뿐만 아니라 종종 어떤 방법이 유용한지 생각하도록 한다. 그들은 어떤 것이 잘 진행되는지 자주 알거나 듣게 된다. 그들은 또한 그들 자신과 타인을 위한 대안을 찾는 것에 대해 좋은 느낌을 갖게 될 것이다.

6. 신체장애를 갖고 있는 참여자가 일상생활에 충분히 참여할 수 있도록 도울 수 있는, 적응적이고 특별한 장비에 대해 당신이 할 수 있는 한 모든 것을 배우라. 어떤 경험에 개인을 포함시키기 위해

이용할 수 있는 모든 적응적 장비를 도입하라. 당신의 시설 예산에 이 항목을 포함시키려는 지지자가 되라.

7. 집단 응집력을 격려하고, 자기 확신과 광범위한 참여자의 관심을 구축하기 위하여 새로운 경험을 창조하고 소개한다. 경우에 따라 이러한 경험은 참여자 모두가 똑같이 한계를 경험하는 것을 요구할 수 있다. 예컨대, 어둠 속에서 또는 눈가리개를 쓰고 게임을 할 수 있다. 다른 가능성은 참여자에게 말을 하지 않고 얼굴과 상체만을 사용해서 의사소통을 하도록 지시하는 것이다. 그들은 제스처, 얼굴 표정, 그리기, 글쓰기로 새로운 조망을 가질 수 있다. 다른 활동에서와 마찬가지로 적용은 가능하면 언제든지 개별화되어야 한다.

8. 요약하면, 당신이 참여자를 위해 활동을 조정하는 것처럼 이런 문제를 스스로에게 물어보라. 당신의 답변은 당신이 결정하는 데 결정적인 요인이 된다. 당신이 제시하는 일부 답변에 대해 확신이 있다는 것을 안다면, 당신이 타인에게 더욱 풍성한 삶을 만들려고 작업할 때 당신의 한계를 극복하기 위해 다음과 같은 것에 대해 도전할 필요가 있다.

   – 당신은 과보호적이고 너무 급하게 준비하는가? 당신은 너무 불안해서 참여자에게 아무런 도움도 주지 않고 어떤 것을 하도록 '가외' 시간과 노력을 주지 않는가?

   – 당신의 도움을 요청할 때까지 기다리는가?

   – 당신이 참여자와 그들의 상황을 충분히 알려는 어떤 기회를 갖기도 전에 당신의 선입견은 그들을 제한하는가?

   – 성공적인 활동에 대한 당신의 생각은 실제적이면서 동시에 낙

관적인가?

- 당신은 휠체어나 장애의 다른 지표보다 오히려 개인의 시각과 일반적 측면에 초점을 맞추는가?
- 가끔 그 사람이 장애를 갖고 있다는 것도 잊어버리도록 하는 것이 당신 목표 중의 하나인가?

다문화와 생활양식 선택의 고찰

우리는 점점 복잡하고 문화적으로 다양한 사회적인 환경에서 살아 간다. 치료사로서 당신은 모국어가 영어가 아니거나 삶의 경험, 가치, 규준, 그리고 가족 지지체계가 당신 자신과 다를 수 있는 사람과 작업 하는 경우가 있을 것이다. 그것이 당신에게 요구하는 것은 더욱 정직 하고 기민한 의식 수준이다. 사람들이 장애를 갖고 있는 사람에 대해 추측을 하는 것처럼, 그들은 삶과 역사가 자신과 다른 사람에 대해 무 의식적인 판단을 하는 경우가 있다. 당신을 돕는 몇몇 제안은 '정치적 으로 정확'하지는 않지만 당신의 태도와 상호작용에서 더욱 중요하 게 '인간적으로 의식' 하는 것이다.

• 우리 모두가 문화의 산물이라는 것을 기억하라. 우리는 가족과 지지체계를 통해 배운 가치, 태도 및 상황을 다루는 방법을 가지 고 있다. 사람 간의 차이를 존중하고, 사람들이 공통적인 특성을 찾도록 도우라.
• 당신의 일부나 타인에 대한 잠재의식적 가정을 인식하라. 모든

사람을 하위집단의 구성원으로서가 아닌 개인으로서 인정하라. 개인이 어떻게 생각하고 느끼고 사는지를 알라.

• 창조적 예술은 언어, 배경, 능력, 경험의 차이를 극복할 능력을 갖고 있다. 음악, 춤, 미술은 어떤 언어도 필요 없이 우리 모두를 소통하도록 한다. 집단에서 활용할 수 있는 다른 문화권의 활동을 선택함으로써 다문화적 풍요로움이 있다는 것을 축하하라.

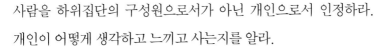 인적자원과 지원기금

오늘날 많은 시설에는 스태프가 충분히 있다. 여러 상황에서 필요에 따라 내담자를 조력할 수 있고 내담자가 회복되도록 도울 수 있는 자원봉사자를 보유하는 것이 적절하다. 성공적인 자원봉사자 프로그램은 조직, 이념, 시간, 그리고 적절한 홍보활동 전략을 갖고 있다. 만약 스태프가 너무 바빠 자원봉사자의 관심에 귀를 기울이지 못하거나 필요한 훈련을 제공하지 못한다면 자원봉사자 프로그램을 시작하지 말라. 좋은 자원봉사자 프로그램은 일단 만들어지면 내담자와 치료사의 개인적 접촉의 질을 향상시킬 수 있다. 성공적인 임상감독의 자질에는 다음과 같은 것이 있다.

• 어떤 도움이 필요할 것인지를 생각하라. 자원봉사자가 완성하고 싶어 하는 일에 대해 분명히 하라. 자원봉사자를 위한 업무 내용을 기록할 시간을 가지라.

• 프로그램에 대한 사진첩, 예술작품, 배경 정보를 만들거나 자원

봉사자 핸드북을 만들라. 관심 있는 사람이 프로그램의 특징에 대하여 더 좋은 느낌을 가질 수 있도록 이렇게 수집된 자료를 대학 학급이나 지역사회 조직에 가져가라.

- 그들에게 기관, 내담자, 그리고 그들의 의무를 소개하기 위하여 자원봉사자를 위한 훈련과정을 구축한다. 올바른 사람을 올바른 자리에 배치했다는 확신을 가지라.
- 대학의 현장 작업을 실시하는 자원봉사자를 위해서 요구사항예, 시간의 양, 내담자 접촉의 특성을 명확히 하고 계약이 유효하게 하라.
- 문제가 일어나기 전에 그들의 경험이 어떻게 진행되고 어떻게 조절되고 있는지를 평가하기 위해 자원봉사자를 경청하고 관찰하라.
- 자원봉사자를 '임시 조력자'로 생각하지 말라. 칭찬이나 다른 이익과 함께 그들을 존중하고 보상해 주면서 대하고, 원한다면 신중한 추천서를 써 줘야 한다.

자원봉사자나 재정 지원이 필요할 때마다 적절한 자원이 어디에 있는지 아는 것이 중요하다. 다음의 아이디어는 연구를 시작하는 데 도움이 된다.

대학과 대학교를 위한 현장 학습과 인턴십

많은 학생은 그들 전공 분야에서 졸업하기 위하여 현장학습을 끝마쳐야 한다. 그들이 현장학습 시간을 요구한다면 교육, 레크리에이션 치료, 작업치료, 사회사업, 심리학, 미술 또는 다른 매체와 같은 전문적인 수업을 점검해야 한다. 책임감이 있는 학생은 프로그램에 신선한 에너지와 아이디어를 제공한다. 덧붙여 방향성이 적절하다면 현장학습의 요건을 갖고 있는 대학생은 최소한 한 학기 동안 규칙적인 활동에 참여하게 될 것이다.

자원봉사자 사무소

지역사회 자원봉사자 사무소에서는 매일의 과정에서 많은 사람을 만나고 소중한 자원봉사자가 될 수 있는 은퇴한 예술가, 음악교사, 무용강사 또는 심지어 미술 애호가가 어디에 있는지 알 수 있을 것이다. 자원봉사자 사무소는 말끔하게 정리된 직업별 설명서를 가지고 있어서 적절한 사람이 프로그램에 의뢰할 수 있도록 한다.

개인적 자원

이러한 활동을 할 수 있다면 대중 강연이나 저술을 통해 다른 기금을 증대시킬 수 있다.

지역사회 조직

일부 조직은 그들의 지역사회 프로그램을 돕기 위하여 시간이나 돈을 기부할 것이다. 예컨대, 시설이 장애아동을 위한 프로그램에 특별한 애정을 가지고 있다면 지방 단체에 문의해 후원을 받을 수 있다. 발표자료를 만들고 기금의 협조를 구하는 것에는 얼마의 시간과 에너지가 필요하지만, 모든 사람에게 이익을 준다.

단체기금이나 예술 지원

많은 단체는 자신들의 지역사회나 주에서 지원 프로그램에 초점을 둔 자선단체 기금을 만든다. 몇몇 단체는 그들의 건물에 미술 전시회를 열 것이다. 즉, 그들은 그들 건물의 벽에 걸고 좋은 홍보활동을 위해 멋진 예술작품을 구할 것이고, 예술단체는 프로그램에 대한 대중의 인식을 높이기 위하여 전시할 공간을 제공받는다. 메릴랜드대학교의 도서관은 인가받은 정보를 가진 훌륭한 웹 페이지를 갖고 있다_{출처:} http://www.lib.umd.edu/UMCP/ART/guides/grants.htm.

예술을 위한 정부기금

예술기금은 연방 수준에서 주, 시로 내려간다. 각각의 주는 그 주에 있는 예술의회_{주와 시의 위원회}를 통해서 분배된 예술 프로그램에 대해 기금을 제공받는다. 지역 예술의회에 의해 지원받고 있는 프로그램의 종류를 점검한다. 예컨대, 몇몇 주 예술의회는 지역사회의 비영리 조직에서 내담자에게 공예를 가르치는 예술가에게 기금을 지원할 것이다.

'매우 특별한 예술'

'매우 특별한 예술'은 장애인에게 예술 프로그램을 지원하는 국제조직이다. 1974년 이후 '매우 특별한 예술'은 장애아동에게 우선적으로 춤, 연극, 음악, 문학, 시각 예술의 기회를 준다. 이들 아동과 청소년은 축제, 학교 프로그램, 특별한 프로젝트, 퍼포먼스와 전시를 포함해서 여러 가지 '매우 특별한 예술' 활동에 참가해 왔다. 당신은 1300 Connecticut Ave., Washington, DC 20036에서 그들과 연락할 수 있다. 전화번호는 800-933-8721이고 이메일은 info@vsarts.org다.

🌸 시각적 예술집단을 위한 계획

지금까지 언급된 예술집단을 위한 계획은 매우 일반적이었고 어떤 집단에도 적용될 수 있었다. 마지막 부분에서는 재료, 공간의 고찰, 그리고 특정한 장애를 가진 사람이나 건강에 관심이 있는 사람을 위한 기술과 기법을 다룬다. 시각예술집단을 계획하는 치료사가 관심을 가질 만한 특별한 내용을 다룬다.

미술을 위한 공간

대부분의 시설은 '캐딜락'의 예술 공간과 똑같을 수는 없다. 즉, 대부분의 치료사는 '개조된 폭스바겐'을 가지고 그런대로 해야 한다. 다음 내용은 예술 공간처럼 활동하려는 방에 기본적으로 필요한 것이다.

- 적절한 조명: 모든 사람에게 필요하지만 특히 시각적 손상을 입은 사람에게는 더욱 필요하다.
- 물 버리는 곳과 물을 준비할 수 있는 곳이 필요하다.
- 모든 사람을 편하게 수용하기 위해 책상과 의자가 들어갈 만큼 충분한 공간으로, 집단에 적절해야 한다. 시설의 한계가 있다면

이런 조건을 가지고 최선을 다하라.

- 저장 공간: 접근을 쉽게 하기 위해 재료를 잘 정리할 수 있는 충분한 공간이 필요하다.
- 적절한 환기: 공기가 공간을 통해 순환하도록 한다. 몇몇 사람, 특히 호흡기 문제를 갖고 있는 사람은 물감이나 화학물질에 매우 민감하다.
- 사생활의 허용: 미술치료 기법이나 유도된 심상과 같은 활동이 포함된다면 외부의 주의 분산을 차단할 필요가 있다.
- 전시 공간: 내담자가 만든 어떤 미술작품을 전시하는 것이 적절할 때가 있다. 이러한 목적을 위해 게시판을 마련한다.

미술재료

미술재료는 비쌀 수 있다. 관건은 재료를 값싸게 구하기 위해 예산과 자원을 어떻게 확충하느냐다. 미술집단을 이끄는 많은 사람은 기본적으로 큰 쥐와 같다. 그들은 버려진 잡동사니를 활용 가능성이 있는 미술재료로 본다. 우리 학급 학생들은 시각예술 프로젝트에 사용하기 위한 재료를 집 주위에서 구해 보도록 아이디어를 짰는데 그 목록이 놀라울 만큼 매년 증가하였다.

돈이 드는 재료

프로그램에 약간의 예산이 있다면 다음과 같은 품목을 사는 데 몇 가지 고려할 사항이 있다.

- 그림 붓. 싼 붓을 사는 것은 돈을 낭비하는 것이다. 얼마 사용하지 않아 털이 빠지고 붓은 형태를 잃어버린다. 어린아이가 쉽게 잡을 수 있고, 손잡이가 있는 유연하지만 내구성이 좋은 붓이 있다. 만약 당신이 청소년이나 성인을 대상으로 작업을 하고 있다면, 만족할 만한 결과를 위해 여러 가지 크기의 붓과 끝 모양_{예, 납작하거나 둥근}이 다른 붓을 가지고 있는 것이 중요하다. 필요하다면 기다렸다가 공급하고, 내담자에게 붓을 어떻게 씻고 보관하는지를 가르쳐 준다.
- 가위. 적절히 잘리지 않는 가위보다 더 성가신 것은 없다. 내담자의 연령에 맞는 튼튼하고 좋은 가위를 사라. 그리고 가능하면 왼손잡이를 위한 가위를 준비하라. 그렇게 하면 그들은 깊이 감사할 것이다.
- 종이. 종이의 종류는 다양한데, 이는 다음과 같다.
  - 소포용지: 일반적으로 쓸 수 있고 아무렇게나 사용할 수 있는 큰 두루마리 종이를 구입한다.
  - 재활용한 컴퓨터 용지, 오래된 편지지나 봉투, 쓰고 남은 전단지: 낙서를 하거나 생각을 적을 수 있다.
  - 신문용지: 연필과 목탄 작업을 할 때 사용하기 좋으며, 약간 적셔서 사용할 수 있다.
  - 미술용 색마분지: 가능하면 바래지 않는 것을 구하라. 쓰고 남은 조각은 콜라주와 다른 작업을 할 때 재활용될 수 있다.
  - 도화지: 잉크, 마커 또는 수채화 물감 같은 다양한 재료를 가지고 쓸 수 있다. 이 종이를 써서 가장 다양한 작업을 할 수 있다.
  - 트레이싱지: 그림을 그릴 수 있고 종이 표면의 손상 없이 그 위에 지우고 재작업을 하여 묘사할 수 있다.

- 고급지: 수채화나 아크릴화를 그릴 때 적절하다. 작업을 하기 위해서는 적어도 27kg 정도의 종이를 사용하라.
- 수제 종이: 아름다운 종이는 다양한 종류의 종잇조각과 심지어 나뭇잎을 섞어서 만들어진다. 이러한 종이는 손으로 만들기 때문에 더욱 특별하며 회화와 콜라주를 할 때 사용될 수 있다.

• 물감. 플라스틱 병에 기본적인 템페라 그림물감을 사용할 수 있도록 한다. 만약 아동이 작업을 한다면 색상 번호가 적혀 있고 뚜껑으로 물감이 새지 않는 통에 담긴 물감을 사서 준비한다. 만약 덩어리 수채화 물감을 사용한다면 밝은색이나 어두운색처럼 더욱 다양하게 표현할 수 있는 종류의 물감을 구입한다. 몇몇 색은 옅은 것으로 준비한다. 마커는 즐거움을 준다. 아동은 냄새가 나는 것을 좋아한다. 나이 든 아동이나 성인에게는 분필이나 오일 파스텔 같은 것을 추가한다. 오일 파스텔은 유화 그림물감의 대체물이 된다. 즉, 그것은 덜 더러워지며 재미있는 효과를 내기 위해 테레빈유를 섞을 수 있다. 튜브에 들어 있는 아크릴 물감, 수채화 물감이나 유화 그림물감은 값이 비싸다. 따라서 학년에 따라 제공되는 것을 찾으라. 그것들은 값이 더 싸고 집단 미술 작업을 하기에 좋다.

풍부한 재료

재치 있는 사람들은 미술 프로젝트를 위해 집 주변에서 구할 수 있는 아래 목록을 읽을 때 그것들이 모두 하늘 아래에 있다는 것을 알게 될 것이다. 단지 제한점은 저장 공간인데, 이 또한 재치 있게 조직될 수 있다.

구할 재료

- 알파벳 비누 글자
- 아기 음식통
- 뒤틀린 가방
- 구슬_{자선가게/벼룩시장에서 구입한 오래된 목걸이}
- 마른 콩
- 병뚜껑
- 상자_{보관을 위해 작은 것부터 큰 것까지}
- 부러진 크레파스
- 망가진 장난감
- 단추
- 달력_{사진이나 그림이 있는}
- 골판지 조각_{주름이 잡혀 있고 표면이 재미있게 생긴}
- 젓가락_{물감을 퍼내고 재료를 섞는}
- 커피 캔
- 컴퓨터 용지_{빨리 아무렇게나 그릴 수 있는}
- 코르크
- 실로 만든 공
- 마른 꽃

- 계란상자_{색을 칠해서 구슬이나 세킨 sequin*을 분류하기 위해}
- 천조각_{콜라주, 가면을 만들기 위해}
- 놀이용품
- 장갑_{손인형을 만들기 위해}
- 제빙접시_{팔레트}
- 병_{보관을 위해 어떤 크기도 가능}
- 잡지_{콜라주와 주 재료를 찾기 위해}
- 마가린 용기_{보관을 위해}
- 신문지
- 국수와 기타 파스타_{콜라주용}
- 오트밀_{귀리} 상자
- 오래된 장신구류_{가면, 콜라주, 손인형용}
- 오래된 양말_{손인형용}
- 종이 가방
- 비닐봉투_{콜라주용}
- 해변에서 주워 온 광택 나는 유리나 작은 돌
- 쓸모없는 옷_{청소용}

---

*역주: 장식품으로 여성의 의복 따위에 꿰맨 번쩍번쩍 빛나는 작은 금속 조각.

- 작은 돌과 성냥_{가면, 조각, 콜라주용}
- 고무밴드
- 소금_{조각재료를 조리하기 위해 사용}
- 신발상자
- 노끈
- 스티로폼_{콜라주용}

- 타일_{조각을 위해}
- 부드러운 화장지와 두루마리 화장지 조각
- 벽지 조각
- 나뭇조각_{조각용}
- 실과 리본 끝단_{콜라주, 손인형용}

재료를 구할 수 있는 곳

대부분의 지역사회는 미술에 재활용될 수 있는, 쓰고 남은 재료를 보관하는 곳이 있다. 미술재료를 어디서 구할 수 있는지 그 장소의 목록을 적어 보라. 어떤 아이디어는 이 분야를 공부하는 학생들에게 도움을 줄 것이다.

- 설비가게_{조형에 사용될 수 있는 아주 큰 상자를 구할 수 있음}
- 플라스틱 가게_{플라스틱 통과 시트감을 판매하는 이 가게에는 조형 작업에 쓸 수 있는 자투리 재료가 있음}
- 벼룩시장_{구슬과 기타 재사용될 수 있는 품목을 파는 곳}
- 목재 하치장_{나무토막을 구하는 곳}
- 작물가게_{버린 천조각이나 자투리를 구하는 곳}
- 마분지나 포장지 회사_{사용할 수 없는 자투리를 제공할 수 있음}

지역사회에는 재료를 재활용하는 센터가 있을 수 있는데, 그곳의 몇몇 공장은 비영리 단체를 통해 구입할 경우 무상이나 최소의 비용으로 재료를 제공한다. 창조적인 재료를 수집하는 것은 즐겁고 현명한 일이다. 어떤 영역에서 돈을 아끼게 되면 꼭 사야만 하는 재료_{붓과 같}은를 더 많이, 더 좋은 것을 구입할 수 있다.

🌸 보완기법과 유용한 정보

문제를 가지고 있는 내담자가 더욱 성공적으로 예술적인 경험을 할 수 있도록 하는 보완기법은 많다. 현대 기술의 도움을 받을 수 있는 내담자를 조력하기 위하여 대개 특수 장치를 이용할 수 있다_{카탈로그를 보고 주문할 수 있다.}

일반적인 기법

• 보호 테이프를 사용하여 종이, 직물, 두꺼운 종이, 기타 평평한 물건을 작업대에 고정시킨다.
• 접시, 컵, 항아리, 물병의 바닥에 흡입판을 붙여 장식한다. 흡입판은 또한 물감병이 엎어지고 엎질러지는 것을 방지하는 데 유용하게 쓰인다. 특히 이것은 흡입비누통, 본떠서 만드는 점토 또는 꽃 퍼티_{Putty}*에 유용하다. 미끄러지지 않는 패드는 사이즈에 맞게 절단해 깔개 아래에 깐다.

---

* 역주: 석고를 아마인유로 반죽한 것으로, 창문에 유리를 접합시키거나 벽의 틈새기를 메우는 데 쓴다.

- 페인트 붓, 드라이버, 다용도 칼 또는 뜨개질 코바늘과 같은 도구와 기구의 손잡이를 편하게 잡힐 때까지 스펀지나 기포고무로 감싸서 만든다. 기포고무를 테이프로 확실하게 묶는다. 손잡이가 미끄러지는 것을 방지하기 위하여 기포고무의 끝을 테이프로 묶는다.
- 의자의 팔걸이 위에 기포고무를 테이프로 붙이거나 수건을 접어서 편안한 작업 높이의 의자 팔걸이를 만든다. 팔꿈치가 의자의 팔걸이에 의지할 수 있을 때, 손 떨림의 문제는 최소로 줄어들 수 있다.
- 운동통제 능력이 제한된 사람이 종이나 직물을 자르고, 그것을 두꺼운 책 사이에 끼워 넣고 구부러진 손잡이가 있는 가위를 가지고 자르는 것을 돕는다.
- 피부의 찰과상을 피하기 위해 사포에 부드러운 나뭇조각을 붙이거나 철물점이나 페인트 가게에서 사용하는 블록 사포를 사용한다.
- 신장구 틀이나 천을 짜는 틀이 작업대에 편리하고 위로 향하도록, C형 죔쇠를 사용하여 고정베틀에 묶는다.
- 작업대의 한쪽에는 보호 테이프로 탁자를 붙이고 다른 쪽은 책이나 다른 적당한 물건으로 무게를 가하여 무릎에서 바느질 작업을 할 수 있도록 유도한다.

제한된 시각을 갖고 있는 사람을 위한 기법

- 밝은색으로 작업을 한다. 칙칙한 색, 파스텔 색 또는 미묘한 색은

흔히 확인하거나 구별하기가 어렵다.

- 굵은 실, 바늘 코가 큰 바늘, 큰 구슬을 사용하라. 프로젝트 작업에서 좌절을 줄이기 위해 더 크게 생각하라.

- 색을 사용하여 칠하거나 그릴 때 너무 세밀하지 않고 큰 영역의 색으로 단순한 패턴을 창조한다고 생각하라. 세밀하기보다 오히려 형태, 색, 질감을 가지고 작업하라. 이런 것 자체가 미술을 흥미롭게 만들 수 있다. 추상적인 내용이 특히 적절하다.

- 안경에 끼우는 돋보기, 스탠드 위의 돋보기, 목에 걸린 돋보기와 같이 골고루 갖춘 보조기구를 살펴보라. 특정한 개인을 위해 이러한 보조기구의 적절성에 대해 의사의 자문을 구해 보라.

- 시각 문제가 있는 사람들에게 예술과 공예를 경험하도록 함으로써 촉감을 개발하는 것은 특히 더 적절하다. 그 예는 점토, 천짜기와 타일 모자이크 작업 등이다.

관절염이 있는 사람을 위한 기법

- 손가위보다 전기가위를 사용한 것이 더 쉽다.

- 매듭실 장식, 깔개 만들기, 천짜기와 점토 작업은 손가락 운동에 특히 좋다.

- 뜨개질과 코바늘로 뜨개질하는 것은 손가락이 장시간 딱딱하게 유지되기 때문에 피해야 한다.

- 손가락으로 꽉 잡아 움켜쥐는 것을 피하기 위해 도구의 손잡이를 만들 수 있다.

민감한 피부를 가진 사람을 위한 기법

• 지저분한 작업에는 마음대로 쓸 수 있는 얇은 수술용 고무장갑을 사용한다.<small>민감성 피부에 적절한 재질인지 확인한다.</small>

• 내담자에게 어떤 재료가 반응을 유발하는지 묻고, 가능하다면 그 재료를 피하거나 대체 재료를 사용하도록 한다.

• 양털 대신에 아크릴 실을 사용한다.

• 사포와 같은 연마재 사용은 피하도록 한다. 피부에 닿지 않도록 사포를 나뭇조각이나 플라스틱 손잡이에 붙인다.

• 피부를 최대한 유연하게 유지하기 위해 핸드크림을 사용할 수 있다.

호흡기 문제를 가진 사람을 위한 기법

• 공기가 잘 순환되는 방에서 일하게 한다. 방 안의 공기를 깨끗하게 유지하는 데 필요한 아주 조용하고 효과적인 공기정화기를 구입할 수 있다.

• 수성 페인트를 사용하고, 불쾌한 냄새나 해로운 가스가 나오지 않는 접착제를 사용한다. 이런 제품에 대해 붓이나 스펀지, 천을 이용해서 물로 씻고, 따라서 테레빈과 같은 해로운 시너의 사용은 배제하는 것이 좋다.

• 옥외나 환기장치가 있는 방에서 작업할 수 없다면 모래를 뿌리는 작업이 포함된 계획은 피한다. 먼지가 들어가지 않도록 마스크를 사용한다.

- 모든 에어로졸 제품을 피한다.
- 머리를 세우고 어깨를 뒤로 젖힌 자세로 작업하고, 좋은 공기가 순환되도록 한다.

주의가 산만한 사람을 위한 기법

- 작업 공간에서 자극이 되는 것을 줄인다.
- 어떤 특정한 시간에 이용할 수 있는 여러 도구의 선택권을 제한한다.
- 내담자의 관심이 항상 내부에_{탁자의 중심 쪽으로} 집중되도록 방의 주변이 아닌 탁자 주위에 앉도록 한다.
- 가능하다면 방의 벽을 어둡게 만들고 탁자에 직접적인 광원을 둔다.
- 멜로디에서 변화가 거의 없는, 마음을 진정시키는 음악은 도움을 줄 수 있다.
- 뒤쪽에 장치된 팬은 더욱 산만한 주위의 소음을 가리는 데 충분한 '백색 소음' 을 만들 수 있다.

06

Therapy Techniques: Using the Creative Arts

시각 미술과 촉각 미술

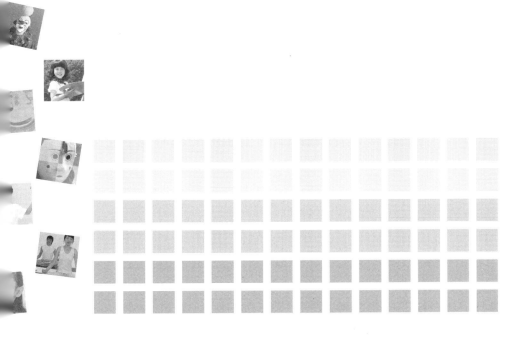

이 장은 미술 및 미술치료와 관련된 개념을 개관하고 내담자에게 시각 미술을 사용하기 위한 활동 아이디어를 제공하고자 한다. '시각 미술과 촉각 미술'이라는 용어는 미술재료를 사용해서 보거나 만져서 경험될 수 있는 어떤 형태를 만든 결과물 또는 과정을 말한다. 이 분야는 재료를 구입하고 조직하는 데 있어서 치료사에게 많은 시간과 경비를 요구할 수 있지만, 그것은 연령이나 배경이 다양한 내담자를 끌어들일 수 있다. 학교 시스템을 경험해 온 대부분의 사람은 미술에 대해 어느 정도 경험해 왔으며, 그것이 소개될 때 그 주제와 연결되도록 돕는 어떤 연상을 갖는다. 몇몇 내담자는 다른 사람보다 미술에 대해 좀 더 긍정적인 경험을 해 왔을 수 있지만, 적어도 대부분의 사람과의 의사소통을 어느 정도 기본으로 하고 있다.

몇 단계의 과정을 포함한 이러한 미술활동은 내담자로 하여금 스스로 자신에 대해 배울 수 있도록 돕는다. 첫 번째, 의식적으로 생각하는 마음과 무의식적으로 표현하는 마음을 활용하여 활동을 행하는 것은 순수하다. 일단 활동이 완료되면, 내담자가 경험해 온 것을 해석해 주고 그것을 이해하도록 돕는 것이 중요하다. 이것은 내담자에게 질문에 답변하도록 하거나 미술활동의 일부로 글쓰기를 반영했을 때 달성될 수 있다. 글쓰기는 생각을 교류하도록 상징좌뇌을 활용하며 사람의 의식으로 그러한 생각을 떠올리도록 돕는다. 마지막으로 내담자에게 일어났던 일 혹은 파트너나 전체 집단과 함께 배웠던 것을 나누도록 안내한다. 말로 이루어진 생각의 표현은 개인의 사고를 분명히 하도록 하고, 다른 집단 구성원에게 피드백을 해 주며, 개인적으로 더 분명한 통찰을 이끈다. 내담자로 하여금 진실을 배울 수 있도록 하고

변화와 성장의 기회를 갖도록 내담자의 마음속에 있는 유용한 개념을
연결시키는 것이 치료사의 일이다.

시각 미술 경험의 유형

시각 미술은 각각의 활동 자체의 목적을 가지고 있는데, 이러한 활
동을 분류하는 표현의 범위가 있다.

순수미술

전통적으로 미학_{순수한 아름다움}에 초점을 두는 미술_{예, 회화, 드로잉, 조각}을 말
하며, 그 자체의 목적을 위해 창조된다. 개인은 어떤 주제에 대하여
자신의 관점과 느낌을 표현하며, 미술가와 다른 사람이 경험할 수 있
는 어떤 형태를 창조하기 위해 재료의 사용을 만족해한다. 미술을 창
조하는 과정이 미술가에게 치료적 가치가 있을 수 있지만, 이것은 순
수미술을 위한 목적은 아니다.

공예품

실용적인 목적을 위해 만들어진 미술_{예, 뜨개질, 장신구 제작, 도예}을 말한다.
미술가는 사람들이 그들의 집과 삶에서 즐겁게 사용할 수 있는 어떤
것을 만든다.

치료적 미술

치료적 중재과정에 사용된 미술 치료나 기법을 말한다. 이 분야는

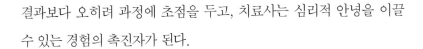

결과보다 오히려 과정에 초점을 두고, 치료사는 심리적 안녕을 이끌 수 있는 경험의 촉진자가 된다.

이러한 범주가 미술의 기능을 차별화하는 데 도움을 주지만, 우리가 더 유연하게 그것을 바라보도록 돕는 중복되는 범주의 많은 예가 있다. 예컨대, 치료적 목적으로 만들어진 가면은 미적 측면을 가질 수 있고 인간의 경험에서 본질을 포착할 수 있다. 그것 또한 세련된 미술로 생각될 수 있다. 또는 공예품을 만드는 일에 종사하고 있는 사람은 안녕의 느낌과 치료적 미술에 기여할 수 있는 고요한 마음을 경험할 수 있다.

🌫 미술활동에 포함된 기술

내담자는 문제를 가지고 있고 적정 수준 이하에서 기능하고 있기 때문에 치료사의 서비스를 받는 경우가 많다. 창조적 미술활동에 참여하는 것은 내담자의 기능적 기술과 삶의 질을 향상시킬 수 있지만, 그들에게 그들의 능력 밖의 활동에 참여하도록 요구하는 것은 실제로 해를 야기할 수 있다는 것이다. 이 장에 제안된 미술활동은 내담자가 어떤 기술을 설정하도록 가정한다. 만약 미술활동에 참가하는 집단 구성원의 능력에 대하여 어떤 의심이 있거나 또는 특별한 매체를 사용해야 한다면 이 체크리스트를 참조해야 한다.

일반 기술

- 어느 정도의 근육과 손–눈 협응력
- 활동을 시작하고 참여하기 위한 적절한 인내력
- '더럽다' 고 느끼는 점토와 다른 재료를 기꺼이 만지고 잘 견디기_{방어적}
으로 행동하지 않기
- 기본적인 문제해결 기술
- 1, 2, 3단계의 지시를 따르는 능력
- 반구조화된 환경에서 독립적으로 기능하는 능력
- 기본적 의사소통과 경청 기술
- 타인과 기꺼이 관계 맺기
- 기본적인 사회적 기술
- 활동을 통해 유발된 정서를 다룰 수 있는 능력

치료적 상황에 따른 미술재료

치료사는 표현을 격려하고 학습을 촉진할 뿐만 아니라 행동을 순화시키기 위해서 미술재료를 사용할 수 있다. 치료사가 집단을 위해 자신의 치료목표를 개발하는 것처럼, 치료사는 미술매체가 원하는 목표를 보완할 것이라는 것을 확실히 해야 한다. 어떤 미술매체는 적극적이고 표현적인 움직임을 격려하지만, 다른 매체는 매우 특정한 한계 안에서 표현을 격려한다.

이러한 몇몇 재료는 본질적으로 강박적이고 표현적인 두 범주에 중복된다. 그러나 누군가가 특별한 계획을 실행하는 데서 나타나는 심리적인 문제를 고려한다면, 각각의 유형은 특정한 목적이나 목표를 위해 분명히 고려될 수 있다. 이러한 재료의 사용에 덧붙여 그림 그리기를 하도록 하기 위해서는 항상 안내와 격려가 필요하다. 즉, 오브제보다 느낌을 그리도록 한다.

강박적인 미술재료

제한적이고 한계가 있는 경계는 자아를 지지해 주고 승화를 통해 충동조절을 향상시킬 수 있도록 해 준다.

- 나무 막대기
- 자가 있는 연필
- 직물
- 모자이크
- 판화, 스텐실, 탁본
- 조작 가능한 기하학 형태

퇴행적인 미술재료

이러한 재료는 심리적이거나 구체적인 경계를 구분하거나 통제하는 능력이 없기 때문에 퇴행을 유도할 수 있다. 다음 재료를 사용한다면 매우 만족할 수 있다.

- 수채화 물감
- 점토_{형태가 없음}
- 손가락 그림

공격적인 미술재료

공격적 표현을 허용하는 것은 억눌린 감정을 유도하기 위해, 혹은 공격적 행위를 승화시키는 방법으로 사용될 수 있다.

- 종이 콜라주 찢기
- 나무에 못질하기
- 물감 뿌리기

표현적인 미술재료

사고, 감정, 생각은 비언어적 표현을 허용한다.

- 크레용
- 콜라주
- 펠트펜
- 비수용성 크레용
- 신체 윤곽
- 분필
- 실로 그린 그림

- 종이 가면
- 모빌
- 잘린 사진
- 손인형
- 연필
- 나뭇조각
- 붓으로 그린 그림

🌸 매체 유형별로 구분된 활동

여기에서는 먼저 드로잉drawing과 회화painting를 살펴보고, 점토를 어떻게 치료적으로 사용할 수 있는지 논의해 보겠다.

치료적 활동으로서 드로잉과 회화

이 장에서 제시하고 있는 활동 대부분은 드로잉과 회화의 방법을 사용하고 있다. 자기 인식과 표현을 증진시키는 소중한 치료적 과정으로서 드로잉과 회화에 초점을 맞추는 것은 유익한 일이다.

드로잉

선은 사람들로 하여금 표현을 탐구하도록 하는 강력한 도구일 수 있다. 진하고 무거운 선은 슬픔을 표현할 수 있고, 흐릿하고 섬세한 선은 약하거나 불안정을 나타낼 수 있다. 드로잉을 통하여 내담자는 말로 표현하고 소통하기 어려운 기존의 감정을 나타내기 위하여 선, 색, 형태와 질감을 사용한다.

집단의 구성원이 드로잉을 할 때 그들의 신체보다 더 큰 것을 사용함으로써 보다 확장된 느낌을 가질 수 있도록 더 큰 종이최소 46×61cm 크기를 이용한다. 매체로는 색연필, 펠트펜, 크레용, 숯이나 파스텔을 사용한다. 회화나 드로잉을 사용할 때, 참여자는 "나는 이 순간에 어떻게 느낍니까?" 또는 "지금 이 순간 내 인생에서 나는 어디에 있습니까?"와 같은 개방형 질문에 답한다.

회화

붓과 물감을 사용해서 종이 위에 선을 긋고 형태를 그리고 질감을 표현하는 것은 움직임과 유동성의 느낌을 줄 수 있다. 그것은 특히 감정과 표현이 차단된 내담자에게 도움이 된다. 표현이 차단된 내담자를 개방시키기 위해 작업할 때 큰 종이를 테이프로 벽에 붙여 내담자가 회화를 그리도록 하는 것이 도움이 된다. 이것은 그들로 하여금 자신들이 무엇을 하고 있는지 더욱 분명히 볼 수 있도록 하고, 회화를 그리는 과정에서 그들의 몸을 더 잘 사용하도록 한다. 그리고 움직임의 자유를 더 느끼게 하고, 신체의 일부분에서 막혀 있는 정서를 뚫어 줄 수 있다. 그들에게 5분 동안 회화를 그리는 준비시간을 주고, 그다음은 10분, 그리고 나중에는 그들에게 작업시간을 길게 주라. 시작할 때, 내담자는 각각의 회화를 그리는 데 걸리는 시간을 구조화하는 데 도움이 필요한 것이다. 이것의 목적은 궁극적으로 내담자가 회화 그리기가 끝났다고 생각할 때 민감해지도록 하는 것이다.

회화와 드로잉 활동

드로잉 오브제 게임

선수들을 두 개 팀으로 나눈다. 각자 종이와 연필을 가지고 리더와 동일한 거리를 두고 떨어져 있다. 집단의 리더는 다른 것과 구별된 특성을 가지고 있는 오브제크리스마스트리나 집과 같은와 사람요리사나 소방관과 같은의 목록을 가지고 있다. 각 팀으로부터 1명의 선수가 가운데에 있는 리더에게 온다. 리더는 두 명의 선수에게 한 개의 오브제를 그리도록 이야기한다. 각각의 구성원은 그의 팀으로 돌아가 그림을 그린다. 이 첫 번째 구성원이 오브제를 정확하게 추측해서 그림을 다 그린 경우 팀이 승리한다. 집단에 어떤 이야기도 허용되지 않음을 주지시킨다.

그림 모자이크와 확대

색채가 풍부하고 흥미로운 잡지에 나와 있는 사진이나 그림을 선택한다. 그것을 똑같은 사각형 크기로 자르고 조각을 재조립할 수 있도록 뒷면에 식별 표시를 해 둔다. 집단 구성원에게 간단히 전체 그림을 보여 준다. 그런 다음 각각의 집단 구성원에게 또는 한 쌍으로 이루어진 참여자에게 그림의 부분을 확대해서 표현할 그림 조각과 큰 종이를 준다. 목표는 그림의 본래 모습을 재창조하는 것이다. 그것은 중복될 필요가 없다. 마지막에 그 부분들을 다시 모으고 큰 두꺼운 종이에 그것들을 본드로 붙인다.

미술과 음악의 조합

가운데 큰 원이 그려진 종이를 바닥에 놓는다. 각 집단 구성원은 가운데 있는 원 안에 꼬리가 있는 동물의 그림을 그린다. 놀이에서 리더가 꼬리를 밟고 _{스토리텔링 과정으로 발전할 수 있는}, 지목을 받은 참여자가 특정한 동물의 꼬리를 밟을 때 리더가 꼬리를 놓아줄 때까지 그 참여자는 동물의 울음소리를 내거나 다른 측면을 살펴야 한다.

종이 위 감정의 심포니

참여자에게 어떻게 느끼는지 묻고 종이 위에 그 느낌을 크레용, 마커 또는 물감으로 표현하도록 한다. 그런 다음 각 개인에게 그들의 정서를 대표할 만한 소리를 만들도록 요구한다. 리더가 그들의 그림을 건드릴 때 개인은 그들의 소리를 낸다. 리더는 감정의 심포니를 지휘한다. 모든 사람은 주의를 기울여야 하고 신호에 맞춰서 정확히 시작하고 끝내야 한다.

집단벽화

각 개인은 전체 활동을 하는 동안에 크레용이나 매직 마커 한 색을 선택해서 그림을 그릴 하나의 형태_{예, 선, 점, 원, 곡선}를 결정한다. 한 장의 종이처럼 여러 종이를 길게 탁자나 바닥에 펼쳐 놓는다. 사람들은 종이의 사방에 줄을 서서 대략 1분 동안 각자의 모양을 종이 한 부분에 그린다. 리더가 "바꾸세요."라고 말하면, 각 개인은 새로운 부분으로 이동하여 다시 자신의 모양을 그린다. 이 활동은 벽화가 완료될 때까지 반복된다.

도시의 벽화

종이테이프를 사용하여 벽에 큰 종이를 부착한다. 여러 가지 재료,

즉 물감, 크레용, 펠트펜뿐만 아니라 요구하면 가위, 풀, 그리고 촉감이 있는 물체_{예, 털실, 냅킨처럼 울퉁불퉁한 종이}를 제공한다. 집단 구성원은 논의와 타협을 통해서 도시를 디자인한다. 의견이 일치된 기본적인 개요를 만든다. 그러면 각 개인은 작업을 하기 위하여 건물이나 공원과 같은 도시의 서로 다른 부분을 선택한다. 가령 개인은 도시를 어떤 형태로 만들 것인가를 결정하는 데 있어서 자신에게 필요한 음식, 옷, 안전장치, 오락물을 찾을 필요가 있을 것이다. 개인에게 그들의 잠재적인 이웃_{말하자면 다른 집단 구성원}과 상의해서 서로의 욕구를 조화롭게 충족할 수 있도록 안내한다. 벽화가 완성될 때, 집단은 그들이 만든 도시를 어떻게 느끼는지 토론할 수 있다.

머리글자

종이, 연필, 끝이 뾰족한 펠트 마커, 그리고 크레용을 제공한다. 참여자는 자신의 머리글자를 자신이 원하는 어떤 스타일, 크기 또는 색으로 그린다. 머리글자는 개인이 집단 구성원과 나누고 싶어 하는 것에 따라 평범하거나 정교하게, 크거나 작게 할 수 있다. 원한다면 내담자에게 그들이 완성한 그림에 대해 함께 나누고 그것들에 대해 이야기를 하도록 권한다.

그림 전달하기

각각의 내담자에게 한 장의 종이를 주고 그 종이 위에 몇 개의 선으로 그림을 그린 다음 서명하도록 한다. 종이를 오른쪽 사람에게 전달하고, 그다음 사람은 이전 그림에 추가하여 그림을 그린다. 종이가 원래의 주인에게 돌아갈 때까지 이 순서를 반복한다. 결과에 대해서는 나누기를 할 수도 하지 않을 수도 있지만 이 작업을 하면서 떠오른 생각과 느낌에 대해서는 나누기를 하도록 한다.

점토의 치료적 가치

흙을 가지고 작업하는 것은 우리가 경험하는 가장 초기의 예술적 경험 중의 하나다. 어릴 때 우리 대부분은 점토 파이를 만들고, 심지어는 점토 마을을 만든 적이 있다. 눈을 감고 흙의 차고 부드러운 느낌을 기억한다면, 당신은 점토가 왜 매력적이고 치료적 양식을 갖고 있는지 이해할 것이다. 흙은 전통적인 네 가지 요소 중 하나이며 인간의 경험과 사고에서 자연, 성장, 모성의 고대 상징icon이다.

특히 처음에 작업의 초점이 결과보다 과정에 있다면 점토로 작업을 하는 것은 많은 내담자에게 마음을 진정시키는 효과가 있을 것이다. 내담자는 매체에 보다 친숙하게 되기 때문에 그들이 하는 작업의 결과가 인상적일 수 있다.

목표

- 촉각적 탐구를 통해 점토의 매체에 대해 편안하고 민감해지도록 하기
- 점토를 통해 긴장을 이완시키고 감정을 표현하도록 하기
- 점토를 다른 사람과의 상호작용을 위한 연결다리로 사용하도록 하기

점토활동

아무것도 없는 종이처럼 한 덩어리의 점토는 내담자에게 매우 두려울 수 있다. 사람들은 점토로 어떻게 작업을 하며 생각이나 감정을 전달하는 형태를 어떻게 만드는지 배우는 시간이 필요하다. 점토를 처음 볼 때, 내담자는 그들 앞의 흙덩어리에 대해 '어떤 것을 만들고 싶어 하는' 마음이 생길 것이다. 결과보다는 과정에 초점을 맞춤으로써 표상적인 어떤 것을 만들라고 강요하지 않는다. 점토를 탐구해 가는 데 시간이 걸림에 따라 내담자는 점토를 가지고 하는 작업에 대해 대부분 명상적이고 고요한 가치를 경험할 수 있다.

내담자가 얼마나 기꺼이 목적지_{결과}보다 여행_{과정}을 즐기느냐는 각 개인에 대한 가치 있는 정보다.

점토의 탐사_{워밍업}

- 각 개인에게 충분한 점토와 물 그리고 닦을 수 있는 스펀지를 제공한다.
- 각 개인에게 한 덩어리의 점토를 떼어 내도록 한다. 점토의 속성이 어떤지 탐색해 보도록 격려한다. 그것은 젖어 있고, 차갑고, 탄력이 있는가? 집단 구성원에게 점토를 반죽하고, 늘이고, 평평하게 하고, 뜯어내고, 찌그러트리고, 그것에 구멍을 내도록 제안한다. 선택 재료로는 점토에 질감을 표현할 수 있는 밀방망이, 모양을 찍는 도구, 그리고 직물_{레이스}이 있을 수 있다.
- 집단 구성원에게 점토를 가지고 그들이 느끼고 있는 것을 어떤 형태로 표현하도록 요구한다. 그 모양은 추상적이거나 표상적일

수 있다.

- 집단 구성원이 원하면 그들이 만든 형태에 관해 이야기하도록 허용한다. 이 활동은 자기표현을 격려하며 치료사에게 개인의 감정 상태를 이해할 수 있는 단서를 준다.

환상의 창조물을 창조하기

참여자에게 그들 자신을 하나의 창조물로 상상하도록 하고 점토로 그것을 만들도록 한다. 각자가 자신의 창조물을 설명하거나 그것에 대해 집단에서 '이야기' 하도록 격려한다. 각 개인은 자신의 창조물이 되어 스스로 '나는……' 라고 소개하도록 하고, 그 창조물이 무엇처럼 여겨지는지 이야기하도록 한다.

변형 집단 구성원에게 대상이나 상징(예, 별, 나무, 산)으로 그들 자신을 상상하도록 하고, 점토를 이용해서 그 이미지를 만들도록 한다. 앞에서 언급한 것처럼, 각 개인은 집단에서 자신을 소개한다. 예컨대, "나는 내부가 이글거리는 별입니다. 가까이 오면 올수록 더 뜨거워지는……."

둘이서 창조하기

집단을 두 사람씩 짝짓는다. 그런 다음 파트너에게 어떤 것을 함께 창조하도록 한다. 그것은 그들이 있고 싶어 하는 어떤 장소일 수도 있고 그들이 함께 하고 싶은 즐거운 어떤 것일 수도 있다. 그들에게 자신을 조각으로 표현하도록 한다.

점토로 만든 자화상

집단 구성원에게 자화상을 조각으로 만들도록 안내한다. 참여자에게 그들의 느낌이나 그들의 현재 상태를 포함하여 그들이 정말로 자신이라고 믿고 있는 자기 자신에 대해 묘사하도록 요청한다. 예컨대, 분노가 지배적인 감정이라면 조각은 이러한 감정을 반영해야 한다. 집단 구성원은 또한 그들이 되고 싶거나 느끼고 싶은 것을 표현할 수 있다. 이러한 이미지 간의 차이에 대해, 그리고 더욱 바람직한 상태가 되도록 하기 위해 그들을 도울 수 있는 행위가 무엇인지 활발한 논의가 있어야 한다.

🌑 치료적 성과로 분류된 활동

이러한 기법은 내담자에게 여러 가지 방법을 적용한 미술치료사를 통해 개발된 것이다. 미술치료사 제임스 데니James Denny, 1972가 개발한 6개 범주는 참여자가 경험한 기대된 효과의 종류에 따라 분류된다. 집단 발달단계에 따라 어떤 활동은 그 구성원에게 적용하는 데 다소 도전적일 수 있을 것이다. 예컨대, 치료사는 매체의 탐구와 같은 분야를 제외하고 어떤 새로운 집단에 '자화상'과 같은 활동을 사용하려고 하지는 않을 것이다. 여기에서는 6개 범주를 설명하고 행동 목표와 내용을 살펴보겠다.

1. 탐구

탐구활동은 치료사가 내담자에게 미술 경험을 소개하려고 할 때 집단의 첫 회기에 특별히 유용하다. 많은 치료사는 회기를 통해 탐구활동을 지속해야 할 것이다. 때로는 워밍업이나 종결활동에도 그래야 할 것이다. 이 활동은 자유연상과 유사하며 자발적인 표현을 격려한다. 그것은 성과가 아닌 과정에 초점을 두기 때문에 표현에 대한 의식적인 통제를 벗어나도록 돕는다. 기법은 단순하고 직접적이며 자유롭다.

참여자는 다음과 같이 할 수 있다.

- 여러 가지 미술매체를 가지고 종이 위에 드로잉을 해서 자발적으로 자신을 표현하기
- 어떤 방식으로든 네 가지 다른 유형의 매체를 활용해서 미술재료와 친숙해지기
- 선, 상징, 형태를 그려서, 그리고 적어도 두 가지 다른 매체를 사용한 디자인을 만들어서 이러한 매체의 사용방법을 탐구하기

난화 그리기

내담자에게 눈을 감거나 뜨도록 해서 난화를 그리게 한다. 그들이 이런 종류의 개방된 활동에 얼마나 편안해하는지 집단을 주의 깊게 관찰하라. 얼마 동안 이런 자유로운 형태의 활동에 대해 처음에는 1분 정도 제시하고 점차 시간을 늘려 간다.

손가락 그림

성인에게 이것은 어린 시절의 기억을 떠올리고 퇴행적인 경험을 할 수 있도록 한다. 신체를 더 많이 사용하는 일종의 난화 그리기다. 손가락 그림의 경험과 흐름을 쉽게 하도록 하기 위해서 매끈한 손가락

그림 종이를 구입할 수 있다.

자유화

주제와 매체는 내담자에게 주어진 선택이다. '자유로운^{자발적}' 표현
은 격려한다. 반면 '계획된 그림'은 권하지 않는다. 먼저 자유화는
1~2분 동안에 실시하도록 해야 하며, 나중에는 시간을 점차 늘려 갈
수 있다. 내담자에게 '빈 마음'을 유지하도록 격려하고 이야기나 이
미지를 미리 떠올리지 않도록 해야 한다.

잉크반점

수채화 물감이나 잉크를 사용해서 종이 위에 색이 얼룩지도록 만든
다. 그런 다음 종이는 로르샤흐 검사처럼 접도록^{내담자나 치료사가} 한다. 종
이 위에 있는 이미지에 대해서 말로 표현하도록 한다.

빨대 그림

종이 위에 수채 물감을 걸쭉하게 한 방울 떨어뜨리고 빨대로 물감
을 천천히 분다. 그런 다음 그것을 보고 이미지를 떠올리도록 하거나
어떤 생각이나 느낌이 드는지 찾도록 할 수 있다.

호기심 그림 만들기

종이 위에 2개의 글자^{예, G와 H}를 쓴다. 크레용, 마커 또는 오일 파스
텔을 사용해 선을 연결하고, 공간을 채우고, 낙서를 하거나 어떤 다른
수단을 이용해서 이 글자를 추상적인 디자인으로 만든다. 많은 내담
자는 아무것도 없는 빈 종이를 두려워한다. 따라서 종이 위에 이미 무

언가가 있으면 동기가 부여될 수 있다_{Landgarten, 1981.}

수채화 물감과 비수용성 크레용

이 활동은 흐름과 저항의 효과를 탐구하도록 격려한다. 종이 위에 디자인을 하는 데 크레용이 사용되고, 그런 다음 수채화 물감이 사용된다. 크레용은 수채화 물감의 흐름을 '저항'하는데, 이것이 흥미로운 형태를 만든다.

점토

1단계_{탐구}를 시작하는 경험 없는 집단에게 점토를 도입하는 것은 특히 도움이 된다. 이것은 점토의 '느낌_{점토의 질감과 유연성}'에 대해 경험하도록 하는 것을 의미한다. 내담자는 점토를 말고 치고 모양을 만들고 부수도록 격려받는다. 이는 내담자에게 매체가 어떻게 작업하는지 알리는 데 도움이 된다.

식용 미술

이 기법은 아동이나 시각장애가 있는 사람에게 특히 좋다. 푸딩이나 음식에 색을 내는 아이싱을 사용해서 손가락 그림을 도입할 수 있는데, 이로써 미각, 후각, 촉각을 구체화하는 것이 가능하다. 조각은 오트밀이나 밀가루를 반죽해서 만들 수 있다. 인쇄는 야채와 과일을 사용해서 할 수 있다.

자동화

모든 것을 '정확히' 보겠다는 비판적인 마음을 버리는 것이 좋다.

몇 가지 아이디어를 보면 다음과 같다.

- 먼저 눈을 뜬 상태에서 종이 위에 자유롭게 선을 그리거나 갈겨 서 그리게 한 다음 눈을 감은 상태에서 그리게 한다.
- 잘 쓰지 않은 손을 이용해서 그리게 한다.
- 그림이 완성될 때까지 종이에서 손을 떼지 않고 그리도록 한다.

매체와 색채 탐구

- 수채화 물감을 젖은 종이 위에 똑똑 떨어뜨린다.
- 잉크를 종이 위에 똑똑 떨어뜨린다.
- 파스텔이나 크레용을 가지고 추상적인, 자유로운 형태의 디자인 을 한다.
- 두 가지 다른 종류의 매체를 사용해서 디자인을 한다.

2. 라포 형성

이 단계는 창조와 탐구 사이의 좀 더 자연스러운 변화를 촉진하기 위해 계획되었다. 이 기법은 사람들로 하여금 집단 구성원의 지지를 받으며 어떤 것을 창조하고 다른 사람과 함께 생각을 나누고 개념화하 는 것을 통해 개인의 생각과 느낌을 표현하도록 준비시키는 데 도움을 준다.

짝 난화기법

구성원을 둘씩 짝짓게 하고, 각자가 자신의 그림도구를 가지고 있지만 한 장의 종이를 사용하도록 한다. 그리고 말을 하지 않고 3~5분 동안 어떻게든 함께 종이를 가득 채우는 작업을 하도록 한다. 무슨 일이 일어나든 그것은 두 사람에게 달려 있다. '자연스러운 리더'가 생기고, 추종자가 뒤따르게 되고, 협상가가 타협과 협력을 유도한다. 이 활동은 어떤 식으로든 개인의 무의식적 양식을 드러낸다.

변형: 난화와 완성 한 사람은 난화를 그리고, 다른 사람은 그것을 이미지로 바꾸거나 어떤 식으로든 난화를 더 보완한다.

그림사전

종이 위에 그려진 이미지를 가지고 말이나 상태를 추측하는 그림사전 게임은 미술과정에 놀이를 도입하는 좋은 방법이다. 이 게임은 또한 사람들이 아무것도 없는 백지 위에 이미지를 그리는 것에 대한 두려움을 표현하도록 돕는다.

침묵의 '대화'

진전된 짝 난화기법이다. 5분 안에 그림을 그린다. 말을 하지 않고 모양, 선, 색, 그리고 상징을 그린다. 이것은 한 가족 안에서 의사소통이 어떻게 이루어지는지를 밝히는 데 도움을 줄 수 있다. 평행선은 내담자가 이 상황에서 행동하는 방식과 집에서 행동하는 방식 간의 차이를 발견하게 한다.

무언가를 함께 하기

이것은 아이디어와 협상을 공유하도록 촉진시킨다. 당신과 당신의 그림 파트너는 함께 하고 싶은 어떤 것(산책하는 것과 같은)을 결정하고 그림

안에서 자신을 포함해 그것을 그린다.

회화 완성

그림을 자유롭게 그린 다음 파트너에게 추가해서 그리도록 건넨다. '다 완성했다고 느낄 때' 까지 계속 주고받으면서 그린다.

함께 만들기

언어적 상호작용이 없이 함께 무언가를 만들도록 한다. 두꺼운 종이 통과 모양, 옷감 조각과 실 같은 재활용 재료는 이러한 활동에 유용하게 쓰인다.

등에 그리기

한 사람의 등이 캔버스가 된다. 그리는 사람은 캔버스―파트너의 등―를 주시하고 자신의 손으로 그림을 '그린다'. 이때 '캔버스' 역할을 하고 있는 사람은 그가 인식한 것을 종이 위로 옮긴다. 그리는 사람에게 매우 단순하게 그림을 그리도록 하고, '캔버스' 역할을 하는 사람이 이미지를 이해하도록 천천히 작업하게 한다.

메시지 보내기

이미지나 상징 그리고 색/형태를 이용해서 당신 자신에 관한 메시지를 파트너나 집단의 모든 사람에게 보낸다. 몇 가지 다른 아이디어는 다음과 같다.

• 당신의 파트너에게 그 사람에 대해 알게 되고 평가한 긍정적인

특성을 표현한 메시지를 보낸다.

- 당신의 파트너를 위해 '소망'을 만든다.
- 당신의 파트너를 위해 당신이 가지고 있는 관심사항을 나눈다.

3. 내면의 감정을 표현하기

이 활동은 감정과 환상의 탐구를 격려하고 그것들을 시각적으로 표현하도록 하기 위해 실시된다. 내담자가 자신의 감정이 확장해 가는 것을 인식해 감에 따라 불안은 증가하거나 감소할 수 있다. 치료사는 내담자가 감정을 명료화하고 문제해결 전략을 탐구하도록 도울 수 있다.

행동목표

참여자는 다음과 같이 할 수 있다.

- 그들이 어떻게 느끼는지 적어도 한 가지 측면으로 나타내는 선, 상징, 형태를 드로잉이나 회화로 표현해서 회기 동안 최소한 한 번은 그들의 감정을 표현하고 직면할 것이다.
- 검은색이나 흰색을 제외한 적어도 하나 이상의 색을 사용해서 어떤 감정이나 기분을 표현할 것이다.
- 개인적인 문제와 관련 있는 어떤 것을 최소한 한 번은 미술을 통해서 비언어적으로 집단에 표현할 것이다.
- 자신의 그림 중 하나를 언어적으로 해석하게 될 것이다.
- 다른 사람의 그림을 바라볼 때 마음속에 떠오르는 어떤 생각을 표현함으로써 다른 사람과 상호작용하게 될 것이다.
- 그가 만든 창조물에 대해서 적어도 한 가지 이상의 질문을 해서 최소한 두 명 이상의 다른 사람의 감정에 대해 공유하게 될 것이다.

정서적 단어 #1

종이를 6~8개의 부분으로 나누도록 한다. 참여자는 치료사가 말한 핵심 단어에 대한 이미지, 색이나 상징을 자발적으로 대답하도록 약 1분 정도의 시간이 주어진다. 이 단어들은 치료사가 가져온 것일 수 있고, 집단 구성원이 브레인스토밍을 통해서 만든 것일 수도 있다. 여기서 제안하는 단어는 사랑, 미움, 자유, 책임, 분노, 불안, 신념, 아버지/어머니, 신뢰, 거절, 희망 등이다. 아울러 강함/약함, 독립/상호의존과 같은 양극의 단어를 제시하는 것은 흥미롭다. 집단 내에서 응답의 유사점과 차이점을 비교하라.

정서적 단어 #2

조그만 종이에 감정을 암시하는 단어들을 적고 그것을 접어서 전체 집단을 위해 상자 안에 넣는다. 상자를 흔들고 집단의 각 구성원이 종이 한 장씩을 뽑는다. 집단의 다른 사람에게 말로 설명하지 말고 선택한 단어가 당신에게 어떤 의미가 있는지를 선으로 그리거나 색으로 그린다. 토론을 통해서 집단은 단어와 그림을 서로 맞춰 본다. 그림과 단어를 정확하게 연결시킨다. 그런 다음 경험에 대하여 느낌을 나눈다.

지금 나는 어떤 기분인가

참여자에게 종이를 접어서 세 부분으로 나누도록 한다. 첫 번째 부분에는 내담자에게 지금 이 순간 그가 어떻게 느끼는지를 그림으로 표현하도록 요구한다. 세 번째 부분에는 내담자가 "당신은 어떤 기분을 느끼고 싶습니까?"라는 질문에 반응하도록 한다. 그리고 중간 부분에는 내담자가 그 사이에 무엇이 있는지 또는 더 좋은 기분을 느끼기 위해 어떤 단계가 있는지 표현하게 한다.

당신 자신을 위한 보호 꾸러미 만들기

당신의 취미와 욕구에 적합한 유형의 대상예, 쿠키, 음악과 무형의 대상예, 사랑, 믿음, 희망을 포함시킨다.

세 가지 소원 #1

당신의 삶에서 가장 원하는 세 가지 소원을 그림으로 그린다. 그런 다음 토론을 통해 집단에서 공통점과 차이점에 초점을 맞출 수도 있고 도달 가능한 쟁점에 초점을 맞출 수도 있다.

인생 길그림 자서전 #1

각각의 참여자에게 지난 몇 년간 살아왔던 삶의 길이나 여정을 그림으로 그리도록 한다. 치료사는 세 가지 '업적'을 포함하도록 제안할 수 있다.

인생 길그림 자서전 #2

각각의 참여자에게 그가 살아가고 있는 삶의 길이나 여정을 그림으로 그리도록 한다. 그런 다음 각 참여자는 그의 인생 길의 어떤 시점에서 어떻게 느꼈는지를 기억하도록 한다. 그런 다음 이 작업의 참여자에게 미래에 희망하거나 기대하는 인생 길을 선으로 그리거나 색으로 그리도록 한다.

당신의 미래

참여자에게 종이를 세 부분으로 나누도록 요청한다. 치료사는 먼저 "당신은 ____개월, 년 안에 어디에 있을 것입니까?"라는 질문을 한 다음, "당신은 무슨 일을 하고 있을 것입니까?"라고 묻는다. 마지막으로 치료사는 "5년 뒤의 미래를 바라보고 무엇을 하고 싶은지, 누구와 함께 하고 싶은지 그려 보십시오."라고 말한다. 다른 가능한 질문은 "만약 당신이 정말로 원하는 것이 있다면 그것은 무엇입니까?"이다. 누구에게나 쉬운 문제는 없다. 따라서 당신의 미래를 예언하기 위해 도전하고 있는 것을 당신이 볼 수 있도록 아이디어를 도입하기 전에 스스로 그것을 시도해 보라.

하고 싶은 것

상징과 이미지, 색을 이용해서 당신이 결코 해 본 적은 없었지만 항상 하고 싶었던 어떤 것을 하고 있는 자신을 그린다. 그리고 이 활동을 하는 동안 어떤 느낌이 드는지 그림으로 그린다.

나를 표현하는 콜라주나 상자 만들기

이것은 자서전의 한 종류로 개인이 더욱 깊게 자신을 인식하도록 돕는다. 상자 외부를 색으로 칠하거나 커버를 씌울 수 있다. 상자는 공간에 따라 작은 것이나 큰 것을 사용한다. 단어, 그림, 드로잉, 이야기, 사진을 통해서 당신에 대해, 즉 친구, 좋아하는 것, 싫어하는 것, 가치, 계획, 경험, 실수 등에 대해 이야기하도록 상자를 활용한다. 리더는 집단 구성원과 함께 이러한 범주에 대해 브레인스토밍 할 수 있다.

기쁨/슬픔/세상

종이를 세 부분으로 나눈다. 당신에게 기쁨을 가져온 세상에 대하여 그것이 무엇인지 생각해 보라. 그것은 '독수리들이 더 이상 멸종 위기에 처해 있지 않다'는 생각일 수 있으며, 혹은 일반적으로 '본성'일 수 있다. 세상에 대한 당신의 슬픔예, 굶주림, 가난에 대하여 생각하라. 세상에 대해 당신이 바라는 것은 무엇인가?

반anti 채색 책

이 책은 전통적인 채색 책의 창조적 대안으로 개발된 것이다. 채색 책은 개인의 정보를 작은 방에 넣음으로써 창조성을 짓누를 수 있다. 이런 류의 책이 많다. 각 페이지는 개인별로 진행할 수 있도록 드로잉을 그리도록 하면서 개방형 질문이나 주제를 제시한다. 그는 자신의 방식으로 그림을 완성하기 위해 많은 여유를 갖는다. '내면 감정 표현'의 범주에 적절한 개방형 암시의 몇몇 예는 다음과 같다. 수정구슬 안에 당신의 미래가 보이는가? 만약 당신이 오랜 시간 떠나게 된다면 누구의 사진을 가지고 갈 것인가? 당신이 꾸었던 꿈 중에서 가장 좋은 꿈은 무엇인가? 당신의 가장 나쁜 악몽은?

사건과 감정

당신이 이번 주에 경험했던 의미 있고 관련 있는 감정과 몇몇 사건을 당신이 선택한 매체를 사용해서 상징적으로 표현한다.

연상 그림

리더가 어떤 주제예, 알코올중독와 연관이 있는 대상이나 사건, 감정을 그림으로 그린다. 이 그림을 집단 구성원이 돌려보면서 그림에 대해 특정한 의미를 부여하고 의인화하고 설명하도록 한다.

4. 자기 지각 – 자기 초상화

더욱 폭넓은 존재감_{예, 욕구, 꿈, 두려움, 힘, 가치, 믿음}을 갖고 신체 이미지를 통합하기 위한 것이다.

🔊 행동목표

참여자는 다음과 같이 할 수 있다.

• 자신과 다른 인물을 그림으로써 신체 이미지나 자기개념을 더욱 잘 인식하게 될 것이다.
• 미술집단에 참여한 한 사람이나 여러 사람에게 개인의 그림을 말로 설명함으로써 다른 사람과 상호작용하게 될 것이다.
• 미술에서 상징으로 표현될 수 있는 생각과 의미들을 인식하게 될 것이고, 그들 자신에 대한 어떤 것을 표현하기 위해 동물의 형태를 사용함으로써 그에 대한 이해를 설명하게 될 것이다.

영웅/여걸

이것은 개인이 찬양하고 스스로 얻고 싶고 강해지고 싶어 하는 특성을 확인하기 위한 좋은 활동이다. 당신이 되고 싶어 하는 '최고'의 남자나 여자 또는 당신의 영웅/여걸을 그린다. 그림이 완성될 때, 종이 뒤쪽에 당신이 찬양하는 그 사람에 대해 그것이 무엇인지를 설명하는 몇 개의 문장을 적는다. 당신은 당신 안에서 이러한 특성을 볼 수 있는가, 또는 이러한 특성이나 속성을 개발할 수 있는 잠재력을 어느 정도 볼 수 있는가?

존재의 즉시적 상태

다음에 나오는 말 중에 하나를 선택해서 색이나 선으로 그림을 그리도록 한다. '나는 존재한다.' '나는 느낀다.' '나는 가지고 있다.' '나는 한다.' 완성된 후 드로잉이나 회화에 대해 파트너와 함께 바꿔서 이야기를 나눈다. 그런 다음 두 번째 말을 선택해서 다시 드로잉이나 회화를 그리게 한다. 다른 파트너와 바꿔서 이야기를 나눈다. 각자의 느낌에 대한 인상을 나눈다.

자기 책

당신이 자신에 대하여 책을 쓰게 된다면 제목은 무엇이 될 것인가? 표지를 그리고, 서문을 쓴다.

종이 위의 자화상

이는 감정을 환기시키는 활동일 수 있는데, 리더와 다른 집단 구성원이 어느 정도 신뢰가 형성된 집단에서 실시하는 것이 좋다. 하나의 종이에 어떤 매체를 사용해서 정말로 자신이 되고 싶은 자기_{이상적 자기}를 그리도록 한다. 다른 종이에는 당신이 정말로 믿고 있는 당신 자신_{지각된/실제 자기}을 그린다. 여기에서 토론은 다음과 같은 질문을 포함할 수 있다. 이 두 개의 이미지에서 무엇이 다른가? 이 두 이미지의 간극을 줄이기 위해서는 어떤 단계/행동/변화가 필요한가?

동물적 측면

다음 문제 중에서 하나 혹은 두 개를 선택한다.

- 당신이 가장 닮았다고 느끼는 동물로 당신 자신을 그리라.
- 당신이 가장 좋아하지 않는 동물로 당신 자신을 그리라.

당신이 선택해서 그린 그림에 대하여 어떤 느낌이 드는지 이야기를 나누거나 기록한다.

상자 안쪽/바깥쪽

이 활동은 '나에 대한 상자' 개념을 변형한 것이다. 상자를 이용해서 자신의 두 가지 측면을 그리도록 한다. 상자 바깥쪽에는 당신이 생각하기에 다른 사람이 보는 당신을, 안쪽에는 당신의 내면과 당신의 개인적 특성을 그린다. 나타날 수 있는 차이에 대해 기록하거나 어떤 느낌이 드는지 이야기를 나누도록 한다.

신체 본뜨기

이 활동을 위해서는 넓은 공간이 필요하다. 당신의 신체에 맞는 한 장의 종이를 사용해서 종이에 누울 때 누군가가 당신의 신체 윤곽을 그리도록 한다. 일반적으로는 종이에 길게 몸을 뻗을 수 있지만, 당신에게 어떤 의미가 있는 자세_{예, 태아}를 취할 수도 있다. 당신 자신, 당신의 느낌, 당신의 건강 상태를 표현할 수 있는 색과 상징, 이미지로 신체 안쪽을 표현한다.

자기 포스터

어떤 매체를 사용하든 다음과 같은 질문을 나타내는 자신의 포스터를 만든다.

1. 당신의 몸에서 어떤 느낌이 드는가?
2. 치유를 생각하면 마음에서 어떤 이미지가 떠오르는가?
3. 당신의 삶에서 당신에게 중요한 것을 포함시킨다.

가면

가면과 가면 만들기는 '자화상'의 범주에 들어가며, 7장 '가면'에서 광범위하게 다룰 것이다.

아침 거울

선으로 그리거나 색으로 그린다. 아침에 일어나자마자 당신의 모습은 어떻게 보이는가?

긍정적/부정적 특성

- 자기의 세 가지 긍정적 특성을 선으로 그리거나 물감으로 그린다.
- 자기의 한 가지 부정적 특성이나 측면을 선으로 그리거나 물감으로 그린다.

집단 구성원은 개인이 그린 그림에 대해 이야기를 나눈다. 그것들은 얼마나 사실적인가?

변형 자신에 대한 두 가지 긍정적인 측면을 표현하고, 다른 참여자가 특성을 덧붙이도록 종이를 반으로 나눈다. 한쪽은 당신이 제거하고 싶은 느낌을, 그리고 다른 한쪽은 개발하고 싶은 속성을 그린다.

자신에 대하여 좋아하는 것

참여자는 소포용지를 사용하여 방 안에 자신의 공간을 만들고, 자신의 이름이 보일 수 있도록 종이 위에 표시한다. 잡지와 이미지에서 얻은 단어, 추상적 상징, 그림을 이용하여 당신의 긍정적 속성을 표현한다. 즉, 이것은 당신이 좋아하는 자신에 관한 것으로 특성, 관심, 업적일 수 있다. 그런 다음 참여자는 방을 돌아다니면서 다른 사람의 종이 위에 그들에 대해 당신이 느끼는 특성을 덧붙여 준다. '포스트잇'을 이용하는 것은 이 목적을 위해 매우 적절하다. 이 활동의 마지막에는 각자가 처음 작업하였던 것과 다른 사람이 덧붙였던 것에 대해 이야기를 나눈다.

영웅적 행동

당신은 방금 영웅적 행동을 하였다. 다음 날 신문에 실릴 사진과 이야기를 선과 색으로 그리고 글쓰기를 한다.

상

당신이 생각하기에 자신이 가장 잘한 것에 대해 스스로 메달을 주는 것을 선이나 색으로 그린다.

조해리의 창 연습

여러 상황에서 당신에게 적합한 비율을 그리고 그것을 어떻게 변화시킬 수 있을 것인지 이야기 나눈다 조해리의 창을 충분히 논의하고 각 영역의 비율을 어떻게 결정할 것인지는 4장 '개인과 치료집단' 을 참조한다.

지위의 변화

사진이나 그림 콜라주를 통하여 당신의 평소 생활, ○년 전당신의 선택, 그리고 요즘 생활을 표현한다. 각각의 상황에 대해 글로 쓰거나 당신의 느낌을 함께 이야기 나눈다.

긍정적인 생애 개관

주의사항: 이 기법을 완성하는 데는 몇 회기가 걸릴 것이다. 당신 삶의 경험에서 긍정적인 측면을 보여 줄 앨범을 만든다. 여기에는 당신의 과거, 아동기의 기억, 학교생활, 가족에게 일어난 일, 직장 경험, 즐거움을 주었던 상황, 휴가, 친구, 사회적 친밀감, 취미 또는 스포츠 활동을 포함할 수 있다. 긍정적인 연상을 갖는 어떤 회상은 표상적이거나 추상적인 묘사를 통해 나타날 수 있다. 구체적인 형태로 남아 있는 기억은 개인으로 하여금 그에게 일어난 풍부한 경험을 볼 수 있는 기회를 제공해 줄 수 있다. 이것은 자기 동일시를 강화시키고, 자존감을 증가시키며, 또 다른 회상을 자극할 수 있다.

인생 선 그리기

출생 때부터 미래의 어느 때까지 당신의 인생을 추적하는 그림을 그린다. 어떤 식으로든 당신의 인생에서 중요한 사건을 선을 따라 표시한다. 이것은 사진, 디자인 또는 당신이 좋아하는 이미지나 상징이라면 어떤 것이든 될 수 있다. 당신은 크레용, 마커, 연필 또는 쓸 수 있다면 무엇이든 사용할 수 있다. 그것은 당신이 좋아하는 것만큼 클

수도 있고 작을 수도 있다.

개인적인 보호막

이 보호막은 당신에게 중요한 부분을 제시하고 당신의 목표가 무엇인지를 보여 준다. 다음 네 부분의 보호막을 완성해 보라.

1. 나를 설명하는 세 개의 사진이나 그림
2. 내가 잘하는 세 가지 것_{그리거나 쓰기}
3. 내가 자신에게 주고 싶은 선물_{그리거나 쓰기}
4. 내가 좋아하는 동물이나 나를 닮은 동물

그리고 싶어 하는 그림의 색이나 크기, 모양은 개인에게 달려 있다.

나는 나무다

당신이 누구인지를 가장 잘 나타낼 수 있는 나무가 어떤 나무인지를 생각하고 당신을 나무로 그려 본다. 각 개인은 차례대로 완성된 자신의 그림을 들고 나무의 특성에 대하여 일인칭 관점으로 나무의 특성을 설명한다. 그 예는 다음과 같다. "나는 강합니다. 나는 에너지가 많습니다." 또는 "나는 의지가 약하고 예민합니다. 나는 폭풍우에 서 있습니다. 내 뿌리가 나를 지탱해 줄 수 있을까?" 그런 다음 모든 사람이 다른 사람의 그림을 가질 수 있도록 각각의 구성원은 오른쪽 사람에게 자신의 그림을 건네준다. 새로운 그림을 가지고 설명하는 과정을 반복하는데, 당신은 그림에서 본 특징을 가지고 일인칭 관점에서 다시 이야기를 한다.

각 개인은 그림에 대해 새로운 형용사로 볼 것이고 자신의 새로운 부분을 표현하게 될 것이다. 예를 들면, 강한 개인은 "나는 예민합니다."라고 표현함으로써 자신의 일부를 탐구하게 될 것이다. 설명은 최대 몇 분 동안 진행되어야 하고, 한두 개의 형용사가 좋다. 시간이 허락하는 한 이 과정을 반복하고, 그림이 원래의 소유자에게 돌아갈 때까지 하는 것이 바람직하다. 당신은 과정을 촉진하기 위하여 집단을 나눌 수 있다. 이어서 나왔던 느낌을 가지고 이야기를 나눈다.

변형

1. 당신 자신을 집으로 그려 보고 당신의 특성예, 크기, 색, 스타일, 외부, 내부을 설명한다. 거기에 어떤 종류의 가구나 물건이 있는가? 당신이 집 안에서 걸을 때 집은 어떤 느낌인가?

2. 당신 자신을 상징으로 묘사한다. 예컨대, 벼락, 구름, 심장 등으로 말이다. 그림을 보여 주지 않고 당신 자신에 대해 몇 가지 단서를 말로 제시한다. 예컨대, 벼락의 경우, "나는 사람들을 불안하게 하는 많은 갑작스러운 소음을 만듭니다."라고 단서를 줄 수 있다. 참여자는 당신이 그리고 있는 어떤 측면을 추측하게 될 것이다.

영향력

사람, 장소, 생각, 믿음, 그리고 경험을 포함하여 당신의 삶에 크게 영향을 끼쳐 온 세 가지 것을 그림으로 그린다.

5. 대인관계

참여자가 다른 사람에 대해 더 잘 알도록 하고, 다른 사람이 자신에 대해 이해하는 방법을 더 잘 알도록 한다.

행동목표

참여자는 다음과 같이 할 수 있다.

- 사람들 간의 상호작용을 더 잘 이해하기
- 현재의 상황과 관계가 있는 가족의 역동에 대해 이해를 증진시키기
- 타인의 관점에서 자신을 바라보는 것을 배우기

지지

당신 삶에서 당신에게 지지가 필요할 때가 언제인지 그려 보고, 당신에게 전달된 지지의 형태가 어떤 것이었는지 그려 본다. 가족 구성원의 상실 같은 것이 그 예다. 그러한 지지는 전화를 하고 카드를 보냈던 교회 신도로부터, 혹은 치료사와 함께 슬퍼했던 치료 회기로부터 온 것일 수 있다.

초상화

두 사람씩 짝을 지어, 집단 구성원은 서로 타인의 속성과 특성, 외모를 덧붙여서 가장 완성도 있게 사람을 표현하여 그린다.

타인을 위한 보호 꾸러미

서로를 위해 보호 꾸러미를 만든다. 여기에는 개인의 성격과 욕구에 맞는 유형의 선물예, 초콜릿, 모피 슬리퍼과 무형의 선물예, 사랑, 신뢰, 희망을 포함시킨다.

당신의 가족

드로잉, 콜라주, 사진 또는 점토를 이용해서 당신의 가족을 표현한다.

가족 사회도해

당신 가족의 사회도해sociogram* 모형을 만든다. 사회도해는 집단 구성원이 서로 어떤 관계를 맺고 있고 서로 어떻게 느끼고 있는지를 보여 주는 시각적 도해다. 여러 사람을 나타내기 위하여 동그란 색종이를 사용할 수 있다.

동적 가족화

가족이 함께 무언가를 하고 있는 장면이나 전형적인 가족의 장면을 그린다.

동물 가족화

가족 구성원을 그들의 성격이나 행동을 가장 잘 나타내는 동물로 그린다.

---

* 역주: 가족 사회도해는 심리극psychodrama의 행위 사회도해를 응용한 것이다. 행위 사회도해는 일종의 가족조각family sculpture과 유사한 것으로, 실제 가족이 아닌 보조 인물이 무대에 나와 가족의 관계를 거리와 동작조각의 형태로 나타내는 것을 말한다. 가족 사회도해는 인물이 아닌 다양한 미술재료를 활용하여 가족과의 관계를 시각적으로 표현한 것이다.

벽화

벽화 만들기는 즐거울 뿐만 아니라 보이지 않던 것을 드러내 주는 활동일 수 있다. 당신은 다음과 같은 것을 배울 수 있다.

- 사람들의 협력 방법예를 들면, 누가 어떤 공간을 얼마만큼 사용할지를 결정하는 데 있어서
- 경계의 형성 방법예를 들면, 다른 사람이 '당신의' 공간을 침범하는 데 있어서
- 프로젝트에 접근하는 다양한 방식예를 들면, 신중하고 느리게 또는 충동적이고 빠르게

모든 사람이 프로젝트에 참여할 수 있도록 충분한 크기의 소포용지를 가지고 주제를 포함한 벽화를 만드는데, 그 내용은 다음과 같다.

1. 집단 벽화. 당신의 '병동', 지역사회, 학급 또는 집단을 그린다. 집단의 긍정적 측면과 부정적 측면을 주목한다.
2. 자연 콜라주. 당신에 대한 무언가를 표현하는 방법으로 자연을 활용하여 그린다. 예컨대, 바다의 환경은 폭풍우가 칠 수도 있고 고요할 수도 있지만 수면 아래에 숨겨져 있는 것이 더 많다.
3. 세계의 문제. 당신이 관심을 갖고 있는 세계의 문제예, 폭력, 평화에 대해 무언가를 표현하는 벽화를 만들어 보라.

집단 모빌

각 개인은 자신의 어떤 측면을 표현하는 무언가를 덧붙인다. 그 예는 선글라스나는 나의 표현을 숨기고 있다, 투명한 옷당신은 나를 통해 모든 것을 볼 수 있다 등이다.

미완성 메시지

콜라주를 사용해서 어떤 것도 말하지 않은 사람과 함께 가족, 친구 또는 친척을 표현해 본다. 당신이 그들에게 말했던 것이나 말하고 싶었던 것을 글로 쓰거나 이야기해 보라.

나는 당신에게 줍니다

특성이나 속성을 나타내는 어떤 매체를 사용해서 "나는 당신에게 ○○를 선물로 줍니다."라는 말의 문장을 완성해 본다.

사랑의 원

종이의 중앙에 당신 자신을 배치시킨다. 그런 다음 당신을 둘러싸고 있는 사랑의 원을 그리는데, 그것은 당신의 가족살아 있는 혹은 죽은, 친구, 동물 또는 자연이나 장소예, 집로부터 나오는 에너지일 수 있다.

트로피

당신은 누구에게 트로피를 줄 것이며, 그것은 무엇처럼 보이는가?

가족 문장

당신과 당신의 가족에 대해 어떤 것을 말해 주는 가족 문장crest를 그려 보라.

생일

그림을 그리거나 다른 매체를 사용하여 다음 질문에 답하라. 오늘이 당신 생일이다. 당신이 세상에서 가장 원하는 선물은 무엇인가?

타인이 본 나

개인은 자신의 이름이 적힌 28×36cm 크기의 종이를 받는다. 좌석을 원으로 배치해서 앉도록 하고, 모든 사람이 자신의 종이를 오른쪽 사람에게 전달하도록 한다. 각 개인은 자신이 갖고 있는 종이의 그 사람과 관련해서 자신이 좋아하는 것 중에서 그 사람을 떠올리게 하는 어떤 것_{말이나 그림}을 잡지에서 오린다. 그런 다음 그것을 종이에 붙이고 오른쪽으로 넘긴다. 이런 식으로 해서 일단 모든 사람이 자신의 종이를 받으면 몇 분 동안 그 종이를 살펴본다. 그다음 각 개인이 자신의 콜라주를 들고 있으면 다른 사람은 그들이 작업했던 것에 대해 왜 그렇게 했는지를 설명한다.

6. 자신의 세계에서 개인의 위치

이것은 세계에 대해 우리가 맺고 있는 관계들을 이해시키기 위한 활동이다.

행동목표

참여자는 다음과 같이 할 수 있다.

- 다른 사람과 공간을 공유하는 것 배우기
- 전 세계의 일부로서 자신의 위치를 바라보기

타인과 공간을 공유하기

파트너와 마주 앉아 말을 하지 않고 함께 한 장의 종이 위에 그림을 그린다. 세력권territoriality을 인식하고 다른 사람과의 특별한 관계로 인해 이 세력권이 어떤 영향을 받는지 인식한다.

집, 나무, 사람HTP
이 세 가지 모두를 하나의 그림에 포함시켜 그린다.

요소
드로잉이나 회화에서 물水, 불火, 흙地, 공기風의 요소에 대해 반응한다.

당신의 세계
사회도해의 개념을 사용해서 당신의 세계를 디자인한다. 여기에 당신이 가깝다고 느끼는 사람, 의미 있는 장소, 관심사, 가치 또는 꿈을 포함시킨다.

시간 나무
성장의 세 단계어제, 오늘, 내일로 이루어진 하나의 나무로 자신을 그린다. 이 세 가지의 이미지를 그리고 다음 질문에 답한다.

- 당신은 어디에서 성장하고 있는가?
- 당신의 강점은? 약점은?
- 당신을 양육하는 것은?
- 당신의 미래는?
- 당신을 변화시킬 수 있는 것은?

세계의 창조

집단 구성원에게 세계에 대한 이미지를 만들도록 한다. 이때 다음에 제시한 어떤 주제도 사용할 수 있다.

- 세계를 치유하고 싶은 소망을 확인한다.
- 세계를 위해 슬픔을 함께 나눈다.
- 당신의 이상적인 세계를 만든다.
- 세계에서 당신에게 즐거움을 준 것과 슬픔을 준 것을 표현한다.

이 활동은 여러 기법에 적용해 볼 수 있는데, 벽화 작업을 하는 과정에서 효과적일 수 있다.

그때 그리고 지금

세계를 또는 당신의 세계를 그리는데, 그것이 실제 존재하던 것처럼$_{그때}$, 또 존재하는 것처럼$_{지금}$ 그린다.

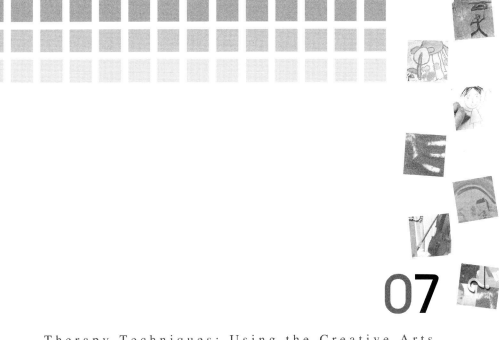

07

Therapy Techniques: Using the Creative Arts

가면

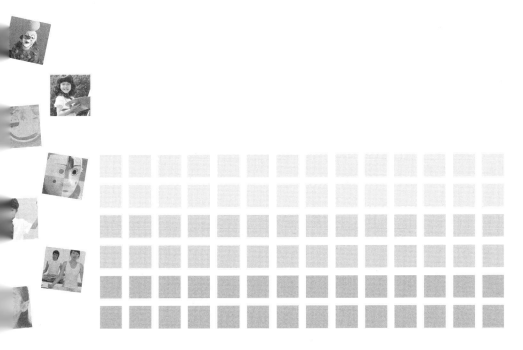

가면… 우리는 모두 가면을 쓰고 있다. 그것은 유용하거나 파괴적일 수도 있고, 스스로 만들거나 누군가의 강요로 만들 수도 있다. 가면은 부정적인 측면과 긍정적인 측면이 있다. 즉, 그것은 뭔가를 드러내거나 숨기기 위해 사용될 수 있다. 가면은 시멘트로, 못으로, 아교로, 풀로 붙여 만들 수 있다. 또는 직접 얼굴에 테이프를 붙여서 또는 색을 칠해서 만들 수 있다. 가면 뒤에는 인식된 감정과 친숙하지 않은 감정……억압된, 왜곡된 혹은 보호받은 감정이 있을 수 있다.

그러므로 치료적 도구로서의 가면의 힘은 엄청나다. 가면은 성장을 촉진하고 이해를 촉진하며, 심지어 이 과정에서 즐거움을 촉진하는 엄청난 잠재력을 갖는다. 가면은 또한 우리가 이미 알고 있는 것을 강력하게 상기시키는 것으로도 작용할 수 있다.

가면에 대한 이러한 논의는 춤뿐만 아니라 연극이 한때 역사적으로 가면을 만드는 기술로부터 자연스럽게 시작되었기 때문에 미술과 연극 사이에서 계속되고 있다. 가면은 지구의 힘과 순환주기를 기념하기 위해 사용된 고대의 표현 형식이다. 이는 영혼의 영역과 소통하기 위해 가면의 착용자가 다른 페르소나와 일련의 행동을 표현하도록 하기 위해서다. 가면을 착용함으로써 착용자는 일상의 현실을 잠시 잊고 춤을 출 수 있고 연극을 할 수 있으며 현실 밖의 경험에 대하여 노래할 수 있다. 가면은 시대에 걸쳐 전 세계에서 사용되어 왔다.

🌑 치료적 상황에서 가면 만들기

• 참여자는 가면의 한두 측면을 장식하고 싶어 할 수 있다. 심지어

몇 가지 측면을 선택하고 싶어 할 수 있다. 자기의 여러 측면_{내적 인} _{면 대 외적인 면, 다른 성격, 이상적 자기}이 이 방법으로 표현될 수 있다.

- 항상 자기 묘사나 자기 노출을 허용한다.
- 예를 보여 주는 것은 비교가 없는 한 때때로 창조성을 격려하거나 자극할 수 있다.
- 리더 역시 자신의 가면을 만들 때 가장 효과적이다_{당신이 집단 구성원에게 노출하고 있다는 것을 의식하라.}
- 일단 만들어지면, 가면은 착용될 수 있고, 해석될 수 있고, 거래될 수 있고, 주변 사람에게 전달될 수 있다. 다른 집단 구성원은 한 개인이 말하고 있거나 말하고자 하는 것에 대해 그가 생각하는 바를 표현함으로써, 혹은 개인의 표현방식에 주목함으로써 이해를 도울 수 있다.

🌸 치료로서의 가면

여기서 제시되는 집단은 5개의 다른 치료적 쟁점_{자존감, 육체적 또는 신체 자각, 심상/창조성, 사회기술, 라포 형성}에 따라 어떤 형태의 가면을 만들고 사용할 것인지를 제안한 것이다.

모든 치료집단이 다르기 때문에 이러한 내용은 단지 제안이 될 수 있다. 즉, 이러한 매체를 사용하여 탐구될 수 있는 문제는 다양하다. 각각의 범주 내에서 어떤 활동은 만들어진 가면과 다소 적절한 관계가 있을 것이다. 그것들은 '섞이고 맞추어진' 것을 의미한다. 심지어 이러한 활동은 치료사가 가면에 대한 다른 적용 가능성과 맥락을 인식함으로써 부가적으로 바뀔 수도 있고 새로운 것이 더해질 수 있다. 연극게임9장을 읽고 그것에 어떤 아이디어가 적용될 수 있는지를 알기 위해서는 가면으로 되돌아오라. 그래서 가능하다면 참여자는 그 활동을 하는 동안 그들의 가면을 쓰도록 한다. 앞에서 말했듯이 가면은 또 다른 현실로 들어가기 위한 수단이고, 착용자로 하여금 자기 자신에 대해 더 큰 통찰력을 갖게 할 수 있다.

자존감

가면은 다음을 표현한다.	가면은 다음을 위해 사용한다.
• 다른 사람이 당신을 어떻게 보는지 혹은 당신이 친구에게 어떻게 보이고 싶은지 • 당신이 되고 싶은 사람 • 위에서 언급한 내용을 조합해서 두 가지 측면을 갖고 있는 하나의 가면을 만든다. • 당신의 독특성/당신의 강점 • 당신이 최고라고 느꼈을 때 • 당신 자신에 대해 좋아하는 것/싫어하는 것 • 놀랐을 때, 행복할 때 어떤 느낌이 드는지 • 꿈 심상 • 아이로서, 청소년으로서, 성인으로서 당신 자신 • (교류분석 모델 측면에서) 아이, 성인, 부모로서 당신 자신	• 현재 당신 자신을 소개한다. 즉, '나는 ___이다.' 그리고 당신이 강해지고 싶어 하는 자신의 영역을 이야기한다(예, 신뢰성 있는) • 당신 삶에서 당신의 가장 좋은 친구, 가족 혹은 다른 의미 있는 사람에게 당신 자신을 소개한다. • 오르프 슐베르크 론도에 답한다(이 기법에 대한 자세한 설명은 12장 참조). • 가면은 행복해 보일 수도 있고 슬퍼 보일 수도 있는데, 당신을 기쁘게 하는 당신의 가면은 무엇인가? • 당신이 방금 '마술가게'에 가서 원하는 어떤 개인적인 특성을 얻었다고 상상해 보라. 자신을 소개하고 그 특성이 당신의 인생에서 당신을 어떻게 도울 수 있을 것인지 설명한다. • 미래를 투사한다. 즉, 1~5년 안에 당신의 치료 프로그램에서 친구나 다른 내담자를 만나는 장면을 역할연기 한다.

- 연극게임을 통해 '감정의 교향곡'을 만든다. 각각의 참여자는 자신의 가면에 그려진 감정과 관련된 소리를 낸다. 리더는 참여자에게 시작이나 중지 그리고 음향이나 속도를 낮추고 올리는 신호를 줌으로써 이러한 소리를 오케스트라용으로 작곡한다.
- 당신의 가면과 대화한다. 즉, 각각의 '하위 성격'에 이름을 붙이는데, 이는 전형적인 당신 자신의 부분에 대한 진술이다. 당신은 집단의 다른 구성원에게 각각의 하위 성격을 묘사하도록 요구할 수 있다.

육체적 또는 신체 자각

가면은 얼굴에 제한되고 신체의 나머지 부분을 배제하는 경향이 있다. 몸 전체를 본뜨거나 특정한 부위의 신체를 본뜨는 것은 그 부분을 더 충분히 이해하도록 하며 감정을 더욱 전체적으로 탐구하도록 이끈다.

가면은 다음을 표현한다.	활동
• 당신 내부에서 살고 있는 작은 생명체가 당신을 어떻게 볼 것인지 • 꽃으로, 하늘로, 나무로, 시냇물로서 당신 자신 • 당신이 아주 좋아하는 부분/전혀 좋아하지 않는 부분	• 움직임이나 소리를 통해 당신의 가면을 설명한다. • 가능하다면 신체 가면을 허리에 테이프나 안전핀으로 고정시켜 당신이 움직이면 그것 또한 움직이도록 한다. 움직이는 가운데 그것은 다른 사람과 '관련이 되며', 이는 그 자체로 삶을 표현한다.

심상과 창조성

우리는 우리가 원하는 것이면 무엇이든 될 수 있거나 느낄 수 있다. 우리의 상상에는 한계가 없다. 참여자에게 새로운 세계와 경험에 투사하도록 격려함으로써 그들은 되고 싶은 사람과 되고 싶은 것을 접촉하고 경험할 수 있다. 이때는 소품, 모자, 마술, 수정공이 필요하다. 어떤 것이든 환상을 만들고 심상을 촉진하는 데 도움이 된다.

가면은 다음을 표현한다	활동
• 당신이 좋아하는 환상, 만화 혹은 이야기책의 인물 • 성장할 때/성숙할 때/5년 내/10년 내에 되고 싶어 하는 것 • 다른 연령, 과거나 미래의 자기 자신 • 천국에 있는 자기 자신 • 사후의 자기 자신 • 세상에서 가장 행복한/가장 사악한/가장 현명한 사람으로서의 자기 자신	• 당신의 영웅이나 여걸이 되어 보라. 그것들을 통해 당신이 높이 평가하는 특성이나 행동을 확인할 수 있다. 이것은 당신이나 리더가 어려운 역할연기 상황이라고 여기는 장면을 다루는 데 있어서 당신의 행위를 표현하게 한다. • 당신이 만든 가면과 관련된 이야기를 만든다. • 이야기와 장면을 만들고 이를 극화하기 위해 여러 가면을 사용한다(두세 명의 집단과 함께). • 움직이는 리포터를 연기한다. 각 집단 구성원은 독특한 방식으로 움직이고 생각하고 말하는 인물이 된다(이런 식으로 집단을 직접 돕기 위해 9장 '연극 게임과 즉흥극'에 제시된 라디오와 TV 훈련을 참조한다). • 학교, 아프리카 평원 등 장면을 설정한다. 움직이는 리포터(처음엔 대개 리더가)는 방을 돌아다니면서 인물을 인터뷰한다. 인물들은 '멈춰'라는 지시가 있을 때까지 방을 빙빙 돈다. 리포터가 인물을 선택해서 그와 인터뷰를 하면 다른 사람은 듣는다.

사회기술

우리가 다른 사람의 관점에서 세계를 이해하는 것을 배울 때 사회기술은 향상된다. 이러한 가면은 우리로 하여금 다른 사람의 역할을 취하게 하는데, 이를 통해 우리는 상황을 다루는 방식을 배울 수 있다. 가면은 또한 정상적인 방식으로 사용하는 것이 너무 어려울 수 있는 주장성과 같은 측면을 실천하도록 하는 데 유용하다.

가면이나 모자는 다음을 표현한다.	활동
• 사회적 상황에서 편안함의 정도를 다양하게 경험하는 사람, 즉 그 사람은 수다스럽고, 수줍고, 무례하고, 상처받기 쉽고, 행복하고, 경쟁적이고, 속물적인 행동을 할 수 있다. • 다른 문화, 인종 혹은 능력/무능력의 정도에 차이가 있는 사람 • 교사, 의사 혹은 경찰관 같은 권위적 위치에 있는 사람	• 서로 역할연기 상황을 만든다. 각 개인의 성격에서 어떤 특성을 자극하거나 강화하는 상황을 선택한다. 예를 들면, 수줍음이 많은 사람은 경찰관의 질문에 견디도록 자극될 수 있다. 실제 삶의 상황을 선택해서 역할연기를 해 본다. • 다음 행동을 실천하도록 2~3개의 특별한 상황을 만든다. 　－ 적절히 인사하기 　－ '아니' 라고 말하기 　－ 대화를 시작하기 　－ 감사함을 표현하게 하기 • 특정한 개인의 관점과 문제를 가지고 있는 누군가가 되는 경험을 하도록 한다. 이는 문화 차이와 개인 차이를 연결하는 데 도움을 줄 수 있으며 타인에 대한 공감, 존중, 그리고 통찰을 증진시킬 수 있다. 집단은 역할연기 상황을 제안할 수 있다.

라포 형성

라포 형성은 집단을 화합하게 하는 데 중요하다. 이러한 활동은 집단의 구성원이 서로 더 잘 알도록 하기 위해 집단투사처럼 실시되게끔 계획된 것이다.

집단으로 가면을 만든다.	집단활동
• 생활 가면을 만든다. • 소집단(3~4명)에서 각 개인은 자신의 가면을 만들기 시작한다. 어느 정도의 시간이 지난 후에 각 구성원은 오른쪽 사람에게 자신의 가면을 전달한다. 이러한 활동은 모든 사람이 자신의 가면을 되받을 때까지 계속된다. • 소집단(3~4명)에서 각각의 참여자는 다른 집단 구성원의 가면을 만들어 준다.	• 가면 벽을 만든다. • 파트너와 가면을 교환한다. 교환한 가면을 바라보고, 그것을 써 보고, 썼을 때 어떤 느낌이 드는지 경험한다. 느낌과 적절한 몇 마디의 말을 하고 가면과 어울리는 동작을 표현한다. 가면을 주인에게 돌려준다. 그리고 어떤 느낌이 들었는지 느낀 점을 나눈다. • 방 주위에 둘러앉아 가면을 만드는 과정에 대해, 그리고 그것이 무엇을 의미하는지에 대해 다른 사람과 이야기 나눈다. • 각각의 가면을 집단 구성원에게 돌린다. 각 개인은 그 가면에 대해 그가 생각하는 것을 집단에 이야기할 수 있다. • 모든 가면을 방 가운데 둔다. 각 구성원은 하나를 선택해서 그 가면의 특징을 몸으로 취하고, 가면에 대한 자신의 해석을 말하거나 그 가면과 관련한 어떤 경험을 만든다. • 신체 조각하기. 한 사람이 가면을 쓰면 그의 파트너는 그를 조각으로 만들거나 손인형처럼 움직이도록 한다. 이완시키기 위해 '점토'나 '손인형'을 떠올리도록 하고 파트너가 그/그녀를 움직이게 한다.

🌸 가면 제작과정

가면을 만드는 데 적합한 재료는 많다. 가면 제작의 가능성을 넌지시 알리는 자연사박물관을 방문해 보라. 집단의 리더가 가면 제작을 위해 이용할 수 있는 재료에는 다음과 같은 것이 있다.

- 종이: 만들기 쉽고 크레이프 종이*를 포함한 모든 종류
- 공예재료: 물결 모양의 마분지, 마분지 통, 천, 실
- 장식재료: 장식용 금속판, 구슬, 깃털 등
- 미술용품: 마커, 페인트, 크레용, 오일 파스텔
- 도자용품: 가마를 이용할 수 있다면 점토로 만들어 불로 굽고 광택이 나는 멋진 가면을 만들 수 있다.
- 걸쭉한 종이 반죽재료_{아래 과정 참조}
- 석고 거즈_{아래 과정 참조}
- 페이스 페인트_{가면을 쉽게 만드는 방법으로, 특히 아이들이 즐기는 것}

더 좋은 작품을 만들고 더 쉽게 청소하기 위해서 브러시와 함께 공급된 아쿠아렐레 카렌 드아케Aquarelle Caren D'Ache와 같이 품질 좋고 물을 활용할 수 있는 제품을 쓰는 것이 좋다.

---

* 역주: 조화, 냅킨 따위를 만드는 종이

걸쭉한 종이반죽

이러한 가면은 값이 싸고 상당히 만들기 쉽다. 예산이 있거나 집단이 작다면 물과 섞이는 종이펄프를 사는 것이 가능하다. 이때 가면은 부풀려진 풍선에 이 혼합물을 발라서 만들 수 있다. 이는 가면을 만드는 빠르고 쉬운 방법이다. 만약 집단이 크거나 예산이 한정되어 있다면 걸쭉한 종이반죽으로 알려진 전통적인 신문과 풀을 이용하는 방법을 사용한다.

재료 신문과 신문 조각, 가면을 만드는 테이프, 밀가루풀벽지용이나 일반적인 전분풀약간 물기가 있는, 질이 좋은 고무풍선무른 풍선은 가면을 만드는 동안 터질 수 있다, 페인트아크릴 제품이 좋다, 석고선택사항, 깨끗한 스프레이 광택 마무리제사용된 페인트가 시간이 지나도 벗겨지거나 떨어져도 상관이 없다면 선택사항

1. 고무풍선을 중간 크기까지 분다. 너무 크게 불지 않는다. 풍선을 너무 크게 불면 신문지 조각을 풍선 위에 붙일 때 풍선이 터질 수 있고 작업할 표면 영역이 너무 커질 수 있다.
2. 신문을 풍선에 감는다. 이 신문은 풍선을 바구니처럼 보호할 것이다. 이를 테이블에 테이프로 고정시킨 다음, 풍선 위에 테이프를 붙인다.
3. 신문지를 5×10~15cm 조각으로 자르거나 찢는다. 어떤 조각은 코 부분에서처럼 윤곽에 맞추기 위해 더 작을 필요가 있다.
4. 액체 혼합물을 만든다. 밀가루풀을 만들기 위해 포장지에 있는 지시에 따른다. 사람들에게 밀가루 알레르기가 있는지 묻고, 발

진을 예방하기 위하여 고무장갑 사용하는 것을 기억하라. 녹말을 사용한다면 쉽게 사용하기 위해 약간의 물을 탄다. 녹말은 냄새가 강하기 때문에 환기 상태가 적절한지 확인하라.

5. 신문지 조각을 혼합물에 담그고 남는 부분은 제거한다. 특별히 강하게 하기 위해 위에서 아래로 교차시켜 작업한다.

6. 얼굴의 코나 이마를 만들기 위해 신문지나 종이수건을 말아 가면용 테이프로 감는다. 이는 여분의 조각이 그것에 부착될 때까지 잠정적인 구조물에 조각이 충분히 붙어 있게 한다. 티슈종이 또한 신문지로 쌓은 층위로 표면 재질을 재미있게 만드는 데 사용될 수 있다.

7. 가면을 강하게 만들기 위해서 전체 4~5개의 층약 3×6mm 두께을 만든다.

8. 완전히 마르고 만져도 모양이 그대로 유지될 때까지 가면을 며칠간 말린다.

9. 원한다면 석고를 사용해도 좋다. 석고는 신문지를 보호하는 토대가 되고 페인트칠을 위한 기틀을 만든다. 석고를 사용하는 한 가지 이점은 가면을 칠하는 데 필요한 페인트가 적게 들어간다는 것이다.

10. 원하는 색으로 칠을 한다. 어떤 지점을 다른 색으로 색칠하기 전에 이전의 색칠이 마르기까지 기다리라예, 얼굴색 위에 눈을 색칠하는 것. 인내하라. 결과는 기다린 만큼 가치가 있을 것이다. 발열 도구나 헤어드라이어는 말리는 과정을 빠르게 할 수 있다.

11. 완전히 마르면 내구성과 방수를 위하여 아크릴 광택 마무리제를 뿌린다.

12. 마지막으로 깃털, 장식용 금속판 또는 구슬과 같은 장식재료를 붙인다.

석고 거즈를 이용한 인생 가면 만들기

연극배우가 되거나 연극배우를 알 만큼, 또는 영화의 특수효과를 제작하는 데 관련이 있는 사람을 만날 만큼 충분히 운이 좋은 우리 중 누군가는 고무로 그들의 얼굴을 만든 인생 가면을 가질 기회가 있었을 것이다. 이것은 흥미로운 경험이지만, 폐소공포증의 경우에는 그렇지 않다. 인생 가면을 만드는 전체 아이디어가 폐소공포증으로 고통을 받고 있거나 접촉 또는 신뢰에 문제가 있는 몇몇 사람에게는 놀라울 수 있다. 석고 거즈를 이용했을 때, 폐소공포증 감정의 힘은 석고로 덮힌 표면의 양을 제한함으로써 조절될 수 있다. 접촉의 문제나 신뢰의 문제를 해결하는 것은 더욱 어렵다. 즉, 파트너는 접촉과 목소리에서 서로에게 사려 깊고 온화하도록 지시를 받아야 하고, 과정이 그들 중 누구에게라도 불편해질 경우 중지하도록 해야 한다.

재료 석고 거즈, 낡은 옷, 머리를 보호할 샤워 캡이나 머리핀, 수건이나 신문지, 물이 든 병, 가위, 바셀린, 베이비 파우더

1. 낡은 옷을 꼭 입도록 한다.
2. 두 사람씩 짝을 지어 교대로 가면을 만든다.
3. 가면을 쓸 사람은 자신의 얼굴_{안면의 털과 얼굴 주변에 있는 머리카락을 포함해서}에 바셀린을 철저하게 바른다. 이는 가면을 벗을 때 눈썹이 빠지는

것과 같은 원치 않는 결과를 방지한다. 또한 뒷머리를 보호하기 위하여 핀으로 고정시키거나 샤워 캡을 쓰라.

4. 가면을 쓸 사람은 수건이나 신문지를 깔아 놓은 곳에 눕는다. 이는 파트너가 작업을 더 쉽게 하도록 하지만 반드시 필요한 것은 아니다. 필요하다면 의자나 휠체어에 앉을 수도 있다.

5. '조각가'는 롤거즈를 5cm에서 7~10cm 조각으로 자르고 이것을 떼어 놓는다. 나머지는 그대로 두고 작업할 조각만 물에 살짝 담갔다가 꺼내서 작업하기 시작한다. 조각을 물속에 넣어 두면 안 된다. 물에 넣어 두면 석고가 없어질 수 있기 때문이다. 작업은 위에서 아래로 해 가는데, 새로운 부분을 작업하기 전에 그 전에 작업한 부분을 완벽히 한다. 조각을 강하게 하기 위해 석고 거즈를 교차시켜 붙인다. 석고로 눈이나 입을 덮는 것은 권하지 않는다. 만약 입을 덮으려 한다면 숨 쉬는 것을 용이하게 하기 위해 코에 빨대를 넣어야 한다. 이것은 유쾌하거나 바람직한 경험이 아니다.

6. 표면을 약 3~6mm 두께로 만든다. 아래층에 있는 것은 먼저 굳기 시작할 것이다. 강도를 높이기 위해 더 많은 조각이 필요한지의 여부를 결정하기 위해 손가락으로 감지해 본다. 가면을 얼굴에서 떼어 낸 후에 그것이 마르는 동안 즉시 가면에 어떤 재료를 덧붙일 수 있다.

7. 조각을 다 붙이고 나면 일단 말린다. 약 5분 후에 가면을 쓴 사람에게 얼굴 표정을 몇 가지 지어 보라고 요청한다. 가면이 얼굴에서 쉽게 떼어지기 시작한다면 그때가 가면을 조심스럽게 떼어야 할 순간이다. 일단 떼어졌다면, 가면 안쪽 표면에 베이비파우더

를 뿌려 바셀린의 끈적끈적한 느낌을 제거할 수 있다.

8. 몇몇 전문가는 가면의 표면에 약간의 석고를 스며들게 하여 거즈의 재질을 혼합하고 싶어 한다. 이렇게 하기 위해서는 거즈에서 떨어진 석고를 사용한다.

9. 가면을 보호하기 위해 페인트칠을 하고 아크릴 광택 마무리제를 뿌린다.

10. 원한다면 다른 재료로 장식한다.

Therapy Techniques: Using the Creative Arts

연극치료 집단을 위한 도입

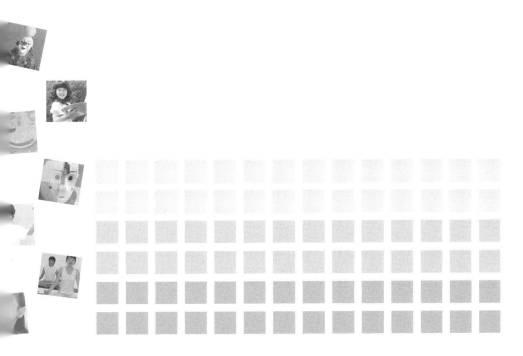

많은 뛰어난 치료적 기법은 연극에 기원을 둔다. 연극게임에서 심리극에 이르기까지 이러한 기법은 내담자를 무대 너머의 더 큰 세상에서 행동그들 자신과 타인의과 관련이 있는 상상과 가능성의 세계로 안내한다.

비록 다양한 연극치료의 목적이 다를 수 있을지라도 연극집단의 많은 기법과 과정은 어디서나 똑같다. 다음은 집단으로 연극치료를 실시하기 위한 광범위한 지침이다.

치료의 수준

- 연극게임theater games. 이것은 한 집단 내의 자발성과 상호작용을 향상시키기 위한 것이고, 종종 다른 집단 작업을 위한 토대를 만들기도 한다.
- 역할극role playing. 행동을 변화시키거나 새로운 행동을 안내하기 위한 작업으로 사용된다. 이는 문제해결 기법이기도 하다.
- 사회극sociodrama. 이는 공통의 문제를 작업하는 집단에서 사용되는데, 집단 구성원이 모두 공유하는 행동에 대해 통찰을 하도록 돕는다.
- 심리극psychodrama. 개인의 문제에 집중하여 그 사람이 자신의 행동을 더 깊이 이해하고 정서적 갈등을 해결하도록 돕는 데 목적이 있다.

공통 목표

이러한 목표가 모든 유형의 연극치료에 해당되는 것은 아니지만 상당히 중첩되는 부분이 있다. 그 목표는 다음과 같다.

- 상호작용의 향상: 이는 신뢰감을 향상시키고 개발하기 위해 연극 게임과 즉흥극을 활용하여 이루어진다.
- 감정의 해소와 조절: 이 역시 연극게임을 통하여 이루어진다. 리더는 감독의 역할을 하고 극적 행위의 과정을 조정한다.
- 역기능적인 행동과 역할 패턴을 중단하도록 하기
- 친숙한 패턴에 대해 통찰하도록 하기
- 대안적인 패턴을 통찰하도록 하기
- 그들의 심리적 갈등과 다른 반응을 탐구하기
- 자발성 향상
- 자존감과 자신감의 향상
- 즐거운 학습 상황을 제공하고 긍정적 행동을 강화시키기

과정

- 집단 워밍업
- 두 사람씩 워밍업
- 즉흥적인 장면/역할연기/ 극적 장면
- 마무리–전체 집단의 종결

일반적인 지침

- 내담자의 수준에서 접근하고 시작한다. 그들이 할 수 있는 것보

다 더 강한 극적 행위를 강요해서는 안 된다.

- 저항과 수동성은 흔히 회기를 시작할 때 내담자에게 나타나는데, 이 문제를 표면화시켜서 작업할 필요가 있다.
- 구조를 만든다. 그럼으로써 집단은 안전한 느낌이 든다.
- 자발성을 향상시키기 위해 '놀랄 만한' 요소를 기억하라.
- 행동을 과장하는 것_{당신 혹은 집단 구성원의 반응}은 신뢰가 충분하다면 어떤 상황에서 유머를 불러올 수 있다.
- 각 회기를 확실히 설계하는 것이 성공을 높일 수 있다.

워밍업 활동

다음 활동은 어떤 연극집단에서도 사용될 수 있다.

기본 활동

이 활동은 언어나 필기 형식으로 진행될 수 있다. 만약 언어로 진행된다면, 참여자들은 원을 만들고 각자가 아래 제시된 질문 중에서 한 가지의 질문에 답하는 기회를 갖는다. 차례로 여러 질문을 받게 된다. 답을 글로 썼다면, 각 참여자는 자신이 쓴 것에 대해 읽을 기회를 갖거나 둘씩 짝을 지어 답변을 서로 교환하고 이야기를 나눌 수 있다.

- 당신이 세상의 어디든 갈 수 있다면 어디를 가겠는가?
- 당신이 누군가_{살아 있거나 죽은}가 될 수 있다면 누가 되겠는가?
- 당신이 복권에 당첨되었다면 무엇을 하겠는가? 당신의 삶은 어떻게 변하겠는가?

• 당신이 어떤 것을 발명할 수 있다면 그것은 무엇이겠는가?

• 당신이 과거, 현재, 미래의 어느 시기든 살 수 있다면 어느 시기를 선택하겠는가?

• 당신이 어떤 것을 발견할 수 있다면 그것은 무엇이겠는가?

• 당신이 상을 탔다면 그것은 무엇을 위한 상이겠는가?

개인적 활동

• 당신의 이름을 바꿀 수 있다면 그 이름은?

• 당신이 자신을 위한 소원을 이룰 수 있다면 그것은 무엇이겠는가?

• 당신이 완벽한 선물을 받을 수 있다면 그것은 무엇이겠는가?

• 당신의 완벽한 날을 계획해 보라.

• 누군가친구, 친척로부터 듣고 싶은 말이 있는가?

• 당신의 가장 친한 친구가 했던 방식을 자신에게 설명해 보라.

투사적 활동: 우리는 누구인가/ 우리는 타인을 어떻게 보는가

집단 내의 개인에 관해 묻기 위해 이런 질문을 사용하라. 당신 자신을 사람의 종류로 설명하는 것보다 사물로 설명하는 것이 덜 위협적일 수 있다.

• 만약 당신이 _____라면 당신은 어떤 종류가 되겠는가?

• 만약 _____가 _____라면 그/그녀는 어떤 종류가 되겠는가?

다음의 대상을 가지고 위 빈칸을 채우라.

- 꽃
- 색
- 움직임
- 가구
- 소리
- 날씨
- 아이스크림
- 직물

- 음식
- 계절
- 보석
- 노래
- 휴일
- 냄새
- 동물
- 영화

- 교통수단
- 향수
- 책
- 풍경
- 운동
- 악기

대인관계 활동

- 빈 의자 기법10장 '연극'의 심리극 부분에 상세히 설명함
- 감사/원망: 집단 구성원에게 표현하기
- 이 집단 내 누군가에게서 듣고 싶은 것은?
- 집단 내의 모든 사람에게 메시지를 전하기

집단 동의서 제안

감정 해소와 감정 탐색을 위한 '안전한' 환경을 만들기 위해서 집단 구성원과 함께 동의서를 작성하는 것이 중요하다.

- 한 번에 한 사람만 이야기한다. 다른 사람에게 공손한 태도를 취한다.
- 뒤에서 그 사람에 대해서 이야기하지 않고 그 사람에게 직접 이

야기한다. 그 사람이 없는 것처럼 대하지 않는다.

- 각 개인의 속도를 존중한다. 우리는 모두 다른 속도로 마음을 열고 성장하며 개방한다.

- 어느 누구도 강제로 참여해서는 안 된다. 우리의 목적은 참여에 대한 개인의 책임감을 강화시켜, 그것이 인생의 다른 상황에도 적용될 수 있게 하는 것이다.

- 집단을 분열시키는 것은 용납하지 않는다.

- 분석하지 않는다.

- 나누기를 하고 피드백을 할 때 주관적으로 반응한다(예, 연극이 당신에게 어떤 영향을 미쳤는가? ____의 경험과 관련하여 당신은 어떤 경험을 했는가?

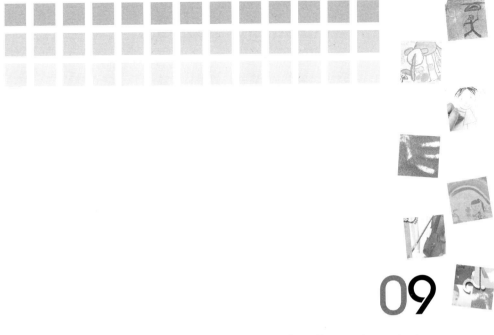

09

Therapy Techniques: Using the Creative Arts

연극게임과 즉흥극

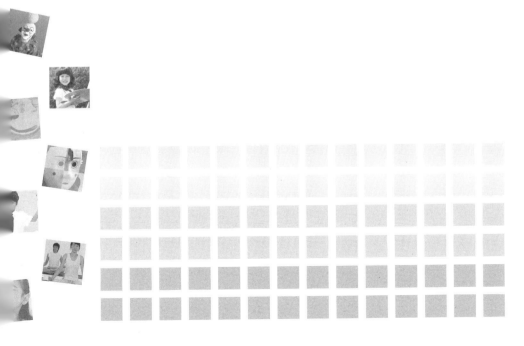

세계는 모두 무대

그리고 그 안의 모든 남자와 여자는 그저 배우일 뿐······

한 사람은 일생 동안 많은 배역을 연기한다.

그의 연극은 일곱 개의 막으로 구성된다······

— 윌리엄 셰익스피어

이 문구는 셰익스피어의 최고의 말일 것이다. 우리는 다양한 역할과 상황에서 우리에게 배역을 주는, 언제나 개봉되지 않은 연극과 삶의 부분이다. 우리는 우리의 가족을 기쁘게 하는 작은 아기로 태어났다. 아이로서 우리는 우리 자신을 영웅, 왕자와 공주, 동물, 그리고 우리가 좋아하는 책, TV 쇼, 영화에서 나오는 인물로 배역을 정한다. 청소년기와 성인기에 우리는 애인, 부모, 노동자, 그리고 친구의 역할을 맡는 반면, 중년기와 퇴직 때는 새로운 역할로 멘토, 조부모, 퇴직자의 역할을 맡는다. 그 길을 따라가면서 자신의 대본을 개발하고 그것을 연기하는 데 도움이 되도록 일련의 행동을 개발한다. 연극게임의 목적 중 하나는 내담자가 자신의 삶에서 연기해 왔던 많은 역할을 인식하고, 어쩌면 그러한 역할을 깊이 생각하도록 돕는 것이다. 대부분의 사람은 자신을 헐리우드나 브로드웨이의 배우로 분류하지는 않지만, 도전적인 상황과 다양한 성격을 극화해 왔다는 것을 상기할 필요가 있다. 연극의 연기자 역시 삶의 경험을 통해 연기할 수 있다.

'즉흥극improvisation'은 즉시 연극을 만든다는 용어로, 어떤 준비도 없이 주변에 있는 기법이나 자원만을 가지고 진행한다. 이는 어떤 틀이 없이 작업하는 것이다. 연극게임은 즉흥극의 도구이며, 배우의 기술을 예리하게 하고 연극을 만들기 위해 사용된다.

연극게임은 다음의 신념과 특성을 갖는 실제이거나 기법이다.

- 실험을 허용한다. 즉흥으로 하는 데에는 '옳거나 그른' 방식이 없다.
- 자발성을 격려한다. 연극게임은 인위적인 것을 거부하는 최고의 '책략'이다. 즉, 연극게임의 구조는 거의 '어리석은' 자발성 상태에 있도록 계획된다. 자발성을 통해서 우리는 본래의 우리 자신으로 돌아갈 수 있고 더욱 진정한 자기 자신을 재발견하며 더욱 진심에서 우러나오는 행동을 할 수 있다. 연극게임의 핵심 요소인 자발성은 우리가 현실에 직면하게 될 때 진정으로 자유로운 순간이며, 그것을 보고 탐구하고 적절하게 행위할 수 있게 한다.
- 문제의 해결과 창조적인 도전에 관여한다. 예를 들어, 연기자에게 가상의 기계에 있는 톱니바퀴 중 하나가 되라고 요구한다면, 그는 먼저 자신이 어떻게 소리를 내고 움직여야 하는지 확인한 후에 역시 그 기계의 일부가 된 다른 연기자와 어떻게 맞출 것인지 확인해야 한다.
- 집중에 초점을 둔다. 연극의 핵심 요소다. 즉, 이것은 연기자를 현재에 있게 하고, 개방하게 하며, 기꺼이 반응하도록 하고, 상황을 탐구하고 해결하는 데 기꺼이 참여하도록 할 수 있다.
- 직관적인 반응을 격려한다. 이것은 '지금-여기'의 지금 이 순간에서만 이루어질 수 있다. 연기자는 지금 이 순간 일어나는 일에 반응하는 것을 학습한다. 만약 다른 사람이 어떻게 행동할 것인지 미리 알 수 있는 대본도, 방법도 없다면 '미리 계획하기'라는 것은 거의 불가능하다. 이 경험이 자기의 신뢰를 개발하고 전체적인 자존감에 영향을 미친다.

- 사람들은 경험과 경험하기를 통해서 배운다. 어느 누구도 어떤 것을 가르치지 못한다.
- 개방성을 증가시킨다. 환경이 개방성을 허용한다면, 사람들은 누구나 자신이 배우고자 하는 어떤 것이든 다 배울 수 있다. 개인이 그것을 허용한다면, 환경은 가르쳐야 할 모든 것을 그에게 가르칠 것이다.
- '재능'은 요구되지 않는다. 누구나 참여할 수 있다. 연극게임의 창시자인 바이올라 스폴린Viola Spolin, 1983에 따르면, '재능 있는 행동이란 단지 경험하는 능력'일지도 모른다……. 그것은 내부의 숨겨진 가능성을 일깨워 주는 개인의 '경험하는 능력'의 향상에 달렸다."

🌸 자발성의 측면

연극을 위한 즉흥성에서 바이올라 스폴린Viola Spolin, 1983은 자발성의 일곱 가지 측면자발성 개발이나 행동에 미치는 자발성의 영향과 관련된 요소을 언급하고 있다.

1. 게임. 게임은 관여를 유도하고 진정한 경험하기에 필요한 개인의 자유를 격려하는 하나의 형태다. 개인은 연기에 몰두함으로써 기술을 배우고, 즐기고, 타인과 관계 맺고, 경험하기 위해 개방하는 자유를 느끼게 된다. 게임은 독창성과 풍부한 창의성을 격려하고 환영한다. 사람은 규칙구조 내에서의 자유을 지키는 한 그가 선택한 어떤

방식이나 양식에서 게임의 목표에 도달할 수 있다. 연기할 가치가 있는 어떤 게임은 매우 사회적이며, 그 안에서 해결할 필요가 있는 문제를 갖는다. 학습은 문제를 효과적인 방식으로 해결한 결과다.

2. 인정/불인정. 연기를 할 수 있도록 하는 첫 번째 단계는 개인적으로 자유를 느끼고 문제를 해결하는 데 옳거나 그른 방식이 없다는 것을 이해하는 것이다. 타인에게서 옳음과 그름을 찾는 것은 독창성을 마비시킨다. 자기감이 생기면서 권위주의의 욕구는 사라지고 직관적인 인식이 나타난다. 야기된 문제를 주관적인 측면이나 해석 내에서 작업하는 것은 그 문제를 문제로 보지 않고 촉진자를 포함해서 집단에 있는 모든 사람의 이해를 촉진시키는 하나의 수단으로 볼 수 있게 한다.

3. 집단표현. 이는 '부분의 합은 전체보다 더 크다' 는 측면에서 진정으로 하나의 예술 형식이다. 각 개인의 에너지, 열정, 그리고 아이디어는 집단의 즉흥성을 성공적으로 이끄는 데 중요하다. 동시에 각 구성원은 집단관계의 한 부분이어야 한다. 인식의 훈련과 강화된 감각 수용기관을 통하여, 구성원은 서로에게 팔다리가 되고 행위가 된다. 경쟁은 도움이 되지 않는다. 협력이 도움이 된다. 이러한 훈련의 목적은 연기자가 완전히 개인적으로 참여하면서 상호 의존적으로 함께 작업을 할 수 있도록 하기 위한 것이다.

4. 관객. 관객은 의미 있는 퍼포먼스를 만드는 것이다. 즉흥극에서 관객은 개방된unfolding 연극에 참여한다. 연기자는 관객이 평가나 격려를 하기 위한 것이 아니라 배우와 함께 공유하고 있다는 것을 이해하게 되면 더 자유로워진다. 배우와 관객은 실제로 창조의 파트너다.

5. 연극기법. 이것은 의사소통의 기법이다. 대화를 해 가는 것은 대화에 사용된 방법보다 더 중요하다. 어떤 기법이든 간에 개인이 여러 새로운 상황과 경험에 반응할 수 있도록 인식을 예민하게 하고 생각하기와 관계 맺는 기술을 촉진하는 도구일 뿐이다.

6. 학습과정을 일상생활로 연결하기. 즉흥극을 연기하는 데에는 배워야 할 노선도 없고 연구해야 할 특성도 없다. 개인의 감각장치를 예민하게 함으로써 연기자는 자신의 세계에 있는 환경, 사람들, 그리고 대상과 직접적이고 신선한 접촉을 할 수 있다. 세계에 대해 더욱 폭넓은 관점을 갖게 된 개인은 삶의 모든 측면이 더욱 풍요롭다.

7. 신체화. 이 용어는 물질이 지적 혹은 심리적 접근과 반대되는 신체적, 비언어적 수준에서 연기자에게 제공되는 것으로 그 의미를 설명한다. 경험은 구체적이고 즉시적이다. 연극게임의 중요한 목적은 통찰의 문을 개방하는 신체적 표현의 자유를 격려하는 것이다. 연기자는 세계에 대해 더욱 직접적인 지각을 경험한다. 그리고 그것과 관련하여 자기를 더 개방하게 된다.

✱ 바이올라 스폴린의 연극게임

연극게임을 촉진하고 지도할 때, 참여를 유도하는 공간을 설정하는 것은 매우 유용하다. 연기자는 언제든 기꺼이 참여할 수 있도록 배치되어 있어야 한다. 이는 '무대로' 지정된 곳을 중심으로 모든 사람이 반원으로 앉거나 서도록 했을 때 가능해진다. 촉진자나 감독은 집단의 한 부분으로 참여한다.

오리엔테이션 게임

설명 오리엔테이션은 새로운 연기자에게 즉흥극을 소개하는 중요한 단계다. 연기자와 사람들에게서 실제예, 대상, 감정, 상황를 만드는 것이 학습의 첫 단계다.

지시 한 연기자가 무대로 가서 단순한 활동을 선택하고, 말이나 소리 단서 없이 그것예, 담 색칠하기, 낙엽 쓸기, 요리하기, 바닥 청소하기을 연기하기 시작한다. 다른 연기자는 한 차례에 한 번만 무대로 올라와 이 활동에 같이 참여한다. 연기자는 그들이 처음에 무엇을 해야 할지 모르더라도 참여할 수 있다. 이는 신체화의 좋은 시작점이다.

이 활동은 또한 파트너와 함께 할 수 있다. 집단 내에 라포가 형성되었을 때, 한 구성원아이디어를 갖고 있는이 다른 구성원무엇을 해야 할지 아이디어가 없는을 무대의 중앙으로 데리고 와 활동을 시작하는 것은 대단한 학습 경험이 된다. 예컨대, 연기자는 빗질과 머리를 자르는 동작을 시작할 수 있다. 다른 연기자는 무엇이 묘사되고 있는지를 깨달을 때 그에 참여해서 고객이 되어 반응한다. 연기자는 그들이 무엇을 하고 있는지 정확히 알기도 전에 활동에 참여할 수 있다는 것을 알고 놀라게 된다.

변형 연기자가 짝과 어떤 활동을 하는 동안 다른 구성원은 그 활동을 추측한다. 예를 들면, 테니스, 배구, 계산원, 못 박기, 요리하기, 사진 걸기나 TV 보기, 영화나 스포츠 관람하기 등이다.

관찰게임

설명 관찰기술과 집중능력을 강화시킨다.

지시 연기자의 원 중앙에 놓인 쟁반 위에 12개 또는 그보다 더 많은 실제 사물을 놓는다. 약 15초 후에 쟁반을 덮개로 덮거나 치운다. 연기자들은 그들이 기억할 수 있는 한 많은 사물을 개인 목록에 적는다이 또한 둘씩 짝으로 할 수 있다. 그런 다음 그 목록을 쟁반 위에 있는 사물과 비교해 본다.

3~4명으로 연기하기

설명 연기자에게 이 과제를 수행하기 위해 협력할 필요가 있음을 설명해야 한다.

지시 집단을 3~4명의 소집단으로 나눈다. 각 집단은 그들 모두가 참여하여 행위할 수 있는 가상의 대상을 떠올리도록 한다. 그들은 모두가 같은 일을 하는 공동 행위에 참여하는 것이다. 집단의 목표는 그 대상을 관객이 볼 수 있도록 시각화하는 것이다. 행위의 예는 어망 말기, 정지한 차 밀기, 보트를 물 안 혹은 물 밖으로 당기기, 막대사탕 빨아먹기 등이다.

내 나이는?

설명 이 훈련은 연기자로 하여금 그들의 생각과 그 연령에 있을 법한 고정관념을 탐구할 기회를 주며 다른 사람의 입장이 되어 보도록 해 준다.

지시 촉진자 혹은 감독은 단순한 '장소'를 설정한다. 되도록 버스정거장이 좋다. '벤치'의자, 등받이 없는 의자 등를 관객과 마주 보게 해서 놓는다. 연기자는 종이쪽지에 나이를 적고, 무대에 올라가기 전에 감독에게 준다. 연기자는 마련된 무대에서 종이에 적은 연령대의 연기를 한다. 예컨대, 버스정거장이 사용된다면 아이를 묘사하는 연기자는 무대에서 껌을 씹으며 뛰어다닐 수 있으며, 그런 다음 요요를 가지고 놀고, 안절부절못하며 여기저기 돌아다닐 수 있다. 또 연기자가 성인을 묘사하고 있다면 서류가방을 들고 활발하게 무대에서 걷다가 앉아서 무언가를 적으며, 천천히 걷거나 종종 손목시계를 볼 것이다. 소품은 진짜이거나 가상일 수 있다. 집단의 나머지는 그 연기자의 연령을 추측한다.

장소게임

설명 오리엔테이션 게임과 비슷한 이 게임은 연기자로 하여금 행위가 어디에서 일어나는지 신체적으로 자각한 것을 표현하는 데 초점을 두도록 한다. 장소게임에서 연기자는 세 가지 환경에서 작업하는 것을 배운다. 그것은 즉시적 환경, 일반적 환경, 더 큰 환경이다. 즉시적 환경은 우리에게 가장 친근한 영역의 환경이다. 예를 들면, 우리가 식사를 하는 식탁과 관련된 모든 사물이다. 일반적 환경은 문과 창문 그리고 다른 물건과 함께 식탁이 놓여 있는 방이다. 더 큰 환경은 방 너머에 있는 영역(창밖)이다. 예컨대, 새, 나무, 풍경이다.

지시 연기자는 무대로 나가 즉시적 환경과 일반적 환경에서 자신의 물건들을 사용함으로써 우리에게 그가 어디에 있는지를 보여 준다. 다른 연기자는 그 연기자가 어디에 있는지를 안다고 생각할 때, 인물('누구')을 추정하고 그곳에 들어가 첫 번째 연기자와의 관계를 발전시킨다. 다른 사람은 한 차례에 한 번, 유사한 형태로 그들과 함께 한다. 암시되는 환경은 도서관, 슈퍼마켓, 공항, 병원, 해변, 화랑, 식당, 학교 등을 포함한다.

날씨연기

설명 환경에 대한 연기자의 인식능력을 예민하게 하고 그 환경이 그

의 신체에 어떤 영향을 미치는지 알게 한다.

지시 연기자는 무대로 나가 그가 경험하고 있는 날씨나 기후가 어떤 지를 보여 준다. 다른 연기자는 날씨의 상태를 추측한다. 이때 새로운 연기자가 무대로 간다. 집단은 다음과 같은 질문을 통하여 그 활동을 평가한다. 그는 날씨를 충분히 표현했는가? 연기자는 날씨를 표현하기 위해 자신의 몸을 사용하였는가? 예컨대, 더운 기후의 경우 몸에 달라붙은 옷을 입고, 얼굴에 흐르는 땀을 닦고, 신발을 벗었는가? 그는 날씨나 인물에 초점을 두었는가? 날씨나 상황은?

단어게임

설명 제스처 게임**몸짓놀이**과 비슷하다.

지시 집단을 팀으로 나눈다. 각 팀은 한 단어를 선택하는데, 그 단어는 개별 단어를 형성하는 음절로 나뉠 수 있어야 한다. 감독은 이 단어들을 미리 선택해 놓고 그 과정을 촉진하기 위해 첫 글자로 구분해 놓는다. 예컨대, 'industrial' 은 'inn' 'dust' 'trial' 로 나누어진다. 집단은 실연된 그 단어를 추측한다. 추천하는 다른 단어로는 window**win doe**, planet**plan eat**, carpool**car pool**이 있다. 배우는 무언극**제스처, 움직임, 얼굴 표정**을 사용하여 말을 하지 않고 자신의 팀원에게 이 단어를 전달해야 한다.

변형 각 개인은 말을 하지 않고 영화나 노래의 제목과 같은 짤막한 말을 몸으로 행위하는 표준화된 제스처 게임의 형식을 사용한다.

2인 신체 조각하기

설명 다른 사람의 성격에 대한 민감성을 개발하고 공간인식 능력을 향상시킨다.

지시 집단을 둘씩 짝짓는다. 각 짝에서 한 사람은 '조각가'가 되고, 다른 한 사람은 '점토'가 된다. 조각가는 자신이 지각한 대로 자신의 성격또는 그 성격의 어떤 측면을 파트너의 신체를 통해 표현한다. 이것을 번갈아 가면서 한다.

4인 신체 조각하기

설명 내담자의 촉각과 공간인식 능력을 예민하게 한다.

지시 집단을 4명씩 구성한다. 한 사람은 조각가가 되고, 다른 한 사람은 점토가 된다. 다른 두 사람은 눈을 감고 있다. 조각가는 그 점토를 어떤 상태로 조각한다. 이때 눈을 감고 있는 두 사람은 눈을 감은 채로 새로운 조각가와 새로운 점토가 된다. 이 새로운 조각가는 만들어진 조각의 상태를 느끼고 두 번째 점토가 된 그 사람을 이용해서 만들어진 조각을 다시 표현한다. 완성된 후에는 두 개의 조각을 비교해 본다.

라디오와 TV 훈련 – 이동 리포터

설명 이것은 상상력을 훈련하고, 빠르게 사고하며, 사회적 경험을 하도록 하는 데 목적이 있다.

지시 감독은 장소나 상황예, 올림픽게임, 지금 혹은 어린 시절을 제안한다. 연기자에게 어떤 연령이나 배경을 가진 인물유명한 사람이거나 평범한 사람일 수 있는을 가장하도록 하고 그 장소의 즉시적 환경에서 상호작용을 하도록 한다. 면접관으로 연기하는 연기자는 면접을 진행하다가 "동작 그만."이라는 말이 들릴 때 행위를 멈추게 될 것이다. 이때 모든 연기자는 면접 동안에 어떤 말이 진행되었는지 들을 수 있어야 한다. 이동 리포터나 면접관은 모든 연기자를 면접할 때까지 관객 사이를 돌아다닌다.

소품 돌리기

설명 이는 창조적 사고력을 개발하는 좋은 워밍업 활동이다.

지시 연기자를 원으로 둘러앉도록 한다. 하나의 소품을 원 주위로 전달하는데, 각각의 연기자는 그것을 원래 의도된 것에서 새롭고 다른 어떤 것으로 변형시켜야 한다. 예컨대, 다 쓴 화장지의 원통 모양의 속지는 전화기의 수화기나 핸드 마이크가 될 수 있다. 사용한 아이디어는 반복될 수 없다. 원 안의 다른 연기자는 그 소품이 전달되기 전에 그것이 무엇인지 추측해야 한다. 연기자가 다른 용도를 생각하지 못하면 그 물건을 다른 연기자에게 넘길 수 있다. 이 활동은 연기자들이 새로운 아이디어를 생각하는 것이 어려울 때까지 계속된다.

종이가방 연극

설명 창조성과 협력기술을 훈련한다.

지시 연기자를 소집단으로 나눈다. 각 집단에게 5~6개의 일상적인 물건이 들어 있는 종이가방을 전달한다. 집단에 똑같은 물건을 줄 수도 있고 주지 않을 수도 있다. 각 집단의 과제는 그들에게 전달된 물건을 짧은 촌극skit에 포함시키는 것이다.

세 명의 마법사

설명 이 활동의 목적은 연기자가 어떤 질문에 대한 답을 찾기 위해 함께 작업하도록 하는 것이다.

지시 3명의 지원자에게 부탁한다. 그들은 함께 '세 명의 마법사'가 되고 어떤 질문에 대답할 수 있다. 각각의 마법사는 한 번에 한 단어만 가지고 반응할 수 있다. 첫 번째 마법사가 '왜냐하면'으로 답변을 시작하면, 두 번째 마법사는 첫 번째 답변에 자신의 단어를 연결시키고, 세 번째 마법사는 두 번째 답변에 연결시킨다. 이 세 명의 패널은 질문에 대한 답변에서 하나의 완벽한 진술이 되도록 단어를 연결시켜야 한다. 예컨대, 제기된 질문이 "지구는 왜 둥글까?"라면 그 대화는 다음과 같이 진행될 수 있다.

첫 번째 연기자: "왜냐하면……"
두 번째 연기자: "만약……"
세 번째 연기자: "그것이……"
첫 번째 연기자: "둥글지……"
두 번째 연기자: "않았다면……"
세 번째 연기자: "그때……"
첫 번째 연기자: "그것은……"
두 번째 연기자: "그……"
세 번째 연기자: "태양의……"
첫 번째 연기자: "주위를……"
두 번째 연기자: "공전……"
세 번째 연기자: "할 수 없었을 거야…….."

진술이 완성되기만 하면 그 답변은 의미를 가질 필요가 없다. 집단 구성원에게 세 명의 마법사 질문에 참여하도록 요청하라. 시간이 어느 정도 지나면 연기자를 교체해서 그들이 세 명의 마법사가 되게 한다.

감정 표현하기

설명 연기자에게 그들 내면에 있는 감정을 접촉하고 표현하도록 격려한다.

지시 모든 사람에게 둥근 원을 만들도록 하고 얼굴이 중앙에서 밖을 향하도록 한다. 리더가 감정의 종류를 말하면 연기자는 마치 그들이 특정한 시기에 특별한 감정을 느꼈던 것처럼 그에 반응한다. 연기자가 그 감정을 연기하는 동안, 리더는 다음 감정으로 넘어간다.

어떻게 느끼는지 보여 줘 게임

설명 연기자는 비교적 단순한 그들의 감정을 표현한다.

지시 이는 차례대로 참여자가 아래의 특정한 상황 중 한 상황에서 어떻게 느낄 수 있는지를 조용히 표현하도록 요구하는 얼굴 표정과 몸 제스처를 통해서 무언극 게임이다. 다음과 같은 상황에서 어떤 느낌이 드는지 표현하게 한다.

- 배가 아플 때
- 태양이 빛날 때
- 아이스크림을 먹을 때
- 간호사가 주사를 놓을 때
- 팔을 다쳤을 때
- 밖에서 놀 때
- 같이 살지 않는 부모가 방문했을 때
- 병원에서 퇴원하도록 허락되었을 때

음악에서 감정의 교향곡

설명 목적은 사람들이 공동으로 작업하고, 감정을 표현하며, '지휘자'에게 주의를 기울이도록 하는 것이다.

지시 이것은 두 가지 방법으로 진행될 수 있다. 한 가지 방법은 집단을 소집단으로 나누고 각 집단에게 하나의 감정과 그에 동반하는 소리를 선택하도록 요구하는 것이다. 다른 한 방법은 전체 집단원에게 실시하는 것으로 각 집단원에게 하나의 감정과 그것을 묘사하는 소리를 선택하도록 요구하는 것이다. 촉진자는 지휘자로서, 교향곡을 창조하는 사람으로서 연기를 한다. 각 개인혹은 소집단을 지목하게 되면 연기자는 소리를 표현한다. 개개인 모두혹은 집단가 그들의 소리를 표현한 후, 지휘자는 마치 그들이 오케스트라의 악기처럼 교향곡을 창조하도록 이러한 놀이를 사용한다. 모든 사람은 신호에 따라 시작하고 멈추고, 음량을 높이고 줄이고, 속도를 빨리 하고 느리게 하기 위해 지휘자에게 면밀히 집중해야 한다. 나중에 집단은 무슨 감정이 어떻게 표현되었는지 추측할 수 있다. 촉진자가 시범을 보인 후 교대로 자원자를 선발하여 지휘자 역할을 하도록 한다.

🔵 부가적인 연극게임

즉석 답변

설명 새로운 집단에서 어색한 분위기를 깨기 위해 흔히 사용하는 이름게임이다.

지시 연기자에게 하나의 큰 원을 만들도록 한다. 각 개인은 그 집단의 나머지 사람에게 자신을 설명할 기회를 가질 것이다. 각각의 연기자는 원 가운데 들어가면서 자신을 설명할 독특한 걸음이나 동작을 할 것이고, 가운데 들어가면 연기자는 이름으로 자신을 소개하고 본래의 자리로 돌아갈 것이다. 연기자가 자기 자리로 되돌아가게 되면 집단의 나머지는 그의 동작과 이름을 따라 할 것이다. 차례대로 모든 연기자는 각각 다른 동작을 하면서 자기를 소개한다.

나의 걸음을 걷기

설명 이것은 사람들의 특성을 확인하고 그것을 동작으로 변형하는 좋은 활동이다.

지시 연기자가 중앙에 충분한 공간을 확보한 상태에서 둥글게 서게한다. 사람들이 걷는 여러 가지 방식에 대해 설명하면서 몇 가지 예를 보여 준다. 예컨대, 스파이는 발끝으로 살금살금 걷고, 패션모델은 배운 대로 꼿꼿한 자세로 걷는다. 연기자는 특정한 걸음을 걷는 역할을 선택한다. 몇몇 상황은 다음과 같다.

• 줄타기 곡예사	• 피곤한 사람
• 달 위의 우주비행사	• 문턱 위에서 창문을 닦는 사람
• 보디빌더	• 북극의 탐험가
• 걸음마를 배우는 아기	• 서커스 광대
• 행군하는 군인	• 90세 노인

각각의 연기자는, 집단원이 그가 누군지 추측해야 하기 때문에 몇 번원을 가로질러 걷는다. 누군가가 정확하게 추측하면 전체 집단원이 그걸음을 따라서 걷고, 그런 다음 또 다른 걸음을 보기 위하여 다시 원을 만든다.

사슴 전달하기

설명 마음을 일깨우는 데 도움이 되는 또 다른 좋은 워밍업 활동이다.

여기서 초점을 두는 것은 창조적이고 빠르게 사고하는 것이다.

지시 모든 사람을 둥근 원으로 서게 한다. '사슴'은 연기자가 서로 쉽게 던질 수 있는 물건으로서 장갑, 콩주머니 혹은 고무공으로 바꿀 수 있다. 사슴을 원 안의 한 연기자에게 던진다. 사슴을 잡은 사람은 이야기를 시작해야 한다. 즉석에서 만든 어떤 이야기도 좋다. **이야기를 시작하는** 이 연기자는 친근하게 '옛날 옛적에'로 시작할 수도 있고, 그가 선택한 다른 방식으로 이야기를 시작할 수도 있다. 사슴을 잡은 연기자는 또 다른 연기자에게 던지는데, 그는 무조건 잡고 이야기를 시작해야 한다. 마지막 연기자의 이야기에 연결하려는 시도가 있는 한, 이야기는 어떤 형식으로도 가능하다. 연기자는 사슴이 아무리 빠르게 전달된다 할지라도 이야기의 흐름을 깨서는 안 된다. 사슴을 갖고 있는 사람은 단지 몇 마디일지라도 다른 연기자에게 사슴을 전달하기 전에 말을 해야 한다.

누가 동작을 시작했을까

설명 집단의 동작에서 미묘한 변화를 감지하려는 시도를 통해서 다른 사람을 관찰하는 기술과 인식능력을 강화한다.

지시 연기자들이 둥글게 앉는다. 사람들이 동작을 시작하는 주동자를 선발하는 동안 한 명의 연기자를 방 밖으로 내보낸다. 이미 집단에서 동작이 진행되고 있을 때, 방 밖의 연기자를 다시 들어오게 한다. 그는 원 가운데 서서 동작을 만드는 주동자가 누구인지 찾아야 한다. 여기서 주동자는 발 구르기, 머리 흔들기, 손 움직이기 등과 같은 동작을 만들고, 원할 때는 언제든지 동작을 바꿀 수 있다. 다른 연기자는 주동자의 움직임을 따라 하고 중앙의 연기자가 주동자의 정체를 추측하지 못하도록 노력해야 한다. 사전에 주동자의 정체를 더 잘 숨기도록 하기 위해 연기자들에게 주동자의 동작을 잘 따라 하도록 하고, 주변의 시각을 이용해서 주동자를 세밀히 관찰하도록 지시한다. 중앙의 연기자가 주동자를 찾게 되면 그를 대신할 다른 두 명의 연기자를 선발한다.

철저한 거짓말

설명 상상력과 유머를 사용하는 좋은 워밍업 활동이다.

지시 열쇠, 반지, 연필 혹은 가위와 같은 작은 물건을 하나 선택한다. 연기자들은 원으로 둘러앉아 있고 선택한 그 물건을 다른 연기자에게 전달하도록 한다. 선택된 물건이 그 방의 연기자에게 전달됨에 따라 물건을 건네받은 연기자는 집단의 나머지 사람에게 들려줄 믿을 수 없는 이야기나 판타지를 생각해 내야 한다. 예컨대, 열쇠가 선택되었다면 이야기는 다음과 같을 수 있다. "이 열쇠는 지중해 바다 밑에 있는 포트 녹스Fort Knox 보물상자보다 더 가치 있는 보물상자를 여는 열쇠다." "이 열쇠는 한 남자가 전쟁에서 전투를 하는 동안 총탄을 막아 그의 목숨을 구했다." 모든 사람이 이야기를 마쳤을 때, 집단에게 어떤 거짓말이 가장 재미있었는지 묻는다.

누구 혹은 '나는 누구?' 게임

설명 이 게임은 연기자들이 모르는 상황을 해결하고 주의 깊게 생각하는 것을 돕는 활동이다.

지시 연기자들을 원으로 앉힌다. 한 명의 연기자가 방을 나간다. 남은 집단원은 방을 나간 연기자의 직업이나 신분을 결정한다. 한 연기자통보자는 방을 나간 연기자가 방으로 돌아왔을 때 일어나 그와 대화를 시작한다. 통보자는 방으로 돌아온 연기자에게 집단이 정해 준 직업이나 신분을 갖고 있는 것처럼 이야기한다. 돌아온 연기자는 대화를 계속해야 하고 대화의 지시에 따라 자신의 신분을 추측해야 한다. 그 방 안에 있는 모든 사람은 이 연기자를 제외하고 그의 신분을 안다. 통보자와 진행된 대화에서의 질문과 답변은 너무 쉬워서는 안 되지만, 돌아온 연기자의 신분에 대한 단서는 주어야 한다. 돌아온 연기자가 자신의 직업을 추측할 때, 관객은 승인과 동의를 표시하기 위해 박수를 보낸다.

토크쇼

설명 이 게임은 '누구 게임'을 진전시킨 것이다.

지시 두 명의 연기자는 그들이 표현할 두 명의 인물을 선택하기 위하여 방을 나간다. 그 인물은 실제 인물이거나 허구적 인물일 수 있고, 살아 있거나 죽은 사람일 수 있으며, 집단의 모든 구성원이나 대부분의 구성원에게 잘 알려져 있어야 한다. 방을 나간 두 명이 대화를 이끌어 나갈 수 있도록 그 두 인물이 음악, 스포츠 혹은 정치와 같은 공통의 관심사를 가지고 있다면 대개 유용하다. 그런 다음 두 연기자는 집단에 다시 돌아오고 TV 토크쇼에서 볼 수 있을 법한 두 명의 유명한 인물이 만난 것과 같은 상황의 대화를 시작한다. 연기자들에게 서로 이름을 폭로하지 않도록 주의하게 해야 한다. 다른 연기자_{관객}는 인터뷰하는 그 두 사람이 누구인지 추측한다. 두 인물의 신분을 추측하고 싶어 하는 집단 구성원은 그들의 이름을 부르지 않고 그들의 신분과 직접 관련이 있는 질문을 한다. 예컨대, 추측한 두 유명 인물 중 한 명이 조지 워싱턴이라면 질문은 이러할 것이다. "당신의 나무로 된 이에서 가지가 나오나요?" 이 추측이 틀리고 그 연기자가 조지 워싱턴이 아니라면 그는 이렇게 답할 수 있다. "내 이 모두는 진짜이기 때문에 나무로 된 이를 사용할 필요가 없습니다." 관객 **집단 구성원**은 그 인물의 정체를 많은 사람이 아는 것처럼 보일 때까지 질문을 계속한다. 리더는 그 인물이 누구이며 어떻게 그런 결론을 내리게 되었는지 관객에게 묻는다. 대개 집단은 일치하지만, 때때로 어떤 인물은 흥미 있는 토론을 하도록 하는 여러 사람 중 한 명일 수 있다. 이 게임은 집단 구성원이 그들의 정체를 밝히라고 요청할 때 끝난다.

거울

설명 이것은 주의를 집중하도록 돕고 연기자에게 리더와 추적자가 되도록 가르친다.

지시 집단을 둘씩 짝짓고 서로 마주 보도록 한다. 한 연기자가 단순한 동작을 천천히 하면 파트너는 그 사람의 거울이 되어 따라 한다. 그런 다음 역할을 바꿔서 진행한다. 소품을 사용할 수 있다. 5분 후 모든 사람이 둥글게 앉도록 한다. 두 명의 연기자를 선발한다. 그들은 두 사람 중 누가 거울 역할을 할 것인지 비밀스럽게 결정한다. 다른 연기자가 '거울'을 들여다보는 동안 손 씻기나 옷 입기와 같은 단순한 활동을 묘사한다. 관객은 누가 거울인지 결정해야 한다. 연기자가 서로에게 주의를 더 집중할수록 그들은 더욱더 일치하게 될 것이고, 관객은 거울을 찾는 것이 더욱 어려워질 것이다.

잔물결

설명 이 게임은 스포츠 행사 때 하는 '파도타기' 모양과 유사하다.

지시 리더로 뽑힌 사람 뒤로 집단을 한 줄로 모이게 한다. 이 게임의 목적은 리더의 동작을 직접 따라 하기보다 집단의 각 구성원이 자기 앞 사람의 동작을 따라 하도록 하는 것이다. 리더는 그 줄에 전달될 동작을 시작한다. 리더가 손을 위로 올리면 두 번째 사람은 리더를 따라 하고, 세 번째 사람은 두 번째 사람을 따라 하는 식으로 한다. 리더는 방 주위를 돌아다니지 않고 그 자리에서 팔다리를 움직이고, 굽히고, 기울이는 등의 동작을 한다. 이 활동에서 두 번째 리더는 첫 번째 리더의 동작을 따라 하고, 집단 구성원은 위의 방법으로 동작을 따라 한다. 역할을 바꿀 때에는 리더에게 말한다. 멋진 마무리를 위해서 집단을 4개로 나누고 큰 X자 형태로 4명의 리더가 서로 마주 보도록 한다. 2명의 리더가 움직임을 시작하면 그들 반대편에 서 있는 두 명의 리더가 그 동작을 따라 한다. 예컨대, 리더 C는 리더 A의 움직임을 따라 하고, 리더 D는 리더 B의 움직임을 따라 한다. 그리고 두 집단의 구성원은 앞에서 언급한 것처럼 앞 사람을 따라 한다. 이 활동은 장엄한 무용 퍼포먼스를 만들기 위하여 음악을 활용할 수 있다.

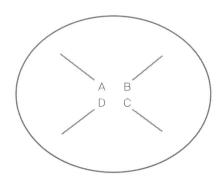

립싱크

설명 이것은 협력과 팀워크를 개발하기에 좋은 활동이다.

지시 한 번에 네 사람이 연기한다. 두 명은 배우가 되고 두 명은 보조배우가 된다. 집단의 나머지는 관객이다. 두 명의 배우는 두 명의 인물과 하나의 상황이 포함되는 실생활극을 결정한다. 그 예는 다음과 같다.

• 휴가 중인 두 사람이 타고 가던 차에 연료가 떨어진 경우
• 금연 구역에서 담배를 피우고 있는 사람과 비흡연자
• 음식점에서 그가 한 주문을 계속 바꾸는 사람과 인내심을 잃은 웨이터
• 캥거루(혹은 다른 불필요한 물건)를 누군가에게 팔려고 하는 전형적인 방문 판매원

배우와 보조배우는 실제로 대화를 결정하지 않고 매우 개략적인 이야기의 개요를 가지고 작업한다. 배우는 무언극으로 퍼포먼스를 실연한다. 무대 밖에서_{보이지 않는 곳에서} 보조배우는 말로만 참여한다. 퍼포먼스가 진행됨에 따라 배우와 보조배우는 궁극적으로 서로에게 영향을 미치게 되며, 이때 자발적인 반응이 일어나기 시작한다. 배우와 보조배우는 자주 바꿔서 모든 사람에게 적어도 한 번씩 배우나 보조배우가 될 기회를 준다.

변형게임

설명 이 게임은 많은 시간을 들이지 않고 협력을 요구하는 팀 구축활동이다.

지시 집단을 두 팀으로 나눈다. 이 게임의 목표는 당신이 무엇을 말하든지 그것에 대하여 연기자가 가능한 한 빨리 몸으로 묘사를 하도록 하기 위한 것이다. 어떤 사물의 이름을 부른다. 이때 팀 구성원은 그러한 사물의 형태가 되도록 자신들을 배치해야 한다. 예를 들어, 당신이 '헬리콥터' 라고 말하면, 연기자 모두 프로펠러, 조종실, 착륙장치를 서로 연결하여 어떻게든 만들어야 한다. 변형을 위한 다른 아이디어는 현수교, 배, 대성당, 국회의사당의 둥근 지붕, 나무, 폭포, 트럭, 버스, 초고층 빌딩 등이다.

실생활극

설명 스토리텔링 능력과 줄거리 구성능력이야기를 시작, 중간, 끝으로 구성하여 말하기을 개발한다.

지시 연기자를 바닥에 둥글게 앉도록 하고, 다음과 같이 그들에게 일어났던 가장 재미있고 극적이고 두려운 상황을 이야기한다. 예컨대, 길을 잃었던 일, 공을 가지고 재미있게 놀았던 일, 병든 새나 동물을 구조한 일, 사고가 났던 일, 퍼레이드 때 말을 탔던 일 등이다. 각각의 연기자가 이야기를 하는 시간은 1분으로 제한한다. 모든 사람이 이야기를 한 후 집단을 5~6명씩 소집단으로 나눈다. 각 집단은 짧은 촌극으로 조합될 수 있는 각 개인의 이야기에서 몇 개의 요소를 선정한다. 승리의 터치다운을 향해서 목표 지점을 가로지르는 동안 어린 새를 물어 올리는 것 같은 상상의 조합을 격려한다. 각 집단은 차례로 다른 연기자와 관객을 위해 이 촌극을 극화하게 된다.

도시 혹은 시골

설명 이는 무언극의 촌극 형태로 진행된다.

지시 집단을 2~3개의 팀으로 나눈다. 각 팀에게이미 준비된 상황이 적힌 카드를 전달한다. 이러한 상황은 도시 혹은 시골에 위치한다. 그 예는 다음과 같다.

도시	시골
• 중년 부인이 만원 버스를 타고, 순조롭게 뒤로 들어가 시내를 간다. • 학교 건물에서 불이 나자 교사가 놀란 학생들을 대피시킨다. • 밤새 만찬을 즐기는 사람	• 정원에서 자라는 꽃의 배열 • 낮은 곳의 나뭇가지를 주식으로 하는 기린이 다정한 코끼리 떼와 합류한다. • 다가오고 있는 폭풍

각 팀은 그들의 상황을 묘사하는 즉흥극에서 누가 무엇을 할지를 결정하기 위해 5분간의 시간을 갖는다. 5분 뒤 각 집단이 사람들 앞에서 실연을 하면 관객은 그 상황이 어떤 것인지 추측한다.

실컷 웃기

설명 순수하게 즐기고 분위기를 유쾌하게 만드는 게임이다.

지시 집단을 두 팀으로 나눈다. 한 팀은 머리이고 다른 한 팀은 꼬리다. 리더는 동전을 손톱 끝으로 튕겨서 바닥에 떨어지게 한다. 만약 동전의 머리_{동전의 앞면}가 나오게 되면 머리 팀은 웃기 시작하는데, 상대팀이 웃거나 미소 짓도록 만들어야 한다. 두 팀은 서로 눈을 보고 해야 한다. 시간은 대충 3분 정도로 제한한다. 꼬리 팀_{동전의 뒷면}은 웃거나 미소를 짓지 않고 단호한 태도를 보여야 한다. 연기자가 웃게 되면 다른 팀에 합류되어야 한다. 일단 꼬리 팀 전체_{웃는}가 상대 팀에 합류되거나 시간이 끝나게 되면 동전을 한 번 더 던진다. 이 게임은 모든 사람이 한쪽 팀으로 가게 될 때 끝난다.

무언극

설명 연기자는 무언극_{동작, 제스처, 얼굴 표정 등}으로 상황을 전달하려 노력한다. 말을 해서는 안 된다. 관객은 무언극으로 상황을 추측해야 한다. 모든 사람이 차례로 상황을 행위로 표현해야 한다. 이는 상황을 전달하는 데 걸리는 시간을 놓치지 않으면서 팀 단위로 진행할 수 있다. 다음은 가능한 상황의 예다.

- 바나나 먹기
- 바이올린 연주하기
- 테니스 치기
- 크로켓 하기
- 테니스 게임 구경하기
- 성가신 모기 잡기
- 줄타기
- 곡예하기
- 양말 신기
- 턱수염을 깎는 남자
- 거들 입기
- 컬러(curler)로 머리 말아 올리기
- 빨래 널기
- 소젖 짜기
- 교통정리를 하는 경찰
- 훌라후프 하기
- 넥타이 매기
- 빨래판으로 옷 빨기
- 하프 연주하기
- 낚싯줄을 던져서 물고기 잡기
- 립스틱 바르기
- 아기 트림시키기
- 트롬본 연주하기
- 관현악 지휘하기
- 보트 노 젓기
- 카누 노 젓기

- 왈츠 춤추기
- 매니큐어 바르기
- 소풍 가서 수박 먹기
- 타자기로 타자 치기
- 야구공 던지기
- 선거에서 투표하기
- 바늘에 실 꿰기
- 팬케이크 만들기
- 결혼 준비하기
- 딱딱한 나무에 못 두드려 박기
- 교회에서 지루한 목사의 설교 듣기
- 공포영화 관람하기
- 스퀘어 댄스 추기
- 캠프파이어에서 고구마 굽기
- 주사위 게임에서 거금을 걸고 도박하기
- 삽으로 눈 치우기
- 치과 가기
- 낚싯바늘에 지렁이 끼우기
- "나쁜 것은 듣지도 보지도 말하지도 않기"
- 베이스 드럼, 심벌즈, 트라이앵글 등 연주하기
- 뱃사람의 혼파이프 불기
- 콘서트장에서 열정적으로 피아노 연주하기

집단 포옹

설명 이것은 집단의 응집력을 향상시키고 서로 좋은 감정을 갖도록 한다. 연극 회기를 마칠 때도 적절하다.

지시 집단원 전체가 손을 잡고 둥글게 서 있게 한다. 그리고 그들의 팔

이 최대한 펴질 때까지 뒤로 물러나게 한다. 집단원에게 손을 절대 놓지 않고 천천히 원 중앙으로 걸어 들어가게 한다. 집단이 다시 더 큰 원을 만들도록 한다**천천히 뒷걸음질로**. 마지막으로 전체 집단원이 하나가 되어 서로 팔짱을 끼거나 집단 포옹을 하고는 이 회기를 통해서 배웠던 것을 나누도록 한다.

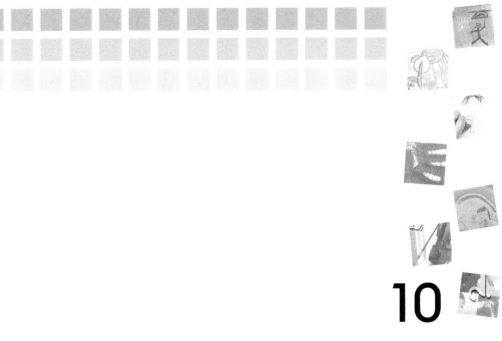

10

Therapy Techniques: Using the Creative Arts

연극

연극치료_{drama therapy}는 세 가지 치료기법, 즉 역할극, 사회극 및 심리극을 포함하는 일반적인 용어다. 이들 기법 모두는 상황을 행위화 _{acting out}하는 것이 개인의 행동과 심리를 변화시킬 수 있다는 원리에 기초하고 있다. 웹마스터 사전에 따르면 연극_{혹은 드라마}은 "흥미 있거나 외부 힘의 강력한 갈등을 포함하는 어떤 상태, 상황 혹은 일련의 사건들"이다. 연극은 소우주에서의 삶, 행위, 그리고 반응이다.

치료적 양식으로서 연극의 기법을 사용하기로 선택한 치료사는 문제중심의 역할극_{role playing}에서부터 _{잠재적으로} 정서적 측면이 강한 심리극_{psychodrama}에 이르기까지 각 유형의 목적을 알고 있어야 한다. 이렇게 함으로써 그들은 적절한 극적 강도의 수준에서 내담자에게 적용할 수 있게 될 것이다.

역할극

역할극은 심리극에서 발전한 것이지만 정서적 경험이 덜 강하다. 이는 친구나 가족 구성원과의 혼란스러운 상호작용에 대해 새롭게 반응하도록 하고, 사회적 기술을 훈련하게 하며, 화가 난 사람들에게 맞서도록 돕는 하나의 도구다. 안전한 환경에서 실생활 문제를 탐구할 수 있다. 역할극은 문제 중심적이며, 확인된 문제에 대해 대안적이고 좀 더 효과적인 접근을 모색하는 것이 그 목적 중의 하나다. 또 다른 목표는 행동의 정신 역동을 탐구하기_{예, 내가 왜 이렇게 하지?}보다 행동을 변화시키는 것이다. 이 과정의 일차적인 측면이 새로운 행동을 학습하는 것이기 때문에 내담자가 실천한 행동의 효과성에 대해 피드백을 받는 것은 중요하다. 내담자는 그들의 행동이 만족스러울 때까지 혹은 그들의 불안을 잘 다룰 수 있을 때까지 이러한 행동을 계속해서 연습할 수 있다.

역할극 활용을 위한 지침

역할극은 다음과 같을 때 효과적이다.

- 치료사가 집단 구성원이 타인이 보는 것처럼 자신들을 바라보기 원할 때
- 집단이 개인이나 집단의 성장을 증진시키기 위해 현재 사용된 활동이나 방법에서 속도의 변화가 필요할 때
- 특히 관련된 문제가 발전하게 된 곳이 부부, 형제자매, 직장 동료 혹은 그 밖의 관계일 때
- 우리가 스스로 웃을 수 있도록 하거나 삶의 '극$_{drama}$'과 그 굴레에서 빠져나오게 할 때

무대 장면

집단을 위해 몇 개의 의자가 원 안에 배치되어 있다. 역할극의 특성에 따라 하나 이상의 의자가 원 가운데 배치될 수 있다. 거품이 나오는 막대, 바타카, 베개와 같은 소품을 감정 표출이 필요한 내담자에게 이용할 수 있다.

워밍업: 주인공을 선발하는 과정

긍정적인 학습 경험을 만드는 관점에서 본다면 주인공 역할을 함으로써 도움이 될 수 있는 집단 구성원을 선발하는 것이 중요하다. 다음의 워밍업 질문과 고려할 사항으로부터 얻은 정보를 평가하는 것은 주인공을 선발하는 데 도움을 줄 수 있다.

집단을 위한 워밍업 질문

- 만약 당신에게 15분이 주어졌다면 누구를 불러서 어떤 이야기를 하겠는가?
- 당신은 어떤 사람에게 미해결 과제를 갖고 있는가?
- 빈 의자가 당신이다. 당신은 그 빈 의자를 볼 때 어떤 생각이 드는가? 그리고 그 의자에게 어떤 이야기를 하겠는가?

고려할 사항

- 일반적으로 주인공은 워밍업에서 드러난 정서적 영향력의 정도에 따라 선발되어야 한다.
- 마지못해 하는 주인공은 피한다.
- 작업하고 싶은 의지를 표현하는 주인공은 고려한다.
- 진행 중인 집단일 경우 누가 오늘 작업하고 싶은지 그들에게 물어서 선택할 수 있으며, 이때 주어지거나 제시된 상황에서 선발할 수도 있다.
- 의심스러울 때는 기다리고 인내한다. 워밍업 시간을 연장해서라도 그렇게 하라. 전체 회기가 워밍업 활동으로 진행될 수도 있다.

행위의 목적

- 변화를 자극하기. 만일 개인이 타인과의 관계에서 자발적이고 창
조적인 방식으로 자신의 행위를 경험한다면, 그리고 주고받음으
로써 타인을 경험한다면, 그 사람은 자기 자신과 자신의 우주에
대해 새롭게 인식하게 될 것이다. 이는 삶의 모든 측면에 대해 유
익한 효과를 가져올 수 있다. 행위의 자발성은 기존의 행동 패턴
을 중단하고 새로운 상황에 적절하게 반응하도록 하거나 기존의
상황에 새롭게 반응하도록 할 수 있다.
- 생활 상황의 맥락 안에서 대안을 제공하기
- 주인공이 위협적이지 않은 환경에서 어떤 상황을 행위화하도록
허용하기. 지지적이고 비판단적인 분위기가 중요하다.

이중자아의 선발과 이용

이는 주인공을 선정한 후에 취하는 첫 번째 단계다. '이중자아
double'는 주인공의 성격이나 행동의 어떤 측면을 취하는 주인공의 분
신이다. 누가 이 역할을 맡느냐는 다음 방법 중 하나를 이용하여 결정
한다.

- 주인공에게 집단에서 누군가를 선택할 수 있다면 누가 자신을 도
울 수 있을 만큼 충분히 자기 자신을 잘 아는지 묻는다.
- 집단원에게 이중자아의 역할을 하기에 그 상황에서 적절한 사람
이 누군지 묻는다.

이중자아의 역할

이중자아는 다음과 같은 역할을 한다.

• 주인공을 지지하거나 주인공의 거울이 될 수 있다. 또한 주인공이 나누고 싶지 않은 생각과 감정을 표현할 수 있다.
• 주인공이 깊이 생각하도록 반대의 관점을 표현할 수 있다.
• 감독으로부터 단서를 찾아낸다.
• 주인공을 그대로 따라 해야 하고 주인공의 생각과 감정에 대해 같이 느끼고 같이 생각하려고 해야 한다.
• 자신을 위해서가 아니라 주인공을 위해서 이야기한다.

때로 주인공은 이중자아와 일치하지 않을 수 있다. 감독은 이것이 하나의 선택이라는 것을 확실히 하기 위해 행위를 통해 주인공과 함께 과거를 점검할 필요가 있다. 한 명 이상의 이중자아를 이용할 수 있다. 다음은 이중자아를 이용한 두 기법에 대해 더 깊은 시각을 갖게 한다.

이중자아에 의한 거울 보기

이중자아의 목적 중 하나는 주인공이 자기 자신을 볼 수 있도록 하여 어떤 이미지를 투사시키는 것이다. 예컨대, 주인공이 그가 말한 것을 부모가 결코 듣지 않았다는 사실을 부모에게 표현한다면, 이중자아는 주인공과 같은 어조로 "어머니는 내가 말한 것과 내가 어떻게 느끼는지 결코 듣지 않았어요!"라고 말할 수 있다. 이는 주인공으로 하여금 부모가 이 말을 어떻게 인식할 수 있는지를 보고 듣게 해 준다. 이것은 상황의 현실에 대해 다른 차원에서 보고 자기 지각을 갖도록 한다.

역할극에서 역할 바꾸기

역할 바꾸기는 주인공에게 '다른 사람의 입장'에서 보고 느낄 수 있는 기회를 제공한다. 이는 주인공이 자신보다 다른 사람의 지각과 관점을 인식하도록 돕는다. 또한 주인공과 관련된 장면에 있는 다른 사람(주인공 옆에 있는)을 소개한다.

행위에서 역할극

이 세 가지 기법(이중자아, 거울 보기, 역할 바꾸기) 중 하나 혹은 모두는 역할극 내에서 사용될 수 있다. 행위는 과거, 현재, 미래에서 혹은 상상 속에서 진행될 수 있다.

반응을 나누기

이는 집단원이 행위에서 주인공을 어떻게 동일시했는지를 나눔으로써 집단원 전체가 참여할 수 있는 유일한 시간이다. 어떤 해석도 허용되지 않지만 직접 체험을 통한 동일시와 마음으로 느낀 반응을 격려한다.

마무리

마무리는 두 가지 중요한 기능을 충족하기 위해 진행된다.

- 주인공을 지지하고 그의 노력에 감사하기 위해
- 서로 지지적인 느낌을 나눌 기회를 집단에게 제공하기 위해

🌸 역할극을 적용할 수 있는 생활 상황

여기에서는 역할극을 위한 여러 아이디어를 제시한다. 이는 두 개의 영역으로 체계화되는데, 첫 번째 영역에는 보다 특정한 상황의 집단에서 진행되는 사회적 기술을 향상시키는 역할극을 위한 일반적인 아이디어가 포함된다.

개인적 관계(친구, 친척, 이웃)

칭찬을 주고받기
- 당신이 잘했다는 말을 듣는 것
- 당신이 그런 방법을 좋아한다고 누군가에게 말하는 것
- 머리, 옷, 스타일 등에 대해서 다른 사람을 칭찬하는 것

감정을 직접 말하기
- 당신이 일생을 걸고 싶은 일을 찾았을 때와 부모가 그것을 반대

할 때

- 비밀을 지키지 않은 누군가를 향한 분노
- 취소된 데이트에 대한 실망감
- 계속 늦는 한 친구
- 어떤 상황에 대한 두려움
- 가족으로부터 좀 더 독립할 필요성

"아니요!"라고 말하기

- 다이어트에 도움이 안 되는 음식에 대하여
- 초대에 대하여
- 약물/알코올 사용에 대하여
- 성적인 관계에 대하여
- 가족 모임에 대하여
- 당신 집에서 담배를 피우는 누군가에게
- 당신의 시험답안을 보려는 누군가에게

다음을 요청하기

- 지지
- 도움
- 누군가와 함께 보내는 시간
- 비밀보장

당신에 대하여 누군가에게 말하기

- 애정관계에서의 관심 부족

- 어떤 관계에서의 실망
- 실직
- 심각한 건강 상황
- 심각한 재정 상황
- 인척이 갖고 있는 문제
- 별거나 이혼

5세 아동에게 다음을 정의하고 설명하기
- '장애' 의 개념
- '죽음' 의 개념
- '이혼' 의 개념
- '신' 의 개념

일과 관련된 문제

- 직업 면접
- 퇴직 면담_{당신이 원한}
- 퇴직 면담_{당신의 상사가 원한}
- 직장 동료와의 어려움, 그래서 다음을 하기
  - 흡연
  - 음주
  - 그들을 감싸 주기_{예, 그들의 잘못이나 결근에 대해}
  - 승진을 위한 경쟁
- 도움을 요청하기_{과로를 느낄 때}

- 권위적인 인물_{감독자나 상사}을 대하기
- 직장 내에서 사회적/성적 상황을 다루기
- 다음과 같은 차별을 다루기
  - 성
  - 인종
  - 장애 관련
  - 사회
  - 연령
  - 직업 승진

내담자와 치료사의 관계

집단 구성원은 요구된 역할을 취한 후 다음을 다룬다.

- "당신은 우리를 돌보기 위하여 돈을 받았어요." 라고 말하기
- 내담자가 장난 삼아 전화번호를 물어보기
- 내담자를 동기화시키기
- 다른 학문 분야의 사람이 당신이 환자에게 무엇을 하고 있는지, 그리고 당신의 개입이 얼마나 중요한지 질문하기

거절 가능한 위험

- 당신이 매우 사랑하고 당신이 아는 바를 항상 진실로 말해 주는 당신의 조카딸/조카아들/아들/딸/누군가가 학교에 가서 놀기를

원하지만 당신은 그/그녀가 그렇게 하지 못할까 두려워한다.

• 당신이 매우 사랑하는 조카딸/조카아들/아들/딸/누군가가 생일 파티를 하길 원한다. 그/그녀는 몇몇 새로운 친구를 초대하고 싶어 하지만 그들이 오지 않을까 걱정한다.

자발적이기

• 세상에서 가장 친한 친구가 멕시코로 여행을 가는데 당신도 가길 원한다. 당신이 여행을 가게 되면 학교 수업을 일주일간 빠질 수밖에 없는 상황이다.

삶에서 균형을 창조하기

• 지난 주말에 당신은 놀고 즐기는 데 시간을 다 허비해 버렸다. 그래서 공부하지 않고 '어떤 건설적인 것도 달성하지' 못한 것에 대해 심한 죄책감을 느꼈다. 그 전 주말에 당신은 모든 시간을 공부하고 빨래하고 집안 청소 등을 하면서 보냈고, 어떤 즐거운 일도 하지 않은 것을 후회했다. 하지만 이번 주말에는……

• 당신은 내일 잘 봐야 하는 시험을 위해서 공부하는 중이다. 당신 친구가 여분의 콘서트 티켓이 있다면서 당신에게 전화를 건다. 당신은 그 콘서트에 가고 싶은 마음이 간절했지만 티켓을 구할 수는 없었다. 그렇게 되면 시험을 준비할 수 없게 된다. 당신은 어떻게 하겠는가?

직면

- 당신의 동료가 약물중독이다. 당신은 그가 종종 늦어도 그를 위해 항상 감싸 주고 있다. 당신의 상사는 문제가 있다는 것을 알지만 동료들이 그것을 해결해 주길 원한다. 당신은 이 사람과 어떻게 직면할 것인가? 게다가 이 사람은 자신의 문제를 부정하고 있다.

수용과 주장

- 당신은 상을 탄다. 이는 굉장한 영광이다. 무엇에 관한 것일까?
- 가게에서 누군가 당신 앞으로 밀어닥친다. 당신의 손에 있는 마지막 남은 책 한 권을 빼앗아 간다. 그는 그 책을 갖기 위해 당신이 구매하지 않도록 설득한다.
- 권위/관습예, 의사나 판매원과 같은과 관련된 문제. 예컨대, 당신은 당신의 주치의가 처방을 너무 강하게 했다고 느끼고 있다.
- 경찰과의 의견 대립예를 들면, 당신이 위반 딱지를 받을 만한지 논쟁 중이다.
- 다음으로 인해 불만족스럽다.
  - 당신 차에 제공된 서비스
  - 당신의 집주인
- 앞쪽의 두 사람과 함께 정렬해서 서 있는데 어떤 사람이 당신 앞으로 끼어든다. 다른 사람은 아무 말도 하지 않는다. 당신도 그럴 것인가?
- 당신은 혼자 맛있는 음식점에 간다. 당신은 자신이 훌륭한 대접

을 받을 만한 가치가 있다고 느끼고 있고 외식하는 것을 좋아한다. 당신이 혼자라는 것은 어떤 문제도 되지 않는다. 사실 약간의 사적인 시간을 갖는 것에 행복해하고 있다. 종업원은 당신을 다른 사람에게 보이지 않는 주방 가까운 곳의 작은 탁자에 앉힌다. 게다가 당신은 적절한 서비스도 받지 못하고 있다.

• 당신은 지난 3개월 동안 새로운 룸메이트와 생활하였다. 그녀는 지금 임대료 납부일을 5일이나 넘겼다. 그녀는 최근에 실직하였고, 또한 지난 한 주 내내 감기로 인해 아프다. 그녀는 돈을 빌리려는 어떤 노력도 하지 않았고 단지 당신이 자신의 임대료를 떠맡을 거라는 짐작을 하는 듯하다. 당신은 이 문제로 그녀와 직면하고 있고, 그녀는 너무 아파서 그에 대해 이야기할 수 없다고 말한다. 어떻게 반응하겠는가?

• 당신의 남자친구가 최근에 오래전 여자친구의 이름을 꺼내기 시작하였다. 비록 이것이 악의는 없어 보일지라도, 당신은 그들 사이에 여전히 강한 유대가 있다는 것을 안다. 어떻게 할 것인가?

• 당신은 친구/애인을 위하여 만찬을 준비하고 있었고 그 사람은 오후 7시 반에 오기로 되어 있었다. 만찬 상이 차려졌다. 그런데 시간은 이미 오후 8시이고 손님은 도착하지 않았다. 한 시간 후 그 사람이 도착한다. 이 사람을 기다리는 자신을 발견하게 된 것도 처음은 아니다. 당신은 무엇을 하겠는가?

• 아이가 애완동물 기니피그를 가지고 있는데 엄마는 그것을 우리 안에서 키워야 한다고 주장한다. 아이는 자신의 방에 이 작은 동물을 풀어 놓고 내버려 두다가 엄마에게 들켰다. 그 일로 엄마와 아이는 이 동물을 우리 안에 가둬야 한다, 풀어 놔야 한다는 서로

의 입장 차이 때문에 옥신각신한다.

- 젊은 여성이 즐거운 행사파티, 연극 수업, 댄스 수업를 마치고 집으로 돌아와서 활발하고 요란하게 행동하고 있다. 하지만 그녀의 집은 한 사람은 공부하고 또 다른 사람은 TV를 시청하는 조용한 곳이다. 그녀의 즐겁고 활기찬 행동은 환영받지 못하는 것이 분명하다.

- 당신은 친구에게 개인적으로 창피한 비밀을 말해 주었는데 다음 날 아침에 다른 친구가 당신을 위로하기 위하여 전화를 걸어온다.

- 당신은 지난 몇 년 동안 좋아하지만 어찌할 수 없는 괜찮은 친구에게 홀딱 반한 적이 있다. 그 친구는 최근에 그의 소중한 사람과 헤어졌다. 당신은 여전히 그 친구에게 관심이 있다. 어떻게 하겠는가?

- 당신과 친밀한 누군가가 당신 과거의 사적인 내용에 대해 묻는다. 솔직하게 말하자니 속이 화끈거린다. 당신은 어떻게 반응하겠는가?

- 수업 때 만난 새로운 친구가 당신을 파티에 초대한다. 당신은 금요일 밤에 열리는 그 파티에 누가 가는지 모른다. 당신은 평소에 TV를 시청하거나 공부를 하면서 금요일 밤을 집에서 보낸다. 당신은 친구에게 ~라고 얘기한다.

- 성장한 딸이 집에서 나이가 지긋한 어머니를 돌보고 있다. 어머니는 매우 의존적이고 자기중심적이다. 딸은 아주 오랫동안 쉬지 않고 일을 해 왔다. 그녀가 책을 읽으면서 휴식을 취하려 하자 어머니는 자꾸 말 상대를 해 달라고 불러 댄다.

- 33세의 마이클은 2년 전에 퇴직한 그의 부모를 만나기 위해 LA로

가고 있다. 퇴직한 이후 그의 아버지는 전보다 술을 더 많이 마시고 있다. 그의 부모는 둘 다 신교도 직업윤리의 강한 추종자이며 그들 가족이 소유하고 운영한 회사에서 오랫동안 일을 해 왔다. 그들은 퇴직하기 위해서 이익을 보고 회사를 팔았다. 마이클이 도착할 때, 그의 아버지가 골프클럽에서 아직 돌아오지 않아 마이클은 그의 어머니에게 걱정을 털어놓기로 결심한다. 어머니는 마이클이 아버지가 어떤 '문제'를 갖고 있다는 것을 넌지시 비추자 화를 낸다. 그들의 대화는 마이클의 아버지가 '클럽에서 남자끼리 몇 잔의 술을 마시고' 집으로 돌아오자 끝난다.

• 43세의 존은 36세의 린다와 결혼하였다. 그들은 결혼 4년 차이고 둘 다 그들의 관계에 대해 만족한다. 그들이 저녁을 먹는 동안, 린다는 아이를 갖고 싶다고 말한다. 이 말에 놀란 존은 그녀와 함께 살아가면서 그 일에는 관심이 없다고 확고하게 말한다. 그들이 처음 결혼하였을 때, 린다는 그녀의 일에 열중하였고 아이를 갖고 싶어 한다고 생각하지 않았다. 지금 그녀는 자신의 생물학적 나이에 관심을 가지면서 그 문제에 대하여 다른 느낌이 든다는 것을 발견하였다. 린다는 존의 반응에 실망하였다. 존은 충격을 받고, 변한 린다의 마음에 당황한다.

• 이혼한 어머니가 일요일 오후에 집에서 청소를 하고 있다. 그녀의 외동딸14세 6개월 방에서 바닥에 널려 있는 옷을 정리하다가 펼쳐놓은 딸의 일기장을 발견한다. 그녀는 최근의 일기를 읽고 딸이 코카인과 술을 시도하는 중이라는 것을 알게 된다. 어머니는 화가 나고 놀라게 된다. 그녀 자신은 절주하고 있고 중독에서 5년 동안 회복 중인 중독자다. 딸은 이것을 알게 되고 금주모임Ala-

Teen에 나가곤 하지만 흥미를 잃고 작년부터 나가지 않았다.

- 최근 당신의 홀로된 어머니가 데이트를 나가고 있는데 당신은 그 남자를 싫어한다.
- 한 친구가 영화를 보고 저녁을 먹으러 나가자고 제안한다. 그 친구는 공포영화를 보고 멕시코 요리를 먹고 싶어 한다. 당신은 오히려 코미디 영화를 보고 중국 음식을 먹고 싶어 하지만 그 친구와 함께 나갈 때마다 포기하고 친구가 원하는 것을 해 왔다. 그렇지만 이번에는……

부가적인 역할극 상황

- 누군가가 고속도로 위에서 당신 차 앞에서 곧장 가지 않고 제한속도보다 느린 16km로 운전하기 시작한다.
- 당신이 파티에 있는데 친한 친구가 코카인을 하자고 한다.
- 당신은 집에서 아이를 봐 주는 베이비시터다. 남자친구를 집에 데려와서는 안 되는데 그가 전화를 해서 오겠다고 한다.
- 당신은 매우 붐비는 음식점에 있고 여종업원은 이미 지친 듯하다. 그녀는 먹음직스러운 음식을 갖다 주지만 당신이 주문한 것이 아니다. 종업원은 다른 곳으로 가려던 참이다.
- 당신은 파티에 참석 중이고 어떤 얼간이가 당신에게 춤추자고 끈질기게 요구한다. 당신은 모든 방법을 동원해서 그에게 정중하게 의사를 전달한다. 그러나 이제 당신은 약간 짜증이 났고…… 그가 다시 당신에게로 온다. 당신은 어떻게 하겠는가?
- 당신은 만찬 파티에 참석 중인데 제공된 음식을 먹을 수 없다.

- 당신은 포트럭_{pot luck}*에 참석 중이고 모든 사람이 만들기 손쉬운 디저트만 가져온다.

- 당신은 시험에 늦었다. 강의실에 가는 도중에 어떤 사내가 조그만 검은색 책을 떨어뜨리는 것을 보았다. 그 사내는 떨어뜨린 것을 알지 못한 채 걷고 있다. 그는 약 90m 정도 떨어져 있다.

- 당신의 이웃이 매주 토요일 아침 8시면 시끄러운 음악을 연주한다. 당신은 금요일 새벽 3시까지 일을 하였다.

- 당신은 결혼식 파티에 참석 중이고 탁자 주변에서 의례적인 축배 제의로 와인 한잔을 건네고 있다. 당신 옆에 있는 남자의 입술에 포진이 있다는 사실을 알았을 때 그 와인이 당신에게 다가온다.

- 당신은 절친한 친구의 결혼식 이틀 전에 도시에 도착하였다. 당신은 그녀가 전화로 입에 침이 마르도록 칭찬한 신부 들러리의 드레스를 싫어한다. 이 드레스는 치수도 맞지 않고 색도 어울리지 않는다.

🌸 사회극

사회극_{sociodrama}은 개인의 문제에 초점을 두기보다는 집단의 주제를 분명히 하는 데 목표를 두는 극적 실연의 한 형태다. 비록 개인이 사회극에서 주인공으로 참여할 수 있다 할지라도, 성격 묘사는 어떤 개인에 대한 것보다 사람들의 유형에 기초한다. 사회극은 심리극의

---

* 역주: 각자 음식을 조금씩 마련해 가지고 오는 파티

여러 기법을 빌리지만, 초점을 두는 것은 항상 집단 전체가 관심을 갖는 실생활 상황을 만들거나 가까워지는 것이다. 사회극의 목표는 이러한 문제를 함께 탐구함으로써 비슷한 문제를 공유하는 집단 구성원을 돕는 것이다. 사회극의 사례는 다음과 같은 상황의 실연을 포함한다.

- 집을 떠난 이후 처음으로 보호소에서 그의 부모를 만나고 있는 한 젊은이
- 회복기 동안 그의 첫 번째 사회적 행사에 가는 회복 프로그램에 참여하는 알코올중독자
- 부패한 상황에 맞서고 있는 지지집단의 한 성인
- 야비한 말을 쓰는 요양원 관계자에게 맞서는 요양원 거주자 집단
- 여자 직원을 무시하는 한 남자 직원에 대해 인사 관계자에게 문제를 제기하는 여직원 집단

🌸 심리극

심리극psychodrama은 1920년대에 제이컵 모레노Jacob Moreno 박사가 개발하였다. 연극치료의 다른 형식으로서 심리극을 구별하는 가장 주된 특징은 심리극이 개인의 내적 갈등을 탐구한다는 것이다. 심리극은 사회적외현 차원보다 심리내적내면 차원에 초점을 둔다. 심리극에서 주연 역할을 한 개인주인공은 시각화할 수 있고 만질 수 있는 내적인 극에서 그가 보고 참여할 수 있는 실연을 통해서 갈등을 탐구한다. 심리

극은 주인공 삶의 여러 측면 사이를 이동할 수 있는데, 즉 그의 과거
에서 현재나 미래로 갔다가 다시 거꾸로 갈 수도 있다. 이 기법은 대
개 해결되지 못한 내적 갈등의 근원을 밝히기 위해 아동기의 외상이
나 고통스러운 기억과 같은 비교적 깊은 정서적 문제에 초점을 둔다.
심리극은 안전한 환경에서 사람들에게 유용한 갈등을 해결하는 행위
방법이다. 심리극은 사람들로 하여금 현재의 관계를 탐색하게 하고,
현재와 관련 있다고 보는 과거의 관계를 탐색하게 하며, 미래의 변화
가능성을 실험하도록 허용한다.

이 두 가지 목적_{과거를 탐색하고 변화를 실험하는}에서 심리극에는 종종 두 단계
의 과정이 있다. 첫 단계인 재연에서는 핵심 문제나 좌절 장면이 실연
된다. 이상적으로 이 단계에서 주인공은 정화_{깊은 정서적 방출}나 과거 문제
에 대한 신선한 통찰을 경험할 것이다. 그다음에는 교정이나 재훈련
단계가 따른다. 주인공은 그가 원하는 긍정적인 장면을 행위화함으로
써 부정적인 장면을 교정한다_{Yablonsky, 1976}. 다음에서는 심리극의 첫
번째 단계_{재연}를 포함하는 심리극의 요소를 설명한다. 두 번째 단계<sub>재훈
련</sub>는 장면을 재연하기 위해 같은 구조를 사용한다. 그렇지만 그것이
즉시 첫 번째 단계와 이어질 때 워밍업은 생략될 수 있고, 단지 짧은
종결이 요구될 수 있다.

🌸 심리극의 요소

심리극에는 정서적 방출과 통찰을 위한 어떤 구조를 제공하는 데
제의적인 요소가 있다. 이러한 요소는 워밍업, 실연과 재실연, 정화-

동작-정서적 통찰, 개인적 드라마의 종결, 나누기의 통합적 과정 및 집단의 종결이다.

워밍업

워밍업 기법은 억제를 감소시키고 실연을 위한 집단을 준비시키기 위해 자발성과 집단 구성원 간의 상호작용에 초점을 둔다. 집단의 역동이 드러난다.누가 포함되어 있고 누가 배제되어 있는가? 누가 누구를 동일시하는가? 워밍업을 통해 집단은 자신의 힘을 경험하도록 허용되는 반면, 치료사는 집단에 대한 자신의 의제agenda를 고려하여 집단의 욕구를 균형 잡게 한다. 이 시간 동안에는 주제가 발전하고 주인공과 관객의 선택이 이루어진다.

실연과 재실연

주인공이 선택되면, 주인공은 장면을 설정하고 실연을 위해 역할을 선택한다. 감독은 이제 이 과정을 시작하기 위해 심리극의 기법을 적용한다. 이러한 기법은 장면을 통해서 감정을 경험하는 주인공의 능력을 촉진시키려고 의도된 것이다.

정화-동작-정서적 통찰

모레노에게 정화의 개념은 심리극의 중요한 측면이었다. 주인공은 자기 정화와 관객의 증인을 경험하고 정서적 경험에 몰두한다. 따라서 심리극은 무대의 힘과 종교적 제의의 힘을 끌어들인다.Moreno in

Emunah, 1994. 정화와 정서적 통찰은 실연의 종결이 가까워지면서 일어나는 전환점이다. 정화는 자아의 도움으로 퇴행을 유발시킬 수 있는데, 그것은 고통스러운 기억을 회피하려고 행위화하는 것이 아닌 기억의 재구성이다.

개인 드라마의 종결

종결의 타이밍은 치료적 판단이다. 감독은 극의 종결이 다가온다고 느낄 때, "당신은 극을 어떻게 끝내고 싶나요?"라고 물을 수 있다. 감독은 주인공 외에도 실연에 대하여 집단의 관여도 고려해야 한다. 때때로 특정 장면이 집단에 강하게 영향을 미칠 때, 장면을 진행하는 것이 어려울 수 있다예, 자살, 살인사고, 약물남용의 주제. 다음에 무엇을 해야 할지 결정하기 위해서는 집단의 감정을 아는 것이 중요하다. 감독은 "사람들이 무엇을 진행해야 될지 강하게 느끼고 있는 것처럼 보인다. '나에게 와 닿은 것은 ___였다'의 문장을 완성해 보자."와 같이 말할 수 있다. 그 답변은 이후의 작업을 위한 정보를 제공할 수 있다.

통합적 과정 나누기

이는 그들이 어떻게 느꼈는지를 나누기 함으로써 집단 전체가 참여할 수 있는 유일한 시간이다. 어떤 해석도 허용되지 않는다. 집단이 연기자들의 행위에 대해 말하는 것은 연기자를 낙담시킬 수 있다. 실연에 대한 소감을 나누는 동안, 관객의 주인공에 대한 동일시가 분명해진다. 대부분의 사람은 실연에서 일어난 일에 대해 공통적이거나 보편

적인 감정을 경험한다. 감독은 관객이 어떤 인상을 받았는지 점검할
수 있다. 예를 들어, 감독은 관객 중 한 명에게, "당신은 그 장면에서
긴장한 것처럼 보였는데 긴장했나요? 그 장면은 당신에게 어떤 영향
을 끼쳤나요?"라고 물을 수 있다. 감독은 집단이 구성원의 감정과 경
험에 대하여 유사점과 차이점을 구별하도록 도움을 줄 것이다. 나누기
를 통해서 감독은 공감과 신뢰성 있는 분위기를 만들려고 노력한다.

집단 종결

행위를 종결하면서 주인공에게 지지를 보내고 그의 노력에 대하여
감사의 마음을 전한다. 또한 이것은 집단 구성원에게 서로 지지적인
감정을 나누는 기회를 제공하는 시간이다. 그 방법으로는 박수를 보
낸다거나 말로 표현하는 것, 집단이 서로 포옹하는 것 등이 있다. 종
결에서 집단은 제기된 그 주제를 앞으로 탐구하거나 검토해 볼 수 있
다는 여지를 준 것에 대해 감사하게 생각할 것이다.

● 심리극의 기법

워밍업 기법

이 기법은 집단 구성원의 감정적 억제를 감소시켜 자발성을 촉진하
는 것을 목적으로 한다. 주제의 내용은 흔히 워밍업을 통해 얻어지며
심리극의 발전을 이끌 수 있다.

마술가게

가치는 교환을 통해서 바뀐다. 희망, 소원, 갈망 혹은 개인적 특성은 그에 대한 다른 개인적 특성과 교환함으로써 얻어진다. 차례로 집단 구성원은 꿈, 특성 혹은 열망을 찾을 수 있는 마술가게에 들어가기 위해 자원한다. 교환은 피험자에게 특성의 상대적 가치와 그 특성에 대한 그의 욕망을 판단하도록 강요한다. 서면화된 교환은 상호작용을 강화시킬 수 있다. 관객에게 합의된 거래에 대해 조언을 하도록 하거나 가게 주인을 돕도록 부탁할 수 있다. 마술가게 대화의 예는 다음과 같다.

고   객: 나 자신을 위한 얼마의 시간을 사고 싶어요.

가게주인: 두 번째 통로에 있는 여기 위에 그 시간이 있군요. 당신은 무엇을 가지고 교환하겠습니까?

고   객: 음, 나는 나 자신을 위한 얼마의 시간을 갖기 위해 야망을 교환하겠습니다.

가게주인: 내 생각에 당신은 당신의 야망을 높이 평가한 것 같군요. 성취하는 것은 당신의 삶을 의미 있게 만드는 것이었지요. 당신은 당신의 야망을 포기할 준비가 되었다고 확신하나요?

고   객: 나는 나 자신을 위한 시간을 갖지 못해서 아프다고 생각합니다. 아마도 내가 그것이 필요할 때까지 이 방 안에 나의 야망 중 일부를 보관할 수 있으면 좋겠네요. 나머지는 당신에게 드리지요.

빈 의자

관객에게 그들 앞에 놓여 있는 빈 의자에 앉아 있는 한 사람을 상상하도록 한다. 그들에게 그 사람이 어떤 모습인지, 예컨대 그 사람의 옷

차림, 외모, 그리고 자세가 어떤지 떠올리도록 한다. 그런 다음 각각의 구성원은 그가 의자에 앉아 있는 것으로 투사시킨 그 사람에게 이야기를 한다. 이것은 종종 심리극을 이끄는 주제의 내용이 되기도 한다.

한 가지 소원

요술램프의 지니가 집단 구성원에게 오직 한 가지 소원을 들어줄 수 있다면 무엇을 바랄 것인지 이야기하라고 한다. 예컨대, 내담자는 "불안과 걱정이 사라졌으면 좋겠어."라고 소원을 말할 수 있다. 이 소원은 불안과 걱정이 없는 삶이 어떤지를 심리극으로 이끌 수 있다.

다시 살고 싶은 단 하루

집단 구성원에게 만약 그들에게 그렇게 할 수 있는 기회가 주어진다면 다시 살고 싶은 단 하루를 선택하도록 요구한다.

당신이 되고 싶은 사람은 누구?

집단 구성원에게 "당신은 누가 되고 싶은가요?"라고 묻는다. 실연에서 사용된 이 질문은 역할 바꾸기를 할 좋은 기회를 제공하며, 주인공에게 되고 싶어 하는 그 사람이 되도록 할 수 있다.

색칠하는 책

구성원에게 크레용과 상상의 재료를 가지고 공책에 자신의 세계를 그리도록 한다. "당신은 첫 장에 무엇을 그리고 싶으세요? 두 번째 장에는요?" 이런 식으로 계속된다.

비언어 기법

집단은 언어의 사용이 금지된 기간 동안 정해진 시간에만 다른 사람과 상호작용하는 것에 대해 동의하였다. 구성원은 표현의 방식으로서 몸의 어떤 부분의 움직임예, 손짓을 통해 어느 순간 그들이 느낀 바를 표현하도록 격려된다. 그들은 어떤 식으로든 물리적 장치예, 의자를 사용할 수 있지만, 말을 하지 않는다는 단 한 가지 규칙은 존중해야만 한다. 반응 패턴이 침묵의 배경에 비하여 선명해짐에 따라 풍부한 재료가 개발된다.

주제의 심리극적 기법

이러한 기법은 집단에게 제시된 주제의 제안으로 구성된다.

미래투사

주인공은 시간의 한 지점을 선택하고 그 자신을 미래로 투사시켜, 그가 생각하기에 일어나게 될 상황이나 실제로 일어날 것으로 기대되는 상황을 실연한다. 예컨대, 그 상황은 직장을 구하기 위한 면접이나 아직 결정되지 않은 결혼, 출산 등이다. 미래시간 기법에서는 주인공이 삶은 '만약'처럼 실제로 될 것이라는 것을 상상하도록 한다.

자기실현

주인공은 자신이 그렇게 되기를 기대하는 대로가 아니라 그렇게 되기를 원하는 대로 희망, 계획, 열망을 실연한다.

꿈의 표현

주인공은 꿈을 말하는 대신에 실연한다. 감독과 함께 이야기를 하는 과정에서 주인공이 꿈을 설명하면 꿈에 등장할 보조자아를 집단에서 선발한다. 이 보조자아는 목소리, 사물, 사람이 될 수 있다. 주인공은 그가 잘 때 종종 취했던 자세를 한 다음 꿈을 실연하기 위해 극에 참여한다. 재훈련단계에서는 주인공에게 그가 바라는 방식대로 꿈을 바꿀 수 있다고 이야기한다.

환각의 심리극

주인공은 그가 경험하는 환각과 망상을 실연한다. 그는 환각의 다른 측면, 즉 목소리, 소리, 시각 등을 표현한다. 보조자아는 주인공이 그것들과 상호작용을 하고, 그로 인해 그것들에 대해 현실 검증을 하도록 여러 가지 환각의 현상을 실연할 것을 요구받을 수 있다. 목표는 심리극에서의 실연과 상호작용을 통해서 주인공이 자신의 환각을 어느 정도 통제하도록 하는 것이다.

등 뒤 기법

여기서 주인공은 집단의 다른 사람에게 자신의 등을 돌린다. 집단원에게 주인공이 없다고 상상하도록 한다. 각각의 참여자는 주인공에 대한 감정을 나눈 다음 토론을 이어 간다. 그런 다음 주인공이 '방으로 되돌아오게 하고' 토론이 계속된다.

변형 집단이 그들의 등을 주인공에게 돌리게 한다. 그런 다음 주인공에게 각 집단 구성원에 대한 그의 감정을 솔직하게 이야기하게 한다.

이 기법은 집단이 집단 구성원 간의 대인관계 문제를 분명히 하고 해결하는 하나의 방법이기 때문에 집단치료 상황에서 유용하다.

심리극의 촉진적 기법

일단 주제의 구조가 확립되면<small>앞에서 살펴본 것처럼</small>, 다음에 나오는 기법은 심리극 안에서 정화, 통찰, 그리고 역할 지각에 대해 촉진하는 것을 목표로 한다.

이중자아

이 기법에서 주인공은 자기 자신을 연기한다. 대개 스태프로 참여한 구성원인 보조자아에게 주인공의 역을 하도록 한다. 예컨대, 주인공과 똑같은 정서적이고 신체적인 자세를 취하도록 하고, 따라서 주인공과 동일시하도록 한다. 따라서 이중자아는 주인공이 스스로 말로 표현할 수 없거나 표현하지 않을 감정, 생각, 의견, 반응을 표현할 수 있다.

다중자아

주인공은 자신을 연기하고 여러 보조자아가 주인공의 부분을 연기한다. 이 기법은 문제를 분명히 하고, 사람이나 상황에 대한 양가감정을 재구조화하고, 정화를 촉진할 수 있다.

표현을 위한 거울

주인공이 말이나 행위로 표현할 수 없는 정지된 상태로 억제되어 있다면 보조자아가<small>주인공이나 감독에 의해</small> 주인공의 동작과 말의 '거울' 이 되도록 선택될 수 있다. 표현이나 거울 보기mirroring는 거울의 심리극적 표현에 정보를 제공하고, 이를 교정하고 변화시키는 주인공의 지시하에서 이루어진다.

심리극에서 역할 바꾸기

이 기법은 두 가지 주요 기능이 있다.

1. 역할 바꾸기는 주인공이 보조자아에게 배정한 역할을 보조자아가 정확하게 실연하도록 돕기 위해 장면을 하는 동안에 적용할 수 있다. 여기서 역할 바꾸기는 잠깐 동안 진행되지만, 역할을 더욱 정확하게 표현하도록 하기 위해서는 보조자아에게 단서를 제공할 만큼 충분히 길게 진행된다.

2. 역할 바꾸기는 심리극과정의 학습이나 재훈련단계에서 특히 유용하다. 역할 바꾸기를 통해서 주인공은 대인관계 상황에서 '타인'의 감정을 경험할 기회를 갖게 된다. 모레노Moreno, 1985는 "역할 바꾸기의 기능은 역할 지각을 향상시키는 것이다."라고 언급한다.

신체 높이기

심리극 장면에서 주인공은 '타인' 보통 권위적 인물에 대한 감정을 충분히 표현하도록 하기 위해 의자, 걸상 혹은 탁자 위에 서서 신체적으로 높아진 다음 '타인'과 상호작용을 한다. 종종 이 기법은 다른 기법을 사용해서는 달성하기 어려울 수 있는 주인공의 권위를 유발할 수 있다.

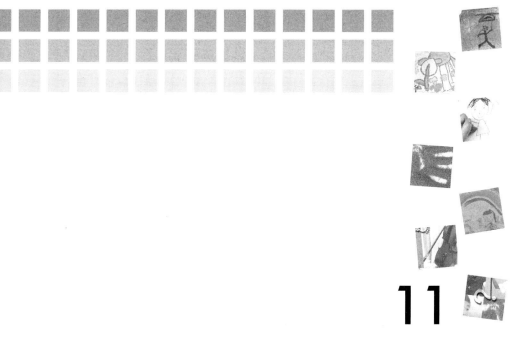

11

웃음과 광대놀이

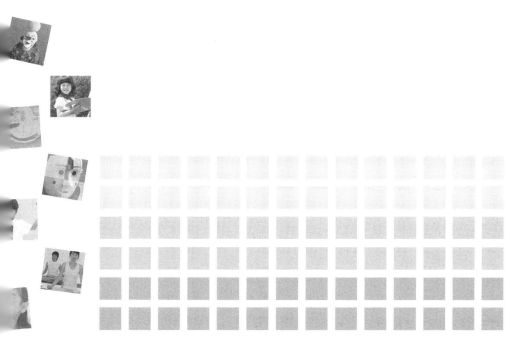

사람이 질병이나 장애를 가지고 있을 때는 그로 인한 위기나 불편함 이면의 세계를 인식하기가 어렵다. 이런 근시안적인 견해가 불균형을 만든다. 환자가 좋은 것이든 나쁜 것이든 자기 내면에 존재하는 모든 것을 조화롭게 인식하도록 돕기 위해 종종 유머가 사용된다. 웃음은 건강을 유지하는 중요한 요소다. 이 장에서는 함께 웃는 것과 비웃는 것의 차이점 그리고 웃음이 주는 혜택에 대해서 살펴볼 것이다.

웃음을 촉진하는 방법 중의 하나는 광대놀이 활동을 하는 것이다. 광대 혹은 익살꾼은 행복하고 경쾌한 분위기를 만들도록 도와주는 익살스러운 행동이나 농담, 곡예를 보여 주는 예능인이다. 광대놀이가 활동이라면, 미소와 웃음은 바라던 결과의 명확한 신호다. 이 장의 후반부에서는 건강한 웃음을 촉진하는 방법 중 하나로 광대놀이 활동에 대한 정보를 제공해 줄 것이다.

웃음

누군가와 함께 하는 웃음은 서로 존경심을 가지고 타인을 배려하는 경향이 있다. 웃는 사람은 집단 간의 감정이 이입되어 개인에게 더욱 큰 자신감을 부여한다. 웃음은 서로 더 가까워지게 하며, 즐거움을 통해 지지와 정서적인 도움을 준다. 건강한 웃음은 정서적인 장벽을 무너뜨린다. 광대를 포함하여 어떤 사람은 자기 자신을 농담 대상으로 삼는다. 이것은 자신을 포함하여 관련된 모든 사람이 즐거움과 존경심을 갖도록 한다. 자신에 대한 건강한 웃음을 받아들일 수 있는 사람은 타인이 더 쉽게, 많이 웃을 수 있도록 이끈다.

타인을 비웃는 것은 타인에 대한 경멸과 경솔함에서 비롯된다. 이런 유형의 웃음은 사람들을 분산시키고 자신감을 파괴한다. 또한 사람을 무시하고 공격하는 성향이 있으며, 집단이나 개인으로부터 일탈된 부정적인 고정관념을 강화시킨다. 농담의 대상이 될 수밖에 없게 되면 비록 자기 자신에 대해 농담을 할지라도 상처받은 느낌이 점점 커지게 된다. 이런 유형의 농담은 종종 성격상 오만하며 친밀하고 개방적인 집단을 만들려는 희망을 꺾어 버린다.

🌑 웃음의 이득

웃음이 건강에 주는 이득은 다양하다. 치료적 중재의 일부로 웃음을 활용하는 것은 신체적인 건강을 촉진하고, 인지적 자극과 사회적 안녕감을 제공하며, 대처능력을 향상시키고, 개인의 주관적인 안녕을 증가시켜 준다.

웃음의 신체적인 행위는 사람의 폐와 흉부 근육을 운동시키며, 이어서 순환계가 활성화되도록 돕는다. 규칙적인 웃음은 신체의 근육을 이완시키고 심장박동 수를 늦추어 혈압을 낮춘다. 또한 웃음은 엔도르핀_{신체에서 자연스럽게 생성되는 진통제}을 상승시켜서 고통을 통제하고 대처하는 데 도움을 준다. 웃음에 의한 기분전환은 고통을 성공적으로 대처하게 하는 장기적인 방법이 된다. 아주 신나게 웃을 때는 당신의 마음을 아프게 한 불안과 공포, 긴장감, 그리고 분노가 웃음으로 해소된다.

웃음은 뇌로 전달하는 혈압과 산소량을 증가시켜 더욱 왕성한 순환을 촉진할 뿐만 아니라 고난에 대한 대처능력과 융통성을 향상시키고 정신건강을 증진시킨다. 유머는 개인이 대처할 수 있는 기술을 향상시켜 분노를 억누르고 긴장된 상황을 이겨 낼 수 있도록 도와준다. 콘래드 로렌츠Konrad Lorenz, 1963는 "짖는 개는 간혹 물기도 하지만, 웃는 사람은 절대 총을 쏘지 않는다."라는 사실을 관찰했다. 실제로 웃음은 인간이 스트레스와 외상에 대처하고 적응하는 가장 좋은 방법 중의 하나다. 밸리언트Valiant, 1977는 신체적으로 건강한 집단을 대상으로 그들이 성숙한 대처기제를 갖고 있는지 연구하였다. 유머는 그의 연구에서 확인된 다섯 가지의 대처기제 중 하나다.

유머는 또한 사회적 상호작용을 도와준다. 인간은 사회적인 동물이다. 타인과 가까이 지내는 것은 긴장감을 유발하고, 관계를 구분하며, 타인의 반사회적인 행동에 대처할 수 있는 능력을 요구한다. 유머는 타인과 가까이 지내면서 발생되는 결과에 대처할 수 있는 방어기제 중의 하나다. 보통 두 사람 사이에서 즐겁고 익살스러운 상호작용은 친밀하고 건강한 관계의 지표가 된다.

🌸 광대놀이 활동*

익살스러운 행동, 농담, 그리고 곡예를 사용하는 광대놀이는 즐거움을 가져오기 때문에 경쾌한 분위기와 미소 그리고 웃음은 바라는 결과를 이끄는 확실한 신호다. 이런 점에서 광대놀이는 치료도구로서의 의미를 갖는다. 'Make*A*Circus'라는 곡예단 스태프는 집단으로

* 이 부분의 정보는 미국 캘리포니아 샌프란시스코에 있는 'Make*A*Circus'에서 제공하였는데, 이 조직은 여러 시설을 위해 광대놀이치료 워크숍을 운영하고 있다.

일할 때 보통 다음과 같은 도구를 사용한다.

회기를 준비하기 위해 스태프와 만난다

논의할 주제는 다음과 같은 것을 포함한다.

- 내담자의 상태
- 스태프의 이용 가능성
- 달성해야 할 과업

안전을 보장할 수 있는 분명한 장치를 만들어 회기를 시작한다
- 안전한 장치 안에서 서로의 작업을 수용하고 감사하도록 한다.

몸과 마음을 워밍업한다
- 안전한 환경 안에서 탐구한다.
- 전체적인 조화 속에서 과정을 시작한다.
- 상상력과 수용을 자극하고 지지한다.
- 몸과 마음을 가다듬는다.
- '모방을 통한 학습'의 과정을 확립한다.
- 아무에게도 상처나 좌절감을 주지 않는 평가도구로 광대놀이를 활용한다.

기술을 소개하고 선보인다
- 다단계의 명령을 수행할 수 있도록 배운다.
- 짝을 이루어 함께 일하는 법을 배운다.

- 안전하고 통제된 학습 경험을 계속해서 개발한다.
- 특별하고 섬세하면서도 전체적인 동작기술을 개발한다.

모든 사람이 그 과정을 경험할 수 있도록 한다

- 조화로운 과정을 탐구한다.
- 위험을 감수한다.
- 타인을 지지한다.
- 예의를 지킨다.

분위기를 전환하는 시간을 준다

- 이완한다.
- 집단의 초점을 다음 활동으로 전환한다.

수업이 끝난 후 스태프와 만나 평가하고 다음 회기를 계획한다

🌸 광대놀이의 안전성

8~10주간의 회기를 시작하기 전에, Make*A*Circus 곡예단 스태프는 개인적인 시설의 사용과 안전사항에 대해 친숙해지기 위해서 기관의 스태프와 모임을 갖는다. 그런 다음 기관의 규칙을 프로그램에 통합한다. 우리는 그 기관을 지원하며 스태프의 의사결정에 따를 것이다.

기본적인 광대놀이의 규칙

세 가지의 '아니요' 규칙과 세 가지의 '예' 규칙이 있다.

'아니요' 규칙

- 주머니에 날카로운 물건을 넣지 말라!
- 괴롭히지 말라!
- 스태프의 감독 없이는 재주를 넘지 말라!

'예' 규칙

- 잘 들어주라!
- 당신의 차례를 기다리라!
- 동상처럼 가만히 있으라!

추가 안전사항

'때리고 넘어지기' 게임을 소개하는 날 '광대 서약'에 대한 개념을 다시 한 번 소개한다.

> 나(어릿광대의 이름)는 절대로, 절대로, 절대로, 절대로, 절대로 다른 광대를 때리거나 마음의 상처를 주지 않을 것을 약속합니다.

다른 광대를 때리고 마음의 상처를 주면 마땅히 프로그램을 종결할 것이다.

● 광대놀이 프로그램 개발하기

모든 시설물을 광대에게 개방하지는 않을 것이다. 시애틀에서 레크리에이션 치료사로 활동 중인 리사 드 브리스Lisa De Vries는 장기적인 보호시설에서 자신의 프로그램을 향상시키기 위해 어떻게 광대놀이 프로그램을 시작했는지에 대해 다음과 같이 설명하고 있다.

레크리에이션 치료사로서 나는 항상 내 내담자의 요구사항을 충족시킬 수 있는 새로운 방법을 찾고 있었다. 새로운 프로그램이란 주제에 관한 최근 대화에서 한 동료가 내 프로그램에 광대의 방문을 추가할 것을 제안했다. 자신의 환자에게는 아주 성공적이었다고 했다. 그래서 나는 내가 일하고 있는 장소에 자발적으로 참여할 수 있는 광대를 찾기 시작했다. 광대를 양성하는 학교에 가 보고 싶은 마음은 굴뚝같았지만, 관리자는 시간과 돈이 든다는 이유로 달가워하지 않았다. 우리는 책을 구입하고 창고세일에서 몇몇 의상도 준비했다. 풍선으로 동물을 만드는 것도 연습하고 팝콘기계도 빌렸다. 이렇게 해서 광대놀이가 시작되었다.

광대가 되는 것은 쉬운 일이 아니었고 엄청난 노력과 정력을 투자해야 했다. 사람들은 광대가 재미있고 열정적이기를 기대한다. 또한 사람들은 광대가 재미있는 동물을 만들며, 방 안에서 춤을 추며 익살스러운 농담을 해 주기를 기대한다. 쉽지는 않다. 그러나 우리는 그렇게 치장을 하고 환자들은 우리가 누구인지 모른다. 우리는 한 달에 한 번씩 오후에 치료시설을 방문하여 풍선으로 동물을 만들고 재미있는 농담을 들려주었는데, 그 결과는 놀라웠다.

나는 장기보호시설에 있던 환자가 전과는 전혀 다르게 눈을 크게 뜨고 미소를 지으며 웃고 이야기하는 것을 보았다. 특히 한 환자는 내가 살짝 어루만지자 머리를 들고 미소를 지으며 나의 붉고 스펀지 같은 코에 키스를 해 주었다. 그녀는 내게 의자에 앉아 있는 자신의 손을 잡고 춤도 추게 하였다. 내가 일했던 곳의 환자는 광대의 방문을 손꼽아 기다렸다. 우리의 능력이나 외적인 모습에는 전혀 신경을 쓰지 않았다. 우리는 단지 모든 사람과 춤을 추고 웃으며 동물 모양의 풍선을 만들어 주는 사람들이었다.

광대놀이는 다양한 환자에게 많은 혜택을 준다. 다양한 색상으로 치장한 광대는 새롭고 호기심을 자극한다. 건강보호센터에서 광대는 애완동물이나 어린아이와 같다. 우리는 모든 것을 수용하고 환자가 원하지 않는 것은 절대로 강요하지 않는다. 또한 절대로 환자에게 상처를 주지도 않는다. 광대는 그들에게 아주 행복한 기억이 될 것이다. 그리고 광대는 환자에게 웃음을 선사한다. 종종 건강관리센터에서 웃음은 잃어버린 품목이 된다. 신체의 건강이 바로 정신의 건강이라고 여러 연구자료에서 밝히고 있다. 광대는 정신건강을 증진시키는 한 방법인 것이다.

광대는 환자에게 이로울 뿐만 아니라 직원의 사기, 가족의 상호작용과 사기, 그리고 치료기관 내의 부서 간 인지도에도 많은 긍정적 영향을 준다. 직원도 광대가 다시 찾아주기를 원한다. 한 번은 우리가 광대로 분장하여 방문한 것에 대한 환자의 반응에 대해 직원끼리 이야기한 것을 들었다. 우리가 무대를 내려갈 때 환자가 얼마나 기뻐했는지를 말했다. 또한 환자는 팝콘과 풍선으로 만든 동물을 좋아했다. 가족도 새로운 방법으로 상호작용을 하는 것을 좋아했다. 이제는 나쁜 상황에서도 함께 즐거움을 나눠야 할 때다. 광대가 방문할 때가 되면 직원과 행정부서 사이에는 많은 토론이 이루어진다. 또한 우리가 오후에 모든 환자를 개인적으로 방문하는 것만큼 개개의 환자와 함께하는 시간도 늘어난다.

이러한 광대가 주는 특혜는 다른 사람에게도 전파할 수 있다. 나는 감각기관의 자극과 사회적 상호작용, 삶의 질 향상이라는 목표를 가지고 장기적으로 한 환자를 보살폈다. 그러나 광대는 동일한 혹은 그 이상의 목표를 가지고 재활과 종양학, 일반적인 의료 분야에도 적용할 수 있다. 나는 이런 광대놀이 기술을 섬세한 동작을 요구하는 재활훈련에 적용했다. 환자가 소집단 내에서 광대가 되었고, 우리는 함께 동물을 만들었다. 이것은 그의 섬세한 운동기술에 도움이 되었을 뿐만 아니라 기술을 배우고 싶어 하거나 나중에 방문할 가족 구성원에게 동물을 주고 싶어 하는 다른 환자에게 적용했다. 레크리에이션 치료사로서 나는 광대놀이가 그동안 배워 왔던 치료도구 중에서 최고의 치료도구 중 하나라는 것을 발견했다. 광대놀이는 다른 요구를 가지고 있는 다양한 환자에게 적용할 수 있으며, 환자를 행복하게 한다. 광대를 거절하는 것보다 치료를 위해 꼭 필요한 치료사를 거절하는 것이 더 쉬워 보인다.

광대가 별로 도움이 되지 못했던 한 환자집단은 어린아이들이었다. 우리는 종종 어린아이들을 참가시키면서 발달상 7세 미만의 아이에게 잘 어울릴 만한 곡예단과 광대를 선정하지만 전혀 반대의 상황도 나타난다. 병원에 입원해 있는 아이는 치료를 받으면서 하루에 20~30여 명의 건강 관련 전문의를 만난다. 이 전문의 중에서 상당수가 심적으로 부담감을 주거나 고통을 준다. 어린아이는 종종 의료담당 직원과 광대를 구분하지 못해 성인이 비슷하게 입고 다가오면 금방 울음을 터트리거나 비명을 지른다. 또한 어린아이는 물체를 입으로 접하면서 세상을 배워 가는데, 고무풍선은 절대 입으로 빨아서는 안 되는 물건 중 하나다. 터진 풍선 조각을 삼켜 질식할 수도 있기 때문에 고무풍선을 이용한 놀이는 절대로 어린아이와 해서는 안 된다.

🔴 광대놀이 참고자료

도서

Bolton, R. (1982). *Circus in a Suitcase*. Rowayton, CT: New Plays, Inc.

Burgess, H. (1990). *Circus Techniques: Juggling, Equilibristics, Vaulting*. New York: Thomas Y. Crowell Co.

Cline, P. (1991). *Fools, Clowns and Jesters*. New York: Simon & Schuster Children's.

Disher, M. W. (1979). *Clowns and Pantomime*. Stratford, NH: Ayer Co.

Grock (Adrian Wettach). (1931). *Life's a Lark*. Stratford, NH: Ayer Co.

Schechter, J. (1985). *Durov's Pig: Clowns, Politics and Theatre*. New York: Theatre Communications Group.

Townsen, J. (1976). *Clowns*. New York: Hawthorn Books.

곡예장비

More Magic and Illusions
554 Boston Post Road
Milford, CT 06460
800-876-8484

Rob's Magic and Juggling Shop
3023 Central NE
Albuquerque, NM 87106
800-705-8425

Brian Dupe
25 Park Place
New York, NY 10007
212-619-2182

메이크업(크리오란, 아쿠아컬러)

Krtolan

132 Ninth St.

San Francisco, CA

415-863-9684

Special Effect Supply

543 W. 100 N. #3

Bountiful, UT 84010

801-298-9762

FAX: 801-298-9763

Clown Antics

38092 Hixford Place

Westland, MI 48185

313-721-3970

Lynch's Inc.

939 Howard

Dearborn, MI 48124

800-24-LYNCH

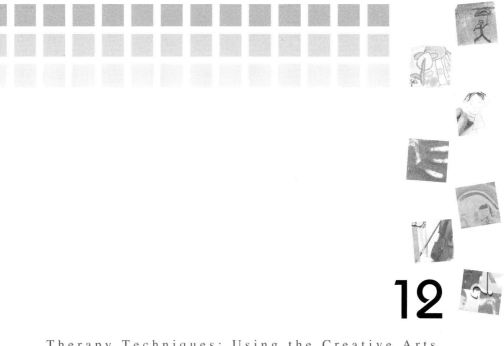

12

Therapy Techniques: Using the Creative Arts

음악

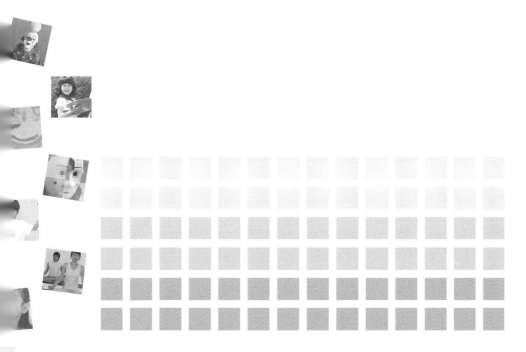

음악치료는 행동의 변화를 유도하기 위해 음악을 기능적으로 적용한 것이다. 그래서 음악치료에서는 다음과 같은 것을 중요시한다.

- 개념적 발달: 음악 및 뮤지컬 언어에 대한 기본 개념을 학습한다.
- 신체 이미지와 신체 자각: 신체를 이용하여 표현하고 리듬과 멜로디를 맞춘다. 치료과정에서 신체의 이미지를 강화시킨다.
- 전반적이고 섬세한 운동기술: 리듬과 협응예, 손뼉치기, 춤추기, 악기 사용
- 촉감의 구별: 음악은 질감이 있고, 표면은 음악을 창조한다예, 마룻바닥을 가로질러 이리저리 움직이는 발.
- 청각적 기억: 듣고 그 내용을 기억하기
- 청각의 순서: 언제 노래 부르고 또 언제 쉬어야 하는지를 배우는 것처럼 노래의 각 연에 대해 배우는 데는 시간적 순서를 따른다.
- 사회화: 집단의 다른 구성원과 함께하기

🌸 치료의 주요 목적과 초점

음악치료의 주요 목적은 내담자 능력의 몇몇 영역을 치료사가 평가할 수 있도록 하는 것이다. 이 영역은 내담자의 지각적 운동기술을 포함하여 전반적이면서도 섬세한 운동기술에 이르는 감각운동 기능, 그리고 그 내담자의 행동이 적절한지도 평가하게 된다.

음악치료의 핵심은 개인을 재활시키거나 집단을 이롭게 하는 것이다. 또한 음악적 활동은 치료사가 내담자의 사회적 기술을 향상시키는 것은 물론 창조적이면서도 흥미 있는 환경에서 연령에 적합한 행

동을 할 수 있도록 돕는 것이다. 음악치료는 '허용된' 탈출구다. 따라서 다른 방법을 통해서는 자신의 에너지나 정서를 표현하는 데 어려움을 겪고 있는 내담자에게 아주 효과적이다.

🟤 집단의 구조

음악치료 집단의 참여자는 보통 바닥에 둥글게 둘러앉는다. 이 원형의 구조는 몇 가지 장점을 가지고 있는데, 그것은 통일성, 시선 접촉, 사회적 상호작용 및 의견을 공유할 수 있다는 점이다. 리더는 원형으로 앉은 상태에서 반복적으로 과업이나 발달 영역 혹은 강조하고 싶은 내용을 공유하도록 이야기한다. 예를 들면, 과업은 집단의 다른 구성원이 따라 할 수 있도록 리듬을 창조해야 한다. 활동은 원의 중심에서 이루어진다.

되풀이해서 노래를 부르는 챈팅chanting, 노래하기, 리듬활동은 음악치료 집단의 기본이 된다. 집단은 아주 구조화되어서, 비록 리더가 원주위를 돌며 창조적인 활동을 위해 방에 머물지라도 치료사는 대부분 격려와 안정 및 지지를 제공한다.

🟤 활동은 과정을 위해 부차적인 것

다음은 기억해 두도록 한다.

- 참여자는 자신들이 최종적으로 다 함께 노래를 부를 수 있다는 사실보다도 집단활동에서 자신들이 했던 행동만을 기억하는 경향이 있다.
- 실제로 그들이 가지고 갈 수 있는 구체적인 물건은 거의 없지만, 그들이 했던 모든 것을 내재화시키기를 희망한다.
- 활동은 다르지만 집단의 각 구성원이 이런 활동에 접근하는 방법은 동일하다.
- 동료관계, 거절문제 및 충동조절 문제를 확인하고 반복해서 작업한다. 즉, 새로운 행동은 실천될 수 있고 오래된 행동은 변하거나 수정될 수 있다.

개인활동과 집단활동의 두 가지 유형의 활동이 있다.

개인활동은 다음과 같은 기술을 요구한다
- 소리내기
- 동작 만들기
- 순서 정하기
- 과업에 집중하기
- 지시사항 준수하기
- 지속적으로 노력하는 능력
- 대상에 적절하게 반응하기

집단활동 역시 다음이 필요하다
- 주의를 기울이기

- 공유하기
- 경계를 이해하고 설정하기
- 타인과 적절히 상호작용하기
- 타인의 이야기를 들어주기
- 자신의 순서를 기다리기
- 협력하기
- 관심을 받다가도 그것을 포기할 수 있는 능력
- 우정을 쌓아 가는 능력

활동은 다음과 같은 내용을 포함한다
- 노래 부르기
- 오르프 슐베르크
- 듣기
- 음악과 동작
- 춤
- 즉흥연주
- 가창력
- 악기연주 수업
- 유도된 심상

🌸 오르프 슐베르크 기법

카를 오르프_{Carl Orff}는 1920년 무렵 독일에서 이 기법을 개발했다. 제 2차 세계대전이 끝날 무렵, 그는 미국으로 자신의 인생 여정을 결정한 다. 슐베르크는 문자 그대로 '학교 수업_{school work}'을 뜻하며, 원래는 학생들에게 음악에 대한 기초 지식과 창조적인 표현을 가르치는 것이 었다. 그래서 그의 이름을 빌려서 '오르프 슐베르크'라고 명명하였 다. 임상적으로 이 기법은 개성을 존중하는 집단치료 과정으로서 자 기표현과 창조성을 발산할 수 있는 비상구이며, 참여자에게 성공을 보장한다.

오르프 슐베르크 기법은 일련의 즉흥적인 연주로 내담자가 성공적 으로 자기표현을 할 수 있도록 단계별로 진행한다. 또한 참여자는 집 단의 다른 구성원에게 영향을 끼치면서 창조성의 힘을 배운다. 이 활 동은 이 모델을 모방하면서 반응하는 것에 근거를 둔다. 이 기법은 메 아리나 문답법 형태를 개발했다. 리더의 역할은 원으로 둘러앉은 참 여자가 집단 앙상블의 느낌이 들도록 연주하게 하는 것이다.

오르프 슐베르크 론도

다음에 제시한 론도_{주제가 몇 번 반복되는 악곡 형식의 하나}는 리듬에 대한 개념 과 집단 상호작용을 작업하기 위해 사용된다. 특히 대인관계게임 론 도는 정상적인 대화로 표현하는 것이 어려울 수 있는 느낌을 표현하 도록 하는 비위협적인 방법이다.

이름 부르기 게임 론도

이름 부르기 (손뼉을 짝짝)

이름 부르기 (손뼉을 짝짝)

놀이를 하자 (손뼉을 짝짝)

이름 부르기 (손뼉을 짝짝)

이름 부르기, 이름 부르기

당신의 이름은 무엇입니까?

그리고 당신의 게임은 무엇입니까?

한 손이 말하기를 "처음 뵙겠습니다."

다른 손이 말하기를 "누구세요?"

과일 이름을 지어야 한다면

당신이 말했어야 하는데

어떤 선택을

하시렵니까?

이름을 계속 불러 갑니다.

(손동작을 이용해 위아래를 가리킨다.)

이름을 계속 불러 갑니다.

당신이 부른 소리를 따라

놀이를 해 봅시다.

대인관계게임 론도

음악, 음악이 흐르고

또 다른 음악을 만들며

친구와 함께 하네요.

(악기를 들고 연주하면, 다음 사람이 그와 함께 연주할 악기를 선택한다.)

누구든지 자신이 원하는 모습을 하고

누구든지 자신이 원하는 모습을 하고

몸집이 크건 작건, 키가 크건 작건

누구든지 자신이 원하는 모습을 할 수 있다네요.

당신은 어떤 모습을 하고 싶나요?

나는 나의 모습을 하고,

내 모자를 썼어요.

내 몸을 그 아래에 두고

내가 어떻게 보일까? 기분은 어떨까?

나를 봐요, 진실한 모습을 보세요.

아주 큰 사람들은

발을 쿵쿵거리며 걷고

아주 작은 사람들은

땅에 닿을 듯 걷지요.

탬버린 소리가 울리고

트라이앵글과 징소리도 울려요.
이제는 당신이
노래를 부를 때입니다.

밤이 늦었고,
나는 무척 배가 고파요.
내가 부엌으로 갔을 때
무엇을 볼 수 있을까요?

소원과 소망이
실현될 수 있다면
이것은 바로
내가 당신에게 바라는 것이랍니다.

리듬은 재미있고
리듬은 자유로워요.
당신은 나를 위해
리듬을 만들어 줄 수 있나요?

당신은 당신일 뿐이죠.
당신이 나였다면
무엇을 했을까요?

속삭임은 즐겁고,

속삭임은 재미있지요.
한 사람을 지나서
얼마나 멀리 갈 수 있을까요?

마법의 잉크 반점,
무엇이 될 수 있을까요?
그것을 뭔가로 만들어
나에게 건네줘요.

창밖을 보고
하늘을 쳐다보아요.
어떤 느낌이 드나요?
당신이 날 수 있다면
무엇을 할 수 있겠어요?

당신의 기분이 침울할 때
무엇을 할 수 있을지 아나요?
당신을 괴롭히는 것에
작별인사를 하세요
그것은 무엇인가요?

T셔츠와 청바지
T셔츠와 청바지
T셔츠와 청바지 외에

무엇을 입고 있나요?

마녀는 욕망을 가지고 있고
마녀는 욕망을 가지고 있고
마녀의 욕망은
어디에, 어디에 있나요?

같은 점과 다른 점
같은 점과 다른 점
우리는 모두
같으면서도 다르답니다.

헤이! 그림자, 어이! 그림자
네가 무엇을 하는지 우리에게 보여 줘.
헤이! 그림자, 어이! 그림자
네가 무엇을 하는지 우리에게 보여 줘.
우리도 너와 똑같이 할게.

허풍쟁이야!
참으로 어리석은 소리구나.
허풍쟁이야!
일어나서 움직여 보아라.

소품을 가지고 하는 론도

소품: 신발

신발 소리를 주의 깊게 듣고

무슨 말을 했는지 우리에게 말해 봐요.

소품: 종이컵

내가 발견한 것을 보세요.

그것은 작고 둥글지요.

내가 이것을 잃어버리기 전에

어떻게 사용하는지 보여 줄게요.

소품: 공

벽, 공

너는 어디로 떨어지는가?

소품: 풍선

풍선,

공중에 떠 있는 풍선

우리 모두가 함께 할 수 있도록

풍선 몇 개를 날려 보내 봐요.

소품: 상자

상자 안에 무엇이 있을까요

상자 안에 무엇이 있을까요

예쁜 양말, 금발의 미인
상자 안에 무엇이 있을까요

소품: 꼭대기
뱅글뱅글 돌아라.
멈출 때까지 뱅글뱅글 돌려라.
회전을 멈추면
내가 그 꼭대기에 있을 것이다.
(집단은 "꼭대기에 무엇이 있나요?"라고 말한다.)

소품: 빗자루
이것은 내 빗자루죠.
내가 좋아하지 않는 것은
모두 쓸어 버리죠.
오늘은 내 마음속에 있는 것을.

소품: 나비 모양 리본이 있는 포장상자
상자
나비 모양의 리본을 묶은 상자
당신의 선물이
어떻게 되어 가고 있는지 보여 주세요.

소품: 자석
이것은 나의 자석이랍니다.

내가 좋아하고
내가 원하는
모든 것을
나에게 가져오지요.

소품: 베개
베개,
사랑으로 채워진 베개
내 마음을 편안하게 하고
모험을 즐기는 나의 비둘기

소품: 가면팅 빈 종이
이것은 나의 가면이랍니다.
가면은 나에게 기쁨을 주지요.
나는 ＿＿＿＿＿ 때문에
가면을 좋아하지요.

소품: 마분지로 만든 벽
이것은 벽입니다. 이것은 벽입니다.
어떻게 벽을 넘어갈 수 있을까요?
어떻게 벽을 넘어갈 수 있을까요?
한 번에 모두가?
정답은
이것은 벽입니다. 이것은 벽입니다.

우리는 사다리를 이용할 수 있어요.

한 번에 모두가.

소품: 열쇠와 탬버린

(두 사람, 각각 A와 B)

A: 나는 음악의 자물쇠이지요.

B: 나는 음악의 열쇠이지요.

A: 당신은 자물쇠를 열기 위해서

내가 하는 것과 똑같이 해야 됩니다.

(B는 A가 탬버린으로 간단하게 연주하는 리듬을 흉내 낸다. 그런 다음 B가
자물쇠를 열면 다음 사람이 노래를 반복적으로 따라 한다.)

소품: 지팡이처럼 생긴 막대기

(모든 사람이 동물 하나를 선택하도록 한다. 막대기를 가지고 그 사람을
지적한다.)

당신은 _____ (동물 이름, 예를 들면 비비)

비비, 비비

비비, 당신은 무엇을 하나요?

무엇을 하나요?

소품: 탬버린

이것은 탬버린입니다.

탬버린, 탬버린

이것은 탬버린입니다.

그 밖에 무엇이 될 수 있을까요?

소품: 정렬된 모자

각각의 참여자는 모자를 하나 선택하여 착용하고, 모자의 용도에 맞는 역할을 수행한다(카우보이모자, 경찰모자, 군용모자, 베일을 두른 숙녀모자, 야구모자). 그런 다음 참여자는 '거리의 리포터'와 집단 챈트를 하면서 다음과 같이 인터뷰를 할 것이다.

그는 똑바로 걸어가서
자신의 머리 위의 모자를 어루만지며
마이크 앞으로 다가가
이렇게 했답니다…….

투사게임 론도
내 창문을 두드린 사람은 누구인가요?
문을 똑똑 두드린 사람은 누구인가요?
창문을 두드린 사람은 나의 _____입니다.
그리고 문을 두드린 사람은 나의 _____입니다.
내가 아주 어린 소녀(소년), 아주 어린 소녀, 아주 어린 소녀였을 때
내가 _____살 정도의 아주 어린 소녀였을 때
(예를 들어, 무언가 일어났던 사건을 이야기한다.)
내 아이스크림콘이 바닥에 떨어졌지요.
(이전 문구를 반복한다.)
내 아이스크림콘이 바닥에 떨어졌어요.

내 영혼을 축복해 주세요.

(긍정적인 해결방안)

할머니가 다른 아이스크림을 사 주셨어요, 다른 아이스크림.

(이전 문구를 반복한다.)

할머니가 다른 아이스크림을 사 주셨어요, 다른 아이스크림.

내 영혼을 축복해 주세요.

톡-커-디(무릎을 두 번 친다) 고-디(손뼉을 두 번 친다)

(왼손의 손가락을 딱딱 두 번 치면서 왼쪽을 보고, 오른손의 손가락을 딱딱 두 번 치면서 오른쪽을 본다.)

톡-커-디 고-디

톡-커-디 고-디

(왼손의 손가락을 딱딱 두 번 치면서 왼쪽을 보고 오른손의 손가락을 딱딱 두 번 치면서 오른쪽을 본다.)

(리듬을 만든 후에, 당신의 손가락을 딱딱 치면서 왼쪽과 오른쪽에 있는 사람의 이름을 말한다. 이 과정은 참여자를 원으로 앉게 하고 계속 진행한다. 속도를 빠르게 하거나 느리게 할 수 있다.)

🟦 음악을 사용한 부가적인 활동

다음 활동은 가장 복잡한 구조에서부터 가장 단순한 구조에 이르기까지 다양하게 적용된다.

전체적인 집단의 효과

모든 사람이 오르프 슐베르크 악기를 사용하기 시작한다. 리더는 음악을 듣고 일정한 박자를 찾아 연주한다. 집단은 리더가 설정한 리듬을 반복한다.

당신의 느낌을 연주하고 제목 붙이기

이 활동은 개별적으로 이루어지며, 집단에서 구성원은 한 집단처럼 순서에 맞춰 연주한다. 리듬이나 음량, 박자를 통해서 감정을 표현한다.

떨쳐 버리고 싶은 것

연주자는 자신들이 떨쳐 버리고 싶은 어떤 것을 상상한다. 예를 들면, 걱정, 화난 감정 혹은 문제가 되는 생각이 될 수도 있다. 집단 내에서 개인은 이런 '떨쳐 버리는' 경험을 표현하기 위해 연주한다.

사람들과의 대화

두 명의 집단 구성원이 자신들의 악기를 사용하여 대화를 나눈다. 제삼자를 추가할 수도 있다_{세 사람으로 제한해서 관찰자가 그 대화를 따라 하게 할 수도 있다.}

악보 만들기

집단을 몇몇 소집단으로 나눈다. 각 소집단은 자신들에게 적용할 수 있는 악기의 상징물_{도안용 종이로 재단한}을 결정한다. 소포용지 위에 상징물과 음표를 놓고 악보를 만든다. 각 개인은 악기를 선택하여 자신의 악기를 나타내는 상징물을 확인한 후, 그 음표를 보고 연주한다. 구성원 중 한 사람이 지휘자가 된다.

탐구활동

집단을 원으로 둘러앉게 한 다음, 리더가 1비트 음악을 연주하기 시작하면 다른 사람은 뒤따른다. 그런 다음 리더가 2비트 음악으로 바꾸고 집단이 리더를 따라가는지 살핀다. 부드럽게 시작하여 점점 더 공격적으로 변화시킨다. 다시 온화한 음악으로 바꿨다가 점점 더 빠르게, 가장 빠르게 연주한 다음, 마지막은 느리고 조용하게 끝낸다.

비

집단 구성원은 가운데를 보면서 원으로 앉는다. 모두 눈을 감고, 오른쪽에 있는 사람이 표시한 음정을 반복할 준비를 하는 잠시 동안 조용히 한다. 모든 구성원이 눈을 감고 있고 리더가 손바닥을 원을 그리며 앞뒤로 문지를 때 폭풍우가 몰려온다. 왼쪽에 있는 사람이 먼저 동참을 하고, 그다음에는 그 옆 사람, 또 그 옆 사람으로 전달되어 모든 사람이 손바닥을 문지르며 이슬비가 강해질 때까지 계속한다. 리더는 그 이슬비 소리를 바로 자신의 오른쪽에 있는 사람이 만든 것으로 들었을 때, 자신의 손가락을 부딪쳐 딱딱 소리를 내기 시작한다. 원으로 둘러앉아 한 사람씩 손바닥을 문지르는 대신 손가락을 딱딱하고 치면 빗방울이 점점 톡톡 튀기 시작한다. 모든 사람이 손가락을 딱딱 치면, 리더는 손뼉을 치는 것으로 동작을 바꾼다. 그다음에는 넓적다리를 치고 또 그다음에는 발을 동동 구르는 동작을 한다. 마침내 폭풍우가 잠잠해지면, 이번에는 반대로 그 동작을 이끌어 간다. 발을 동동 굴렀다가 넓적다리를 치고 손뼉을 친 다음, 손가락을 딱딱 치고 마지막으로 손바닥을 문지른다. 집단의 구성원이 이런 동작의 변화를 듣는 데 어려움을 느끼면 한 동작에서 다음 동작으로 넘어갈 때 옆 사람이 팔꿈치로 살짝 찔러 알려 줄 수도 있다.

13

Therapy Techniques: Using the Creative Arts

춤/동작과 동작 탐구

춤/동작치료와 동작 탐구 방법은 이름은 비슷하지만 서로 바꿔 쓸 수 없다. 춤/동작치료는 내담자의 동작에 대한 심리적인 상황을 많이 내포하고 있는 반면, 동작 탐구는 단순히 공간에서 움직일 수 있는 가능성만을 탐구한다.

춤/동작치료의 목적

춤/동작은 "동작을 통해서 감성을 표현"하는 것이다_{Warren, 1984.} 춤/동작을 치료방안으로 취급한 치료사는 인지과정, 감정, 동작 등의 상호 연관성을 찾으려고 노력한다. 춤/동작치료의 주된 목적은 내담자가 더욱 능숙하게 신체의 통합과 인식을 할 수 있도록 도와주는 것이다. 이런 광의의 목적은 다시 관련 내담자의 집단에 따라 세 가지로 나누어진다.

첫째는 감정에 관한 것으로, 동작은 바로 자신의 감정을 방출한다. 춤/동작치료를 통해서 내담자는 분노나 공포, 슬픔 등과 같이 자신을 억누르고 있는 감정을 표현하는 데 도움이 되는 방법을 찾는다. 춤/동작은 내담자가 갈등, 긴장, 그리고 왜곡_{분열과 긴장으로 고통을 받는 사람}을 극복할 수 있게 한다. 자신을 표현할 수 있는 능력이 증가하면 신체적 움직임의 반경도 커질 수 있다.

두 번째 목적은 신체에 관한 것이다. 춤/동작 연습을 통해 내담자는 광란의 의식적인 동작과 같은 충동적이고 임의적인 행동을 통제할 수 있게 된다. 내담자는 즉흥적이고 충동적인 동작에서 기계적인 동작에 이르는 동작의 범위를 더 잘 통합하는 것을 배울 수 있다. 중풍과 같은 신체적 어려움을 겪고 있는 사람에게 춤/동작은 부분적으로 창조적이고 편안한 경험을 통해 근육경련을 조절할 수 있도록 도와준다. 춤/동작치료는 신체 이미지와 자기 지각예, 섭식장애 환자의 경우에 대한 현실적인 감각을 강화시켜 준다.

끝으로 춤/동작치료의 목표는 사회적 특성을 갖는다. 내담자는 언어적이미지 혹은 비언어적서로 반응하고 관계를 갖는 방식의 '집단 리듬'에서처럼 동작을 통한 방법으로 타인과 상호작용하며 공유할 수 있는 기회를 갖는다. 춤/동작은 내담자, 특히 위축되어 있는 사람에게 타인과 환경과의 관계를 개발할 수 있는 독특한 방법을 제공한다.

평가와 관찰

춤/동작치료에서 모든 동작은 적응적이며대처기제 표현적인개인의 반영 것처럼 보인다. 다음에 제시한 동작의 측면과 범위는 춤/동작치료에서 관찰되고 평가되며 작업할 수 있다.

에포트/현존의 이용

- 행위의 형태신체 밖으로 향하거나 안으로 향하는
- 신체 면의 활용수직적, 수평적, 화살촉 모양
- 공간을 향한 자세직접적인, 간접적인
- 시간빠르게, 느리게
- 힘강하게, 약하게
- 공간으로의 움직임직접적인 동작과 형태 동작

• 제스처_{분리된 신체 부분}와 자세_{서로 관련된 여러 부분의 활동} 사이의 관계

춤/동작의 활동

신체 워밍업

집단 구성원에게 "여러분은 신체 부위 중 어디에 스트레스를 저장하고 있나요?"라고 물어본다. 그런 다음 머리에서 발끝까지 그 스트레스를 저장하고 있는 신체 부위에 따라 구성원을 일렬로 세운다. 같은 순서로 원을 만들게 한다. 각 구성원이 머리와 목을 시작으로 하여 신체 부위를 이완시키는 운동을 보여 주면, 다른 구성원은 그 동작을 따라 한다. 이 과정은 원의 형태로 진행되는데, 각 구성원의 차례가 끝날 때까지 계속된다. 이것은 비언어적으로 했을 때 아주 효과적이다.

춤카드

카드 한 장을 각 구성원에게 나누어 준다. 각 카드에는 사람, 동물 혹은 사물의 이미지가 그려져 있다. 리더가 음악을 들려주면 참여자는 자신이 들고 있는 카드의 이미지를 어떤 동작으로 표현하도록 초대된다. 집단 구성원은 활동의 일부로 카드를 서로 바꿔 진행한다.

소리와 동작의 전달

집단 구성원은 각자의 동작을 취할 수 있는 공간을 확보하고 원을 만든다. 한 참여자_{리더}가 어떤 동작과 소리를 낸 후, 바로 오른쪽에 있는 사람에게 그것을 전달한다. 옆 사람은 그 동작과 소리를 모방한 후

다음 사람에게 전달하는데, 처음 리더에게 돌아올 때까지 계속 전달
한다. 그런 다음 두 번째 리더가 다른 동작과 소리를 선택하여 같은
과정을 반복한다.

손에 손잡고

두 명의 파트너가 서로 마주 본 다음, 누가 '리더'가 되고 누가 '추
종자'가 될 것인지 결정한다. 리더의 손바닥이 위로 향하게 하고, 추
종자의 손바닥은 아래로 향하게 하여 리더의 손바닥 위에 올려놓는
다. 리더는 자신의 손을 아무 방향이나 부드럽게 움직이고, 추종자는
그 리듬을 따라간다. 이 활동은 신체적 접촉만 빼면 '거울 보기'와 유
사하다.

스카프 춤

집단을 원으로 만든다. 각각의 참여자는 색동천이나 리본, 면사를
손으로 잡는다. 그리고 차례로 천을 팔로 돌리기, 천조각 위를 넘기
또는 빙빙 돌리기를 한다. 한 사람씩 자신만의 춤을 보여 주면, 다른
사람은 그 동작을 따라 한다.

파트너와 함께 걷기/움직이기

집단을 파트너와 둘씩 짝을 이루도록 한다. 한 사람(A)이 방 안에서
다른 사람(B)을 인도한다. 먼저 B는 수동적인 입장에서 상대를 신뢰하
고 지시받은 대로 움직인다. 그런 다음 B는 약간의 저항을 하기 시작한
다. 마지막으로 B는 자신을 움직이려는 A의 시도에 대해 아주 적극적으
로 저항한다. 역할을 바꾸어 진행한 다음 경험한 것에 대해서 토론한다.

통과하기

상상력을 이용하여 다음의 물건을 통과해 본다.

- 꿀
- 모래
- 들판에 핀 데이지꽃
- 숲이 우거진 밀림
- 풍선껌의 커다란 풍선

- 물
- 공기
- *끈끈한 젤리*
- 구름
- 잡동사니로 가득 찬 주머니 속

시선 접촉하기

참여자는 원형으로 서거나 앉아서 다른 사람과 시선을 맞추려고 노력한다. 예컨대, 머리를 끄덕이거나 지명하는 특정한 신호를 통해 시선 접촉이 확인되면 두 사람은 신속하게 자리를 바꾼다. 이 활동은 아무런 위협을 느끼지 않고 시선 접촉을 촉진하여 관찰기술을 향상시키도록 도와준다.

신뢰와 지지의 탐구

집단 구성원은 서로 손을 잡고 큰 원을 그리며 선다. 균형을 유지하면서 서로 멀리 당겼다가 몸을 안으로 기울였다가, 오른쪽으로 기울였다가 왼쪽으로 기울이며 서로 의지한다.

알파벳 동작

A부터 Z까지 알파벳을 이용하는데, 각각의 알파벳으로 시작하는 동물이나 사물의 이름을 이용하여 춤이나 동작을 표현한다. 예를 들

면, "'A'라고 하면 alligator악어, 'B'하면 ball공, 'C'하면 caterpillar애벌레처럼 움직이세요." 춤추는 사람을 격려하여 각 문자에 대해 떠오르는 단어를 말하도록 한다.

'S 영역'의 동사

집단 구성원은 'S'로 시작하는 행위동사를 이용한다. 예를 들면, 슬라이딩sliding, 건너뛰기skipping, 움츠리기slumping, 어슬렁거리기sauntering, 배회하기strolling, 때리기striking, 점잖게 걷기strutting, 쿵쿵거리기stomping, 미끄러지기slithering, 낚아채기snapping, 강타하기smashing 등이 있다. 리더나 집단 구성원은 떠오르는 단어를 말할 수 있다.

반대로 움직이기

이 활동은 집단 구성원이 움직이고 공간을 활용하는 방법을 탐구하도록 도와준다. 리더는 집단 구성원에게 동작을 요청할 수 있다.

- 개방–폐쇄
- 높은–낮은
- 큰–작은
- 무거운–가벼운
- 가까운–먼
- 넓은–좁은
- 곧은–기울어진
- 직선–곡선

발자국

리더는 두껍고 색이 있는 종이나 비닐로 발자국을 만들어, 춤추는 사람들이 따라 할 수 있는 패턴을 표시한다내담자가 미끄러지지 않도록 바닥에 테이프로 고정한다.

상반된 감정으로 움직이기

이런 정반대의 감정을 탐구하는 것은 여러 범주의 동작을 만들어 낼 수 있다. 리더는 집단 구성원에게 제안하여 다양한 상반된 감정을 표현하도록 한다.

- 사랑하는-증오하는
- 잃은-찾은
- 유식한-무식한
- 행복한-슬픈

보완적인 스트레칭

둘씩 짝을 이루어 춤추는 사람은 서로의 무게, 힘, 균형을 유지하면서 다양한 스트레칭 운동을 한다.

네 명씩 집단으로 거울 보기

거울 보기의 활동은 처음에 두 명의 파트너가 리더와 추종자의 역할을 차례로 바꾸어 가면서 실행한다. 그런 다음 네 명씩 집단을 이루도록 하여 한 사람이 리더가 되고 나머지 세 사람은 동작을 따라 한다. 이제 리더의 목표는 그 세 사람의 동작을 이끄는 사람이 누구인지 찾아 내는 것이다. 집단 구성원은 누가 '이끌고' 누가 '추종하는지'의 사이에서 균형을 이룰 수 있을까?

춤을 창조하기

네 명씩 집단을 구성하여 참여자들이 5분간에 걸쳐 춤을 만든 다음 집단 전체 앞에서 그 춤을 공연한다.

접촉을 위한 즉흥춤

둘씩 짝을 이루어 함께 동작을 탐구하는 것으로, '지금 이 순간에 머물도록 하는' 좋은 활동이다. 집단을 짝으로 나눈 후 다음과 같은 지시사항을 준다. "눈을 크게 뜨고 살펴보십시오. 파트너를 지지할 기회를 찾으십시오. 그러나 당신 파트너의 신체적 동의 없이는 부담을 주거나 받지 마십시오. 자기 마음대로 다음 행동을 지시하기보다는 상호 간의 합의를 통해 행동하십시오. 상호 신뢰는 '철저한 주의'에서 나옵니다."

원형으로 걷기

집단을 큰 원으로 만들어 원의 중심을 바라보게 한 다음 왼쪽 사람을 보며 시작한다. 매번 걸을 때마다 함께 숫자를 세며 걷는데, 한 걸음에 한 번 숫자를 센다. 하나, 둘, 셋, 넷, 다섯, 여섯, 일곱, 여덟, 아홉, 열, 열하나, 열둘, 열셋, 열넷, 열다섯, 열여섯. 열여섯까지 세면서 걸은 다음, 얼굴을 반대 방향으로 돌리며 하나에서 열다섯까지 세며 걷는다. 이때 한 걸음씩 빼게 된다. 열다섯을 세면서 걷고 난 다음 방향을 바꾸어 다시 하나에서 열넷까지 세며 걷는다. 이와 같은 방법으로 계속해서 숫자가 끝날 때까지 걷는다.

당신은 내가 ~한 방식을 보고 내가 어떻게 느끼는가를 말할 수 있다

집단 구성원은 번갈아 가면서 자신의 창조성을 이용하여 동작과 얼굴 표정으로 감정을 표현한다. 각 개인은 다른 구성원이 지켜보는 가운데 자신의 느낀 점을 표현한다. 리더는 더 많은 것을 표현할 수 있도록 이끈다.

- 걷기
- 껑충 뛰기
- 흔들기
- 비명을 지르기

- 뛰기
- 미소 짓기
- 쿵쿵거리기
- 빙글빙글 돌기

예시 **당신은 내가… 걷는 방식을 보고 내가 어떻게 느끼는가를 말할 수 있다.** 이 챈트단조로운 노래는 집단이나 댄서가 자신이 느끼는 것을 동작으로 표현하면서 할 수 있는 것 중의 하나다.

내가… (걷는) 방식으로
내가… (걷는) 방식으로
당신은 내가… (걷는) 방식으로 내가 어떻게 느끼는가를 말할 수 있다.
걷는다.
걷는다.
걷는다.

당신이 좋아하는 방식으로 행동하는 사람을 생각하기

집단 구성원은 자신이 존경하는 사람의 방식을 모방한다. 집단의 구성원이 관찰하는 동안 각 개인은 걷기, 제스처 취하기 혹은 신체언어로 표현하기를 한다.

벗어나고 붙잡기

집단 구성원에게 다음의 질문을 신체적으로 표현하게 한다. "만약 당신이 _____에서 벗어나 _____로 변한다면 어떤 모습이겠는가?"

예시 "만약 당신이 두려움_{어깨를 움츠리고 손으로 얼굴을 가림}에서 벗어나 믿음_{똑바로 서서 가슴을 활짝 폄}을 갖는다면 어떤 모습이겠는가?" 다른 예로는 분노, 슬픔, 고통 등을 들 수 있다.

동작을 제시하고 다양화하기

리더는 집단 구성원에게 여러 가지 동작을 제시하고 공간탐구 연습을 통해 다양화하도록 한다. 예를 들어, 리더는 울타리에 페인트칠을 하는 무언극을 하도록 한 후, 그 동작을 빠르게, 느리게, 작게, 크게, 높게, 낮게, 거칠게, 부드럽게 등 강도의 세기를 수정할 수 있다.

종결

집단의 각 구성원은 모자를 건드리는 것처럼 조그만 동작의 제스처를 만들고 사용하는데, 이는 회기가 끝날 무렵에 자신의 개인적 표시가 된다.

동작지도

집단의 각 구성원은 자신의 동작에 대한 일련의 지도를 그린다. 예를 들면, 지도는 '3번 깡충 뛰기, 4번 슬라이드와 돌기, 그런 다음 방향 바꾸기 등'을 나타낼 수 있다. 구성원은 그런 식으로 춤을 추고 나서 다른 파트너를 찾아 그 지도를 가지고 동작을 안내한다.

신체 대화

모든 참여자는 두 개의 카드를 만들어 한 카드에는 한 가지 감정을,

다른 한 카드에는 신체의 한 부위를 그려 넣는다. 감정을 표현한 카드는 한 모자에 넣고, 신체 부위를 표현한 카드는 다른 모자에 넣는다. 참여자는 차례로 각각의 모자에서 감정 카드와 신체 부위 카드를 한 장씩 뽑는다. 그런 다음 카드에 표시된 신체 부위만을 이용하여 다른 카드에서 뽑은 감정을 표현한다. 나머지 참여자는 그 감정과 신체 부위를 추측한다.

팔짱 술래잡기

리더는 집단을 세 명씩 구성한 후 가운데 있는 사람이 양옆의 사람과 서로 팔짱을 끼도록 한다. 한 집단이 '술래it'로 지명된다. 이 술래집단의 가운데 사람이 스카프와 같은 '표적marker'을 받는다. 이때 이 술래집단의 3인조는 분리하여 각각 세 사람처럼 행동한다.

행위 표적을 갖고 있는 사람은 자기 집단의 두 이탈자가 떨어지지 않도록 노력한다. 이 두 명의 이탈자는 다른 3인조에게 가서 팔짱을 끼려고 시도한다. 3인조가 4인조가 될 때, 네 번째 사람이전 이탈자로부터 맨 끝에 있는 사람이 '술래'가 된다. 3인조는 이탈자를 피하기 위해서 한 몸이 되어 공간을 움직인다.

목표 '술래'가 되지 않도록 노력한다.

등대고 일어나기

리더는 집단을 둘씩 짝짓는다. 각각의 짝은 서로 등을 대고 앉는다. 참여자는 무릎을 굽혀서 발을 바닥에 대고 가슴으로 끌어당긴다. 리더는 각각의 짝이 서로 팔꿈치를 걸어 등을 맞대고 힘을 합하여 동시에 일어서도록 한다. 일부 참여자에게 이것은 새롭고 어려운 경험일 수도 있다. 또한 미끄러운 양말이나 바닥은 어려움을 더할 수 있다. 리더는 함께 행동하고 협동하면 쉽게 과업을 달성할 수 있다는 점을 강조한다.

상상의 펜으로 이름 쓰기

리더는 신체의 한 부분을 제시한 후, 참여자에게 그 신체 부위로 상상의 펜을 들고 있는 것처럼 생각하면서 최대한의 공간을 활용하여 자신의 이름을 써 보도록 한다. 예를 들면, 리더는 "여러분의 머리를 이용하여 자신의 이름을 써 보세요."라고 말할 수 있다.

🌸 동작 탐구

동작 탐구는 오랫동안 초등교육에서 인정받고 있는 분야로서 사람이 신체의 동작을 조절하고 신체적 기술을 향상시킬 수 있도록 지도하기 위해 고안된 일련의 점진적인 문제해결 체험이다Deighton, 1971. 동작 탐구의 기초는 신체활동의 근본적인 패턴을 탐구하는 데 있으며, 이동활동달리기, 건너뛰기, 걷기과 비이동활동구부리기, 밀기, 당기기으로 구분할 수 있다. 이 탐구가 아동과 성인에게 중요하지만, 특히 장애가 있는 사람의 신체적 능력과 지각능력을 개선하는 데 아주 중요하다.

교육목적

교육목적은 다음에 제시한 전개과정을 '학습단위'로 가르치는 것이다.

안전성

안전성은 학과와 활동에서 가장 우선시되는 덕목이다. 호루라기를 불면 멈추고 보고 듣는 법을 배워야 한다.

신체 이미지와 공간 인식

동작 탐구에서 가장 중요한 점은 신체에 대해서 배우는 것이다. 신체는 어떤 부분으로 이루어져 있으며, 각 부분은 어떻게 움직이고, 또 그 움직임에는 얼마나 많은 방법이 있는가? 어떻게 각 신체의 부분을 숙달시키고 또 다른 부분과는 어떻게 결합해서 사용할까? 당신의 신체는 주변의 환경에 어떻게 적응하고 있는가? 그리고 장애물을 피하고 안전성을 유지하기 위해서 환경을 어떻게 이용하고 있는가?

자신감, 자기 보장, 도전 과제를 해결하기

문제로 제시된 과제는 아주 높은 곳에 올라가기, 좁은 표면이나 넓은 공간으로 이동하기, 불안정한 땅을 지나가기, 아주 빠른 속도로 안전하게 여행하기 등을 포함한다. 이것은 사람들이 도전을 성공적으로 완수하면 그 성공을 다른 활동으로 일반화시키는 경향이 있다는 이론에 근거한다.

시각적 초점과 균형

이 두 가지 능력은 초점에 대한 균형의 영향력 때문에 함께 고려해야 된다. 균형은 그 자체만으로 거의 모든 동작, 즉 앉기, 무릎 꿇기, 걷기, 심지어 한쪽으로 잠자기 등의 기본이 된다. 대부분의 학습 과업은 시각적 초점이 요구되는데, 이것은 뭔가에 집중을 하고 관계를 유지할 수 있는 능력이다. 균형이 잘 이루어지지 않으면 사람의 시각 영역은 종종 균형을 이루려고 시도하면서 자주 바뀐다.

체력과 인내심

체력과 인내심은 모두 성공적인 동작과 건강 그리고 안정성의 기초가 된다. 예를 들면, 체력은 위험한 상황에서 자신을 안전하게 끌어내는 반면, 인내심은 일과 후나 긴급한 상황 이후에도 특별한 오락을 즐길 수 있는 힘을 비축함으로써 활동적인 생활을 영위하는 데 중요하게 작용한다.

손과 눈의 협응

손과 눈을 협응하여 사용하면 사람들이 게임, 특히 공놀이 게임에서 하나처럼 행동할 수 있다. 손과 눈의 협응은 독서나 글쓰기, 그리고 대부분의 창조적인 노력에 아주 중요하게 작용한다.

⬤ 동작 탐구활동

이와 같이 연속적인 활동은 일련의 지시사항으로서 리더나 치료사가 집단에게 제시할 수 있다.

개인활동

신체 부위를 마룻바닥에

리더가 부른 숫자만큼 신체 부위로 마룻바닥에 접촉하는 방법을 찾는다 리더는 1, 2, 3, 4 등의 숫자를 외친다.

공간 찾기

• 당신이 다음과 같은 활동을 할 수 있다고 생각한 어떤 공간을 방안에서 찾는다.
  – 그 공간에서 '집으로 가는 길'을 찾는 데 도움이 될 만한 공간 세 곳을 찾는다 예컨대, 마룻바닥이나 벽에 표시를 한다.
  – 당신이 페인트 붓을 가지고 있다고 생각하고 그 공간을 장식한다.
• 당신의 공간을 통해 움직이기 시작한다.
  – 얼마나 천천히 움직일 수 있는가?
  – 얼마나 살며시, 또 부드럽게 움직일 수 있는가?
  – 얼마나 높이 움직일 수 있는가?
  – 움직일 수 있는 공간에서 중간 지점을 발견할 수 있는가?
• 당신의 공간에 머무르면서 자기 이름의 첫 글자를 어떻게 만들 수 있는가?
  – 공간 안에 당신 이름의 첫 글자를 쓰라.
  – 당신의 이름을 쓰기 위해 자기 몸의 상반신을 사용할 수 있는가?
  – 신체의 하반신을 사용할 수 있는가?
  – 몸 전체를 이용하여 당신의 이름을 쓸 수 있는가?

- '집의 근거지'에서 벗어나 당신의 이웃들을 만나기 시작하고 이
웃들을 바라본다.

한 줄로 걷기

바닥에 한 줄로 서서 걷는다라더는 테이프로 선을 긋거나 마룻바닥의 형태를 이용한다.

더 많은 동작연습

음악 없이 당신이 우주 공간을 이동하고 있는 것처럼 움직인다. 당
신은 몸을 얼마나 작아 보이게 만들 수 있을까? 할 수 있다면, 상황에 어울리는 소
리를 낸다. 당신은 얼마나 가볍고 새의 깃털 같이 행동할 수 있을까? 얼마
나 자랑스럽게 보일 수 있을까? 얼마나 크게 보일 수 있을까? 바보처
럼 걸어 보자. 지구에서보다도 훨씬 더 몸무게가 나가는 혹성에 있는
것처럼 걸어가 보자. 또 그 발걸음의 무게를 느껴 보자.

짝활동

신체 부위 게임

두 가지의 신체 부위를 외친다. 집단 구성원은 파트너를 찾아서 함
께 이 두 부위를 댄다예컨대, 한 파트너는 코를, 다른 파트너는 팔꿈치를 서로 만진다. 참여자
는 매 도전이 끝나면 다른 파트너를 찾도록 한다. 예들 들면 다음과
같다.

- 코와 팔꿈치
- 무릎과 팔꿈치
- 손과 등
- 손과 발

- 어깨와 어깨
- 턱과 귀

가능하다면 집단 구성원이 적절한 두 신체 부위를 외치도록 한다.

패턴에 따라 걷기

큰 종이와 크레용을 사용하여 각 개인에게 어떤 패턴을 그리게 한 후 그 위를 걷고, 그런 다음 그 패턴에 따라 파트너를 이끈다. 예를 들어, 그 패턴은 다양한 크기의 보폭, 돌기, 비틀기, 원형, 간격으로 구성될 수 있다.

비눗방울

집단에게 비눗방울 하나가 다른 비눗방울과 접촉하면 무슨 일이 일어나는가에 대해 상기시킨다. 그들은 비눗방울 덩이가 될 수 있다. 파트너와 함께 방 안을 이리저리 움직이기 시작하다가 다른 한 쌍과 충돌하면 하나로 뭉쳐져서 4, 8, 16이 된다.

거울 보기 동작

파트너를 찾아서 서로의 움직임을 거울처럼 따라 한다. 얼마나 많이 도전할 수 있는지 당신의 균형 감각과 시각적 집중력을 시험해 본다.

집단활동

'파란색 만지기' 게임

집단에게 게임 중에 타인이 자신을 만지는 것을 관대하게 이해하라고 주지시킨 다음 게임을 시작한다. 한 사람을 '술래'로 지정하고, 그 술래를 제외한 모든 사람은 파란색 옷을 입은 사람을 만지는 '파란색 만지기touch blue' 게임을 시작한다. 술래가 계속해서 다른 색상을 외치면붉은색을 만지기, 검은색을 만지기 등, 참여자는 술래가 외친 색상을 입은 사람을 찾아가 만진다. 여기서 주의할 점은 술래인 사람이 "파란색 만지기"라고 외치면 모든 사람은 술래가 그들을 잡기 전에 그 파란색을 만져야 한다는 것이다. 그런 다음 술래에게 잡힌 사람이 다음 술래가 된다.

동물의 집

이 활동은 종합적인 상상력을 요구한다. 먼저 다음과 같은 장면을 설정한다.

- 모든 사람에게 이 회기에서 자신들이 되고 싶은 한 가지 동물과 그 동물의 움직임을 어떻게 흉내 낼 것인지 생각하도록 한다.
- 구성원이 얼굴 표정을 이용하거나 걸음걸이, 기어가기 등을 하고, 또 그 동물이 어떤 동물인지 나타내기 위해 소리를 내도록 격려한다.
- 구성원에게 이 활동이 정글에서 이루어지고 있다고 설명한다.

집단 구성원에게 말로 설명해서 모든 것을 동작으로 표현하게 하고 다음과 같은 지시사항을 준다. "집단 구성원이 매트 위에서 이리저리 움직일 때, 당신은 각각 다른 동물을 만날 것이고, 다른 동물에게 다가갈 때 어떤 행동을 할 것인지 결정해야 한다. 예를 들면, 달아날 것인가, 으르렁거릴 것인가, 아니면 호기심을 가지고 쳐다볼 것인가? 날아갈 것인가, 아니면 헤엄쳐 달아날 것인가? 밀림 속에 있다는 것을 어떻게 표현할 것인가? 당신은 큰 동물인가 혹은 작은 동물인가? 다리는 두 개인가 네 개인가? 조용한 편인가 시끄러운 편인가? 당신이 무슨 동물이고 어떤 동물과 어울리고 싶은지를 나머지 집단원이 맞출 때까지 집단 사이를 계속해서 움직인다.

동물

1. 집단을 원형으로 만든다.
2. 각 구성원은 자신이 연기하고 싶은 좋아하는 동물을 선택한다.
3. 리더가 자신이 좋아하는 동물을 흉내 내면서 게임을 시작한다. 그는 집단 내의 아무에게나 다가가 그 사람이 선택한 동물이 다른 동물에게 인사하는 것처럼 똑같이 인사를 한다.
4. 인사를 받은 그 사람은 자신의 동물 특성에 맞게 반응하고, 집단 내의 다른 동물에게 다가간다.
5. 모든 구성원이 자신의 동물을 표현할 때까지 계속한다.

인간 시소게임

1. 두 집단으로 나누어 서로 얼굴을 마주 보고 두 줄로 서도록 한다.
2. 집단 1은 리더가 설명하는 특별한 방법예, 빠르게, 느리게, 고양이처럼 등으로 서 있는 자세에서 바닥에 있는 자세로 움직인다.
3. 그런 다음 집단 1은 집단 2가 어떤 특별한 방법으로 바닥에 있는 자세에서 서는 자세로집단 1과 바꿔서 움직이는 것을 지켜본다.
4. 두 집단은 계속해서 번갈아 가면서 시소처럼 앉았다 일어섰다 하며 특정한 자세를 취한다. 어느 시점에서 두 집단이 바꾸어 행동

322 ❀

을 한다.

5. 이와 같이 앉았다 일어났다 하는 활동은 모든 방법을 다 탐구해
   볼 때까지 계속할 수 있다.

이런 시소게임의 방법은 리더나 집단 구성원이 제안을 하여 새로
지정할 수 있다. 각 집단은 내려갔다 올라오는 여러 가지 방법에 대한
목록을 받아 그 목록을 선택할 수 있다.

내려가는 방법

- 경건하고 숭배하는 자세로

- 형식적이고 우아하게

- 녹고 있는 눈사람처럼 혹은 눈사람이 여성이면 다르게 녹을까?

- 무언가에 미끄러지듯이

- 장거리 달리기에서 패배한 후

- 장거리 달리기에서 승리한 후

- 어린이의 신발끈을 묶어 주듯이

올라오는 방법

- 마룻바닥에서 잠을 자고 일어나듯이

- 당신이 사랑하는 누군가가 방 안으로 들어올 때

- 자신이 생각하지도 못했던 어딘가에 잡혀 있는 아이처럼

- 밖에서 아주 큰 충돌 소리를 들었을 때

- 담배 냄새를 맡았을 때

- 무대 위의 무용수처럼

도구를 이용한 활동

공을 이용한 활동

• 서로를 건드리지 않고 얼마나 빨리 일어나서 공을 잡고 다시 제 자리로 돌아갈 수 있는지 보여 준다.

• 얼마나 많은 신체 부위로 공을 쳐낼 수 있는가?
  - 1분에 몇 번이나 공을 튀길 수 있는가?
  - 1분에 몇 번이나 공을 위로 던졌다가 받을 수 있는가?

• 파트너를 선택하여 서로 공을 주고받는다. 공 하나를 주고받는 다. 가까이 시작해서 천천히 거리를 넓힌다.
  - 얼마나 다양한 방법으로 서로 공을 주고받을 수 있는가?
  - 두 번째 공을 주고 이 공들이 반대 방향으로 계속 이동할 수 있 는 방법을 찾는다.

• 두 개의 공이 서로 닿지 않게 얼마나 빨리 공을 주고받을 수 있 는가?

훌라후프 활동

개인활동

• 훌라후프를 가지고 얼마나 키가 큰가를 보여 주라. 훌라후프를 쥔 채 몸을 얼마나 높이 뻗을 수 있는가?

• 훌라후프를 머리 위로 올렸다 떨어뜨리면서 몸에 닿지 않고 바닥 에 닿게 할 수 있는가?

• 계란을 계속해서 휘젓는 것처럼 훌라후프를 빙글빙글 돌릴 수 있

는가?

- 훌라후프를 한 손으로 쥔 채 줄넘기처럼 뛰어넘기를 할 수 있는가?
- 다른 사람에게 부딪히지 않게 조심하면서 훌라후프를 직선으로 굴려서 넘어지지 않게 할 수 있는가?
- 오른쪽이나 왼쪽으로 방향을 전환할 수 있는가?
- 얼마나 빨리 훌라후프를 굴릴 수 있는가?
- 얼마나 천천히 훌라후프를 굴릴 수 있는가?
- 바닥에 훌라후프를 앞으로 굴렸다가 다시 자신에게 되돌아오게 할 수 있는가?

짝활동

- 훌라후프를 앞뒤로 굴리면서 파트너와 훌라후프를 교환할 수 있는가?
- 빠르고 느리게 리듬을 만들 수 있는가?
- 당신 파트너가 잡고 있는 훌라후프 안으로 누가 뛰어들어 갈 수 있을까? 파트너에게 먼저 해 보도록 한다.
- 당신 파트너가 각각 다른 위치에서 두 훌라후프를 잡고 있다. 당신은 그것들을 모두 통과할 수 있을까? 파트너에게도 시켜 보라.
- 당신과 파트너가 동시에 훌라후프를 던져서 서로 교환할 수 있을까? 당신은 파트너가 던진 훌라후프를 팔로 잡을 수 있을까?

뮤지컬 훌라후프

훌라후프를 바닥에 놓고, 모든 사람에게 하나씩 갖도록 한다. 각자가 자신의 훌라후프 안에 서서 게임을 시작한다. 음악이 흐르면 모든 사람이 훌라후프 밖으로 나오고, 리더는 한두 개의 훌라후프를 없앤다. 음악이 멈추면, 모든 사람은 훌라후프 안에 들어가야 한다. 일부는 훌라후프를 차지하지 못하고 다른 사람과 같이 들어가야 할 것이다. 훌라후프를 계속해서 없애 가면 매번 사람들은 두 명, 세 명 겹쳐 나간다. 마지막에는 전 집단 구성원이 한두 개의 훌라후프 안에 밀착되어 뭉친다. 여기서 많은 신체적 접촉과 웃음을 이끌어 낸다.

장애물 코스 만들기

사람들을 3~4개 집단으로 나눈다. 각 집단은 훌라후프를 이용하여 장애물 코스를 만들어 직접 도전해 본다. 그런 다음 순서를 바꾸어 서로의 장애물에 도전해 본다.

훌라후프 모으기

- 사람들은 줄을 서서 훌라후프를 받아 자신의 오른팔에 끼운다.
- 모든 사람이 다른 사람의 훌라후프 안으로 자신의 왼손을 넣고 손을 잡는다. 모두 다 원으로 손을 잡고 각각의 훌라후프가 두 사람의 팔 위로 걸쳐 있도록 한다.
- 줄의 맨 끝에 있는 한 사람의 오른손은 연결시키지 않는다.
- 연결이 안 된 사람을 모든 훌라후프로 덮는다. 바로 오른쪽에 있는 사람부터 시작하여 모든 사람이 훌라후프를 전달하여 그 사람의 몸을 덮는다.
- 이 게임은 그 사람과 손을 잡고 있는 모든 사람과 함께 한다.

낙하산 활동

딱딱한 손잡이를 만들기 위해 낙하산을 안쪽으로 돌돌 감는다.

- 낙하산을 쥔 채 뒤쪽으로 얼마나 멀리 서 있을 수 있는가?
- 머리 위로 얼마나 길게 뻗을 수 있는가? 바닥으로 얼마나 낮게 뻗을 수 있는가?
- 낙하산을 이용하여 어떻게 파도를 만들 수 있을까?
- 낙하산을 오른손으로 잡고 머리 위로 쭉 뻗으면서 원형으로 달릴 수 있는가?
- 낙하산을 머리 위로 들어 올린 다음, 놓았다가 공중에 둥둥 떠다니는 동안 다시 잡는 방법을 보여 준다.

🌸 춤치료 참고자료

기관

American Dance Therapy Association (ADTA)
2000 Century Plaza, Suite 108
Columbia, MD 21044
phone: 410-997-4040
fax: 410-997-4048

Northern California Chapter of the ADTA
Carrie Queene, Newsletter Editor

433 Haddon

Oakland, CA 94606

phone: 510-893-4669

도서

Chace, M., S. Chaiklin, S. Sandel, & A. Ohn (Eds.). (1993). *Foundations of Dance/Movement Therapy: The Life and Work of Marian Chace*. Columbia, MD: American Dance Therapy Association.

Chaiklin, H. (Ed.). (1975). *Marian Chace: Her Papers*. Columbia, MD: American Dance Therapy Association.

Levy, F. J. (1995). *Dance and Other Expressive Art Therapies*. New York: Routledge.

Zwerling, I. (1979). The Creative Art Therapies as 'Real Therapies.' *Journal of Hospital and Community Psychiatry, 30*(12).

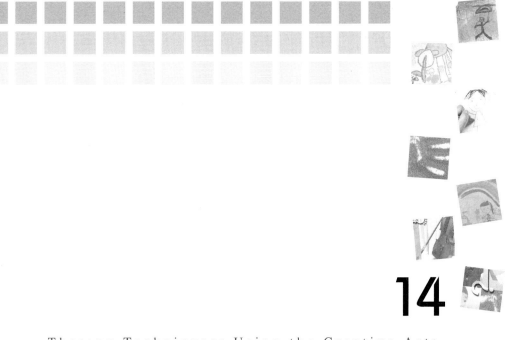

14

Therapy Techniques: Using the Creative Arts

시와 글쓰기

글쓰기의 경험은 자신의 내면을 관찰하는 개인적인 과정이다. 시를 짓고 일지를 기록하는 사람은 종이 위에 생각과 느낌을 적는 글쓰기의 힘을 입증할 것이다. 글쓰기의 과정은 의식적으로 숨겼던 작가 자신의 모습을 발견하게 한다. 창조적 글쓰기는 개인의 감정과 태도, 신념을 파악하고 보여 주는 강력한 도구다. 창조적 글쓰기에서 아이디어는 우리 자신의 생활사, 문화, 시대뿐만 아니라 우리의 마음, 지능 및 정신에서 나온다. 창조적으로 글을 쓸 때, 어떤 사람은 "이것이 바로 나고, 이것이 바로 내가 믿고 보고 느끼고 생각했던 것이다."라고 말한다.

어떤 사람에게 글쓰기는 자신이 말하고 싶은 바를 자유롭게 표현할 수 있는 안식처이며, 적어도 한 명의 열렬한 독자, 바로 그들 자신은 확보한 셈이다. 종이 위에 자신들의 생각을 주입하기 위해 고생하는 사람들에게 글쓰기는 한낱 귀찮은 일에 불과할 것이다. 치료사는 창조적 글쓰기 집단을 개발하는 데 관심을 갖고 있기 때문에, 우리는 다른 사람을 안내하기 이전에 글쓰기에 대한 자신의 느낌을 점검해 보아야 한다.

왜 치료에 창조적 글쓰기를 이용하는가

다음과 같은 몇몇 이유가 있다.

- 다른 사람과 글을 공유하는 것은 공동체 의식을 형성한다.
- 때때로 글쓰기가 말로 표현하는 것보다 쉽다.

- 간혹 우리는 우리 자신에 대해서 배울 수 있다.
- 가끔씩 우리는 타인에 대해서 배울 수 있다.
- 즉흥적으로 쓰인 글은 무의식의 소산이다.
- 자신이 쓴 글을 타인과 공유하는 것은 타인에게 자신의 내면을 들여다보게 한다.

왜 시치료를 이용하는가

시詩치료는 시를 짓거나 읽음으로써 그 사람이 자신의 생각을 표현하고 나아가 자기 인식과 자기 이해를 촉진하도록 할 수 있다.

잭 리디Jack Leedy 박사가 엮은 『시치료Poetry Therapy』에서는 그 목적을 다음과 같이 두 가지로 표현했다.

- 작시를 통해서 개인은 타인과 공유하지 못했을 두려움, 의심, 불안을 표현할 용기를 갖는다. 또한 이런 작시를 자신의 정서적 해방의 근원으로 사용할 수도 있다요컨대, 말로 표현할 수 없다면 글로 쓰라.
- 다른 사람이 지은 시를 읽으면서 다음과 같은 것을 발견할 수 있다.
  - 꼭 확인하고 싶은 어떤 사람
  - 토론을 위한 디딤돌
  - 타인과 함께 공유할 수 있는 기회

🔵 창조적 글쓰기 집단을 위한 지침

목표

- 편안함이나 지지 제공
- 자신과 타인에 대한 통찰력 증가
- 공감의 증가
- 창조적 성장 육성
- 상상력 배양
- 사회기술 촉진
- 글쓰기 능력에 대한 자신감 확립
- 즐거움 제공

사람들에게 글을 쓰도록 허용하는 방법

참여자가 다음을 알도록 한다.

- 참여자가 쓴 모든 글을 다 수용한다.
- 집단은 창조적 표현에만 초점을 둔다.
- 철자나 문법, 구두점, 필체는 크게 신경 쓰지 않는다.
- 빨간색 펜으로 오류를 표시하거나 점수를 매기지 않는다.
- 서로 공유하는 것은 선택사항이다.
- 집단은 당신의 생각에만 관심을 갖지 창조성은 분석하지 않는다.

글쓴이가 자신의 글을 가지고 무엇을 할 것인가에 관해서만 분석하는 것이 중요하다.

치료사가 고려할 사항

- 이 글쓰기 집단의 목적은 무엇인가? 글을 쓰는 목적은 무엇인가?
- 사람은 수정처럼 여러 유형의 성격을 가진 결정체다. 각기 다른 유형의 사람들이 글쓰기를 통해서 나타난다.
- 아무도 글을 쓰지 않을 것이라는 염려는 하지 말라.
- 치료사로서 당신이 어떤 것을 수용하고 동의한다고 말하면, 당신은 정말로 그렇게 믿어야 한다.
- 글쓰기는 어떤 비전에 확고한 힘을 심어 줄 수 있다.
- 모든 사람의 노력과 업적을 존중하라.
- 새로운 아이디어든 대인관계의 개발이든 간에 진행 중인 것은 어떤 것도 부인하지 말라.
- 기준을 정하지 않도록 주의하고, 집단 구성원이 자신들을 비교하지 않도록 하라.
- 당신이 먼저 글을 써 보고, 그 활동이 어떻게 이루어지고 또 얼마나 시간이 걸리는지 측정해 보라.
- 생각이나 시, 아이디어에 관한 당신의 일지를 만들어서, 내담자가 글을 쓸 때 당신도 글쓰기 과정에 전념한다.

다른 수준의 의미

사람들은 다음과 같이 반응한다.

- 자신들의 현재 모습처럼
- 자신들이 되고 싶은 모습처럼
- 자신들 마음속에 즉흥적으로 떠오른 어떤 모습으로

집단과정

- 워밍업. 이것은 선택사항이다. 다른 창조적 예술집단에서처럼 워밍업 활동은 주요 활동을 하기 전에 구성원이 관심을 집중하도록 도와준다.
- 활동을 소개하기. 집단 구성원이 활동에서 무엇을 기대하고 또 그 활동이 얼마나 소요될 것인가에 대한 정확한 개념을 심어 줄 수 있다. 사전에 활동에 친숙해지기 위한 것이다.
- 활동을 진행하기. 모든 사람이 각각 다른 속도로 생각하고 글을 쓰기 때문에 충분한 시간을 준다.
- 종결하기. 원만한 마무리, 피드백, 타당성을 함께 나눌 수 있는 시간을 제공한다.

🌳 다른 유형의 집단

글쓰기 집단은 여러 이유 때문에 어떤 형태를 갖춘다. 창조적 글쓰기 집단이나 시 집단은 시, 짧은 이야기, 어떤 류의 서사적 글쓰기와 관련된 글쓰기 기술을 개발하기 위해 조직되었다. 어떤 집단은 기관, 참여자, 다가올 사건에 대한 정보를 대중화하기 위해 신문이나 회보를 만들고자 구성되기도 한다. 특히 장기보호시설의 어떤 집단은 인생사_{회고록}를 편집할 목적으로 구성된다. 비폴칼_{Bifolkal}은 구전되는 역사를 만드는 문제를 다루는 하나의 조직이다. 기타 글쓰기는 개인적인 측면을 토대로 이루어지는데 저널 글쓰기, 일기, 편지쓰기 등이 포함된다.

🌳 다른 유형의 글쓰기

집단의 목적에 따라 다른 유형의 글쓰기를 적용할 수 있다. 그 목적이 무엇이든지 치료를 위해서 사용된 모든 스타일은 '개인적-정서적'이라고 불리는 글쓰기의 부류에 속하며, 주로 개인의 생각이나 감정을 표현하게 된다. 다음에 제시된 목록은 치료의 목적에 따라 적용할 수 있는 글쓰기의 특별한 유형을 정리한 것이다. 특히 집단활동에 적합한 워밍업 활동과 두 가지 글쓰기 활동을 자세하게 다룬다.

글을 쓰는 이유

- 감정의 발산. 낙서나 사적인 일기와 일지는 글쓴이가 생각하고 반성하며 자기 자신과 접촉할 수 있도록 도와준다. 진실한 마음을 담아서 쓴 글은 감정을 정화한다. 타인에게 읽힐 필요도 없다. 편집도 하지 않은, 일상적인 사건에 대한 즉흥적인 반응_{가능하면 신선한 통찰력}이다.
- 자기반성과 나누기. 자서전, 회고록, 인생사, 구전 이야기 등이 될 수 있다. 자존감을 향상시키고 사회화시키는 것이 주요 목적이다.
- 즐거움. 익살스러운 이야기, 단편소설, 서술적인 글 등이다.
- 상상력. 유토피아, 미래투사, 다른 상황에서의 자기 모습, 뒤바뀐 세상이나 다른 사람에 대해 글을 쓰는 것이다.
- 시적 표현. 하이쿠, 자유시, 소네트_{14행시} 혹은 간단한 운율 등은 글쓴이의 느낌이나 감정을 전달할 수 있다.

워밍업 활동

경험이 많은 작가도 글을 쓰기 위한 워밍업 활동이 필요하다. 이 활동은 마음을 집중하도록 하며 주요 활동에서 사용될 수 있는 아이디어를 유도한다. 또한 워밍업은 종이의 빈 공간에 대한 두려움을 제거한다. 일단 워밍업이 되면, 그들에게 종이는 더 이상 빈 공간이 아니며 사람들은 글을 쓰기 시작한다. 아주 좋은 활동 중의 하나는 자유롭게 글을 쓰는 것이다. 이 기법은 제한된 시간 동안 마음속에 떠오른 의식의 흐름을 글로 쓰도록 한다. 어떤 작가는 정신을 산만하게 하는 모든 것을 떨쳐 버리려고 매일 10분 동안 자유롭게 글쓰기를 한다. 또 다른 훌륭한 워밍업 활동은 가브리엘 리코Gabriele Rico, 1983의 저서 『자연스럽게 글쓰기Writing the Natural Way』에서 언급한 군집화clustering다. 이 기법은 한 낱말이 자극제가 되어 짧은 시간 동안 마음에서 연상되는 모든 낱말을 기록하는 것이다. 더욱 자세한 내용은 이 장의 '시와 글쓰기 활동' 부분에 잘 나타나 있다.

주제

휴일, 계절, 애완동물, 삶이나 죽음과 같은 생명의 문제 등은 글로 쓰기에 아주 효과적인 주제가 된다. 기억을 끌어들이기 위해 감각을 활용하고 글쓰기를 시작하라. 예를 들어, 주제가 '여름'이면 여름과 어울리는 조가비나 선탠 로션, 모래 등을 인용한다. 집단 구성원에게 여름을 상징할 수 있는 다른 것을 말해 보도록 한다. 이러한 제시는 개인시나 집단시연가: 일본에서 유래한 단시로 두 사람 이상이 번갈아 가며 시를 쓰는 형식를 쓰는 데 기초가 될 수 있다. 연가의 공헌은 대중적 차원에서는 집단에게 큰 소리로 읽게 하였으며, 개인적 차원에서는 각 개인이 다른 시행을 보지 않고 한 시행을 쓰도록 하였다는 점이다. 종종 개인적인 방법에서는 각 시행의 작가를 표시하고, 나중에는 리더가 시 전체를 조합하여 읽는다. 각 시행은 항상 전체적으로 조화를 이루도록 한다.

시낭송

시낭송은 시를 쓴 사람을 고무시킨다. 집단 구성원에게 시를 암송

하게 하고 감상하도록 하는 것은 새로운 언어와 아이디어를 표현하는 방법을 배우고 시적 운율에 민감하도록 도와준다. 시낭송을 할 때는 다음과 같은 사항을 유념해야 한다.

- 이해할 수 있는 언어로 된 시를 선택한다.
- 다양한 감정과 경험을 표현하고 있는 시를 선택한다.
- 가능하고 적절하다면 모든 사람에게 그 시를 복사해 준다 저작권에 위 배되지 않는 범위 내에서.
- 그 시에 대해 집단이 어떻게 반응하는지 느낌과 의견을 묻는다.
- 참여자에게 시집을 주고 함께 나눌 재미있는 시 한 편을 찾게 한다.
- 시낭송을 녹음해서 모든 사람이 들을 수 있도록 다시 재생한다.
- 영어를 모국어로 사용하지 않는 사람들에게 자국의 언어로 읽고 통역하도록 한다.

🌸 글쓰기를 위한 아이디어

글쓰기를 위한 아이디어는 거의 모든 곳에서나 얻을 수 있다. 다음 은 집단 글쓰기를 촉진할 수 있는 몇몇 방법을 요약한 것이다.

단어 연상

상투적인 표현
- 여성
- 산악지대 사람

- 남성
- 소수민족 집단

- 괴팍한 사람

주제

- 휴일

- 생명의 문제

자유연상

- 여름
- 남성
- 여성
- 행복
- 희망
- 야망

- 생명
- 사랑
- 고통
- 죽음
- 나의 존재

반응으로서의 글쓰기

이야기, 시, 서술문, 노래, 그림 등으로 나타낼 수 있다.

글쓰기의 형태

시(몇몇 예)

- 자유시
- 소네트14행시
- 연가, 하이쿠, 신투

자서전

- 인생사
- 구전 이야기
- 회고록

- 오행속요
- 디아만테7행시

- 인생 회상

편지쓰기
- 타인에게
- 자신에게

신문/회보
- 기관, 참여자, 사건에 대하여

개인적 회상
- 지혜의 공유
- 일지
- 비문

투사와 연상
- 진술문 완성
- 군집화

글쓰기 게임

사람들의 창조적 사고와 어휘력을 향상시키는 게임에는 서플북Shufflebook, 매드 립Mad Libs, 플래버개스트Flabbergast 등이 있다. 이는 장난감이나 특수용품 가게에 있다. 가로세로 낱말을 맞추는 크로스워드 퍼즐이나 다른 낱말게임 또한 글쓰기와 사고 기술을 개발하는 데 도움이 된다. 앞서 가는 집단은 자신들만의 크로스워드 퍼즐을 고안할 수도 있다.

열한 가지의 글쓰기 연습

다음에 열거된 연습은 가장 많이 사용되고 있는 것들이다. 내용 면에서 치료적인 측면도 있지만, 대체로 다음 절에서 설명할 안내활동보다 심리적 집중력을 덜 요구한다. 자발성과 창조적 사고를 기르는 연극게임이 글로 표현된 것이다.

- 제목 만들기: 다음과 같은 유형의 글에 대해 제목을 붙여 보자.
  - 탐정소설   - 낭만소설
  - 연애시   - 위대한 모험
  - 과학공상 이야기   - 기괴한 공포 이야기
- 자신의 비문을 써 보자.
- 단어의 철자를 거꾸로 적어 보자moorssalc=classroom.
- 시나 짧은 이야기를 쓴다. 사람들 각자가 한 행이나 한 문단을 덧붙인다.
- 다른 사람의 관점에서 그 상황을 써 본다.
- 어머니, 아버지, 옛 친구, 옛 선생님, 옛 연인, 대통령, 영적 안내자, 높은 지위에 있는 자신 혹은 '미해결 과제'로 당신이 분개하는 대상에게 글로 편지를 써 본다.
- 당신이 5억 원의 세금을 감면받았다면 무엇을 하고 싶은가?
- 한 부족의 주술사가 아이에게 청년과 성인에 대해서 말한다면 무엇을 알려 주고 싶은가? 부모가 되는 법? 노동? 사랑? 용기? 재미?
- 꿈이나 환상을 통해서 당신이 마치 다른 사람인 것처럼 글을 써 보자.
- 당신 자신을 위한 완벽한 안식처를 상상해 보자. 어디에 있을까? 그곳에서 당신은 무엇을 하게 될까?
- 당황했던 순간예컨대, 교통위반 딱지를 받던 날을 떠올려 보자. 당시에 무엇을 생각하고 있었는가?

다음 연습은 형식상 언급했지만 아직도 기본적으로 간단히 사용되고 있는 것이다.

개인적 연상/자기의 확장

아이디어의 목록을 제공하거나 참여자에게 자신들에 대해 생각해 보도록 한다. 내가＿＿＿＿이었더라면 어떻게 되었을까?

- 책
- 날씨
- 옷
- 일정한 시간
- 춤
- 노래

자기 이미지

- 당신이 가끔 문제에 봉착했을 때는 어떤 모습인가?
- 당신이 닮고 싶은 건강한 모습은 어떤 것인가?
- 주머니나 지갑 혹은 당신이 착용하고 있는 것 가운데 자신을 의미하는 것이 있는가?

소품: 인물을 떠올리게 하는 것

우리 모두는 살아가면서 아주 재미있는 인물을 만난다. 소품을 가지고 우리가 보았거나 알았던 사람에 대한 기억을 떠올릴 수 있다. 여러 가지 옷을 가지고 이와 같은 질문을 해 보자. 누가 이것을 입고 있었는가? 누가 이것을 착용했을까?

- 모자
- 지갑

- 신발
- 보석
- 티셔츠

세 가지 소원

세 가지 소원을 적는다. 하나를 지우고 또 하나를 지운다. 어떤 소원이 남아 있는가? 어떤 소원을 지웠는가?

대화

사람_{어머니, 친구, 가족, 상사, 영적 안내자, 자신} 및 약물_{당신이 거절하거나 제한하는 것이 매우 어려운, 좋아하는 약이나 음식}과의 대화를 글로 적는다.

세 가지 봉투

세 가지 봉투에는 리더가 넣어 둔 쪽지가 있다. 각각 다른 유형의 주제와 내용이 담겨 있다.

1. 사물의 이름_{일, 워키토키}
2. 사람이나 직업의 이름_{이야기 속의 인물, 90세 할아버지, 여성 비행사}
3. 장소나 사건의 이름_{결혼, 생일}

세 봉투에서 각각 쪽지 하나를 선택하여 그 사물, 사람, 장소에 어울리는 문단을 구성한다.

심상일지

15장 '명상과 창조적 심상'에서 '조언자' 부분을 활용한다. 심상을 이용하여 당신의 영적 안내자에게 받은 선물이나 조언을 글로 쓴다. 심상으로 쓴 글은 경험을 확고히 하고 통찰과 위로를 제공한다. 그래서 심상은 훌륭한 치유 활동이 될 수 있다.

🔵 시와 글쓰기 활동

다음 활동은 치료사가 특별한 치료적 목표의 상황에서 집단에게 적용할 수 있는 것들이다.

등에 그리기와 글쓰기

목적 훌륭한 워밍업 활동, 참여자와의 초기 접촉

지시 리더는 집단을 짝으로 나누어, 한 사람은 앉아서 '캔버스' 가 되고 다른 사람은 '예술가' 가 된다. 서 있는 예술가는 하나의 손가락을 이용하여 앉아 있는 사람의 등에 어떤 모양이나 형태를 그린다. 앉아 있는 사람은 종이 위에 그 형상을 재현한다. 그런 다음 두 사람은 함께 그 상징과 경험에 대해서 생각한 바를 글로 적는다.

재료 펜이나 연필, 종이

장면 앉아서 '캔버스' 역할을 할 의자를 식탁 주변에 넓게 배치한다. 리더는 예술가를 맡은 사람에게 그림을 천천히 그려서 '캔버스' 역할을 하는 사람이 잘 이해할 수 있게 하라고 지시한다.

선禪 전보와 식물을 심는 의식

목적 이것은 위협적인 활동이 아니다. 참여자는 개인적으로 할 수도 있고 단체로 할 수도 있다. 이는 창조적 표현을 소개하는 수단으로 사용된다.

지시 집단 구성원에게 눈을 감고 명상적인 분위기를 갖도록 유도한다. 그런 다음 그들은 자신의 종이에 표현하고 싶은 어떤 표시예, 상징, 기하학적인 모양, 임의적인 표시를 한다. 만족스럽게 끝났다고 생각하면 참여자는 눈을 뜨고 자신의 마음속에 떠오르는 어떤 낱말이나 글귀를 종이에 적는다. 이 활동에 대한 자신들의 반응에 대해 이야기를 하고자 하는 사람들과 토론을 한다.

적용 추후활동은 처음 활동과 똑같은 방법으로 종이에 표시를 하지만 모양은 다르게 한다. 눈을 떴을 때, 모든 참여자는 바로 옆에 있는 사람에게 자신의 '전보'를 보낸다. 그 사람은 종이 위의 표시를 보고 생각나는 바를 낱말이나 글귀로 적는다. 그런 다음 토론을 한다.

재료 녹음기, CD 플레이어, 명상음악 CD, 조그만 식물을 담을 수 있는 항아리, 토양, 물, 씨앗, 붓, 잉크나 물감, 신문종이 등

장면 회기가 시작되면 부드러운 명상음악을 틀어 분위기를 편안하게 한다. 촉진자는 모든 사람을 환영하고 프로그램의 의도를 설명하며, 창조적인 성장에 대해 이야기한다. 혼자서든 단체로든 회기가 끝날 무렵 모든 사람이 기대한 만큼 성장하자는 상징으로 항아리에 씨앗을 심는 의식을 치른다.

당신은 절대 믿지 못할 거야

방법 이것은 유도된 창조적 글쓰기의 연습활동이다. 촉진자는 한

형식으로 어구를 이용하거나 내담자가 글쓰기에 포함시켜야 할 요소를 지정함으로써 글쓰기의 영역을 설정한다. 그 예는 다음과 같다.

---

1. "당신은 내가 누구를 보았는지 절대 믿지 못할 것이다!" - 한 사람의 이름을 명명하고, 그 사람을 묘사하는 하나의 낱말과 하나의 장소를 말해 준다. 참여자는 "나는 부엌에서 우피 골드버그와 같은 사람을 보았다."와 같이 글을 쓸 수 있다.
2. "당신은 내가 무엇을 먹었는지 절대 믿지 못할 것이다." - 음식 이름 하나를 말하고, 맛에 대한 낱말 하나와 하나의 장소를 언급한다. "나는 뒤뜰에서 달콤한 딸기 하나를 먹었다." 참여자는 자신의 문장을 큰 소리로 읽는다.

적용 처음에는 요소의 수를 집단의 능력에 따라 다양하게 할 수도 있다예, 사람의 이름. 구성원이 활동에 적응하면 요소의 수를 증가시킨다.

재료 펜이나 연필, 종이

집단 규모 집단을 너무 크게 구성하지 않는다. 집단이 작을수록 촉진자가 모든 내담자에게 적절한 관심을 보이기 쉽다.

그림과 낱말

방법 스토리텔링story telling을 할 수 있는 그림을 하나 선택한다. 집단 구성원이 그림에 대해 나누는 이야기를 적을 사람을 선택한다. 그리고 당신의 상상력을 발휘하여 눈에 보이는 것을 더 확장시킨다. 예를 들면, '소녀, 울고 있는 소녀, 앉아 있는 소녀.' 그런 다음 다음과 같은 질문을 하면서 이야기를 확장한다. "그녀는 왜 앉아 있는가?" "소녀는 울면서 엄마가 집에 돌아오기를 기다리고 있다." 시간이 종료되거나 이야기에 대한 아이디어가 끝나면 프로젝트를 종료한다. 글로 쓴 것을 있는 그대로 현실감 있게 읽는다. 응집력 있게 마무리하기 위해서 그림과 이야기를 잘 보이는 곳에 걸어놓고 모든 사람이 이 활동을 즐기도록 한다.

적용 리더는 그림에 관한 어떤 내용이든 글로 적을 수 있다. 내담자는 그림을 그릴 수 있고, 리더는 각 구성원의 그림을 이야기로 꾸밀 수 있다. 이야기를 나누는 것은 교수법의 하나로 개개인이 자신에 관한 이야기를 나누는 것에 흥미를 갖도록 한다.

재료 스토리텔링을 할 수 있는 어떤 그림

집단 규모 25명 이하는 관계없지만 그 이상은 소집단으로 나눌 필요가 있다.

문장 완성하기

지시 다음 미완성된 문장을 적은 다음 완성하시오.

• 나를 미치게 할 때는 _____
• 내가 생각하기에 _____
• 내가 가지고 있는 것은 _____
• 당신은 _____ 때는 싫어해서는 안 된다.
• 바로 그때는 _____
• 내가 필요한 것은 _____
• 너무 화가 날 때 나는 _____

적용 참여자들이 글을 쓸 수 없으면 촉진자가 대신 적어 줄 수도 있다. 어떤 사람이 문장을 완성하지 못했다면 다음 문장으로 넘어간다.

마찬가지로 참여자가 어떤 낱말에 대한 반응이나 문장을 완성하지 못했다면 그냥 다음으로 넘어간다.

재료 펜, 연필, 종이

집단 규모 2명 이상

낱말에 대한 반응

지시 리더는 각각의 낱말을 크게 읽어 주고 참여자에게 주제가 생각날 수 있는 낱말을 적을 수 있도록 시간을 준다.

• 남성	• 죽음
• 여성	• 희망
• 여름	• 야망
• 고통	• 생명
• 행복	• 사랑

적용 위의 '문장 완성하기'를 참조한다.

재료 펜, 연필, 종이

집단 규모 2명 이상

나는

지시 리더는 참여자에게 '나는…'이라는 구절을 쓰게 한 후, 자신들이 좋아하는 대로 그 문장을 완성하도록 한다. 예를 들면, 다음과 같다.

- 나는... 사랑스럽다.
- 나는... 파란 눈을 가지고 있다.
- 나는... 게으르다.

적용 위의 '문장 완성하기'를 참조한다.

재료 펜, 연필, 종이

집단 규모 2명 이상

작은 감자 만지기

목적 소집단의 협동을 촉진하고 시각보다는 감각을 이용하도록 하며, 창조적인 매체로 감각을 도입한다.

지시 집단을 소집단으로 구분하여 가방을 하나씩 준다. 각각의 가방 안에는 하나의 물건, 즉 밧줄, 동전, 마른 허브 잎을 넣는다. 집단의 각 구성원은 가방에 무엇이 들어 있는지 모른 상태에서 그것을 느끼고 냄새를 맡은 후 다음 사람에게 전달한다. 모든 사람이 철저히 살펴본 후 가방이 원래 자리로 되돌아오면 눈을 뜬다. 모든 사람은 길쭉한 종이를 받아서 그 물건에 대해 한 줄로 쓰고 큰 종이에 테이프로 붙인다. 집단은 진술문을 순서대로 배열하여 집단시를 만든다. 완성된 종이를 벽에 걸어놓고, 집단 구성원은 그 활동에 대한 반응을 서로 토론한다. 그리고 다른 사람의 가방에 무엇이 들어 있었는가를 종이에 쓰인 증거만으로 추측한다.

재료 냄새를 맡고 만질 수 있는 여러 가지 잡다한 물건, 그리고 그것을 담을 수 있는 종이가방, 스카치테이프, 길쭉한 종이쪽지, 큰 종이

장면 집단은 다섯 사람씩 다섯 개의 소집단으로 나누어 앉는다. 촉

진자가 '장님과 코끼리' 라는 시를 읽어 준다. 이것은 눈으로 보지 않고 사물을 식별할 수 있는 방법을 보여 준다.

추억의 시

목적 시의 창조성을 탐구하기 위해서 대집단의 참여와 협동을 촉진한다. 시각적인 자극을 통해 인식능력을 향상시킨다.

지시 모든 사람이 어린 시절의 추억을 묘사하는 하나의 시구나 이미지를 글로 쓴다. 촉진자는 그 글을 모두 모아서 임의적으로 큰 식탁이나 게시판에 붙인다. 집단 구성원은 함께 작업하여 글의 순서를 정한 다음, 그 시의 제목을 붙인다. 또 다른 방법은 촉진자가 글의 순서를 정하고, 집단 구성원이 그 글의 제목을 붙이는 것이다.

재료 과거 유년 시절의 분위기를 떠올릴 수 있는 것은 무엇이든 사용한다. 옛날 식탁보, 잡지, 옛날 장난감, 옷, 사진 등을 이용할 수도 있다. 녹음기를 가지고 옛날 음악을 들려줄 수도 있다. 개개인이 글을 쓸 수 있는 종이 몇 장과 펜 및 종이를 연결할 장소, 즉 게시판, 식탁, 신문 용지 등이 있는 곳이다.

장면 집단은 옛날 물건에 대해 이야기를 나누거나 자신들이 원하는 물건을 찾아본다. 촉진자는 유년 시절을 떠올릴 수 있는 육아 노래나 여러 유명한 시인, 즉 로버트 루이스 스티븐슨, 가브리엘라 미스트랄, 랭스톤 휴, 그리고 다른 시인의 시를 읽어 준다.

참고

- 게리 스나이더(Gary Snyder)의 '철기시대에 들을 만한 좋은 것들(Some Good Things to Be Said for the Iron Age)'
- 로버트 크릴리(Robert Creeley)의 '언어(The Language)'

- 윌리엄 카를로스 윌리엄스(William Carlos Williams)의 '다름 아니라(This is Just to Say)'
- 로비스 녹네일(Lovis NocNeile)의 '눈(Snow.)'
- 제임스 라이트(James Wright)의 '축복(The Blessing)'

휴일의 추억

목적 휴일을 함께 보내기 위해서 과거의 행복했던 휴일을 회상하며 그와 관련된 것을 느껴 본다. 미각과 후각을 이용하여 창조성을 자극한다.

지시 참여자는 가장 기억에 남은 추수감사절을 떠올리고, 약 30분에 걸쳐 그 내용을 글로 쓴다. 그런 다음 자신들이 쓴 글을 다른 구성원과 공유하도록 한다. 글쓰기는 시나 산문이 될 수 있으며, 세부 원칙은 시나 산문과 동일하다.

재료 펜, 종이

장면 가능하다면 파이나 커피를 직접 준비하여 토론 중에 즐기도록 한다. 집단 구성원은 추수감사절이 자신들에게 어떤 의미가 있으며, 또 휴일의 장단점은 무엇인지 이야기 나눈다.

참고

- 제니퍼 멀론디(Jennifer Mulondy)의 '첫 번째 추수감사절(The First Thanksgiving)'
- 존 실버(John Silver)의 '감사의 마음으로(In Appreciation)'

군집화 / 낱말과 함께 유람하기

목적 브레인스토밍 기법을 지도한다. 참여자가 통찰력을 기를 수 있는 창조적 경험을 하도록 한다.

지시 리더는 군집화의 핵심이 되는 한 낱말을 제시하거나 각각의 참여자가 자신들에게 감정적 내용을 담는 낱말을 선택하도록 한다. 반드시 하나의 낱말이어야 한다. 누군가의 이름, 장소, 색상, 음식, 냄새 혹은 연도가 될 수도 있다. 참여자는 이리저리 생각을 해서 자신들의 머릿속에 떠오른 모든 낱말을 허용한다. 이 낱말들을 신속하게 받아 적고 각각의 낱말을 원으로 그린 다음, 핵심이 되는 낱말을 중심으로 연결한다. 연상을 계속하면 어떤 낱말은 그 핵심 단어와 직접 연결되기도 하고, 또 다른 낱말은 연상했던 낱말과 관계를 맺기도 한다. 적절한 연상에 따라 선으로 낱말들을 연결한다.

재료 펜, 종이, 음악

장면 촉진자는 참여자에게 낱말 하나를 함께 공유하도록 한다. 그런 다음 "당신의 낱말은 어떤 느낌을 주나요? 그 낱말은 어떤 냄새가 나나요? 그 낱말은 강한가요?" 등과 같은 '낱말 찾기'를 촉진할 수 있는 질문을 던진다. 다른 기법으로는 단순한 음악을 들려주고 참여자가 자신이 원하는 만큼의 시간을 갖고 천천히 낱말을 찾는 것이 있다.

장난감 대화

목적 회상을 격려하고 유도된 환상을 경험하도록 한다.

지시 이것은 환상을 바탕으로 한 창조적 글쓰기 연습이다. 참여자는 집단에게 주어진 장난감 중에서 두 개를 선택한다. 자신들이 선택한 장난감에 친숙해지면 그것에 이름을 붙여 주고, 그 장난감이 어디서 왔는지 또 자신들에게 어떤 의미를 주는지를 생각한다. 참여자는 두 장난감이 나눌 만한 대화나 어떤 경험을 묘사하는 문단을 글로 쓴다.

재료 펜, 연필, 크레용, 종이, 여러 가지의 장난감(예, 인형, 공, 트럭 등)

장면 젊은 청년이나 성인을 대상으로 하면, 리더는 그 집단을 아동 수준에 맞추고 또 장난감의 역할을 그 생활 속에서 설정한다. 가능하면 집단을 유년 시절로 되돌아가게 하고 '그들이 가장 좋아하는 장난감'을 느낄 수 있는 창조적 심상을 사용한다.

나는 기억한다

목적 다른 사람에 대한 감사를 명확히 하고 표현한다.

지시 이 연습은 여러 가지 방법으로 할 수 있는데, 참여자는 자신만의 시를 완성하거나 낱말 혹은 시행(시구)을 기고할 수 있다. 이것은 집단을 떠난 누군가를 기념하는 시를 쓰는 것이다. 이런 목적 때문에 시는 '충분히 느낀 경험에 대해 간결하고 명확하게 표현한 것으로' 묘사된다.

---

1. 시를 쓰기. 나는 _____ (사람의 이름) 기억한다.
2. 그 사람의 외모나 행동을 묘사한다(늘어뜨린 머리카락 , 반짝이는 눈, 혹은 쉰 목소리 등).
3. 그 사람의 어떤 특징이나 가치, 태도를 묘사한다(관대함, 전투의지, 수줍음 등).
4. 그 사람과 함께 했던 경험을 묘사한다(대화, 산책, 공부, 집에 함께 차를 타고 감, 함께 했던 수업 등).
5. 가능하다면 그 사람에 대한 감정의 묘사를 요약한다(이것이 항상 필요하지는 않다).

재료 펜, 연필, 종이

장면 리더는 개인을 집단의 의식에 떠오르도록 하기 위해 이미 집단을 떠난 사람을 간단히 회상하면서 이 활동을 시작하고자 한다.

선물에 대해 글쓰기

목적 선물이나 생각을 주고받는 경험을 하고 사회기술을 개발한다.

지시 각 구성원은 자신이 받고 싶은 선물이나 어떤 생각에 관한 글쓰기의 주제를 선택한다. 예를 들어, 주제가 평화라면 그 생각은 아마도 '가족 구성원과 평화롭게 상호작용하는 것'일 것이다. 각각의 종이에 적힌 요구사항을 모아서 다른 집단의 구성원에게 임의적으로 나누어 준다. 각 구성원은 자신들이 받은 종이쪽지에 자신의 생각을 적어서 원주인에게 되돌려 준다. 쪽지를 받은 사람은 그 선물을 큰 소리로 읽는다.

변형 한 참여자가 전체 집단의 생각을 반영하는 요구사항을 만들고 다른 집단의 구성원은 그에 응답한다.

재료 여러 가지 색의 펜, 연필, 종이

장면 리더는 어떤 요구사항이나 생각을 명확히 할 수 있도록 사례를 제시한다.

표제 만들기

목적 창조적 사고를 격려한다.

지시 사진을 방 둘레의 벽에 테이프로 붙여 놓고, 참여자에게 각각의 사진에 대해 제목, 소견, 표제를 쓰도록 한다. 전시회나 박물관처럼 참여자들이 방 안 이곳저곳을 돌아다니는 것을 허용한다. 그리고 때때로 얼마의 시간이 남았는지를 알려 준다. 그런 다음 리더는 구성원을 앉도록 하여 사진을 하나씩 검토하면서 표제에 대해 이야기하도록 한다. 어떤 유사점과 차이점이 있는가, 그리고 아이디어나 느낌이 떠올랐는가? 이 그림은 자신이 다루고 있는 문제나 관점과 어떤 연관성이 있는가? 집단 내의 개개인은 사물을 어떤 관점으로 보는가?

재료 잡지에서 발췌한 사진, 직접 그린 그림. 사진이나 그림을 재활용하기 위해서는 도화지나 얇은 판지에 붙인다. 참여자는 표제를 쓸 수 있는 종이와 연필펜이 필요하다.

장면 리더는 표제의 한 예를 제시하면서 설명할 수 있다.

음악과 마커

목적 표현을 격려하고 집단의 상호작용을 촉진한다. 창조적 표현을 도입하는 방법으로 사용할 수 있다.

지시 각각의 참여자는 종이 한 장씩을 받는다. 음악이 흐르면 구성원은 눈을 감는다. 자신이 원하는 만큼 음악을 듣는다. 음악을 느끼면서 다양한 색상의 마커를 골라 눈을 감거나 뜨고 종이에 표시를 한다. 음악이 멈추면 낱말이나 다른 표시를 덧붙인다. 자신이 쓴 것이나 음악에 대해 느낀 점을 이야기하고 싶은 사람은 그렇게 하도록 한다. 다른 음악을 가지고 이런 과정을 반복할 수 있다. 연습이 모두 끝나면, 집단 구성원은 자신들이 만든 작업을 가지고 여러 가지 색상으로 '무지개' 형태를 만들어 본다. 무지개는 여러 가지 색을 혼합하여 한 가지 색의 아름다움을 초월하여 화려한 광경을 만든다. 촉진자는 예술적 표현의 다양성에 대해 집단을 축하하고, 무지개를 만들어 창조성을 발휘한 방법을 칭찬한다.

재료 녹음기, CD 플레이어, 클래식이나 조용한 재즈와 같은 가사가 없는 음악, 다양한 색상의 마커_{필기구}, 종이 등

장면 비위협적인 활동으로, 참여자는 개별적으로 혹은 단체로 작업한다. 기능이 떨어지거나 생각을 글로 쓰는 데 어려움이 있는 사람을 대상으로 하기에 좋은 활동이다. 음악을 얼마 동안 들려줘야 하는가는 촉진자에게 달려 있다. 가사만 없다면 어떤 종류의 음악도 모두 사용할 수 있다.

다른 형태의 시

다음에 보여 주는 아주 색다른 형태의 시는 집단 구성원에게 친숙하지 않을 것이다. 다른 형태의 시를 가지고 실험하는 것은 좋은 학습활동을 제공하고, 생각과 느낌을 표현하는 데 있어서 아주 효과적인 수단이다.

신투_{짧은 시, Syntu}

목적 새로운 유형의 시를 배우며, 창조적으로 생각하고 글 속에 나타난 다른 사람의 감정과 느낌을 표현할 수 있다.

지시 내담자를 둘씩 짝짓거나 집단으로 구성한다. 각각의 내담자는 자기 집단의 다른 구성원에게 지난 일주일 동안 표현하지 못했던 자신의 아주 좋은 면을 말해 준다. 그리고 그들이 칭찬을 주고받을 때 기분이 어떤지를 생각해 보도록 한다. 칭찬을 주고받는 것이 끝나면, 내담자에게 우정에 대한 '신투'를 써 보도록 한다. 신투는 다음과 같이 한두 단어로 쓰인 5행시다.

• 주제:	친구는
• 표현 낱말:	위로하고
• 작가가 느낀 감정:	사랑스럽고
• 표현 낱말:	필요한
• 주제와 동의어:	지지체계

재료 종이, 크레용, 연필

장면 리더는 신투가 무엇인지를 설명하고, 한 가지 예를 집단 구성원에게 읽어 준다.

하이쿠Haiku

목표 다른 사람에 대한 감정과 느낌을 글로 표현하고, 창조적으로 생각하게 한다.

지시 하이쿠는 3행 17글자로 아주 엄격하게 구성이 제한된 시로서 자연의 이미지와 운율을 강조한다. 하이쿠는 일본 문학에서 처음 정립되었고, 자연과 미에 대한 일본인의 애정을 다루고 있다. 이것은 감정을 환기시켜 최소한의 단어로 이미지를 표현한다. 하이쿠는 14세기에 성행했으며, 15세기에 불교의 선승들이 명상의 형태로 발전시켰다. 선승 중의 한 사람인 야마자키 사콘Yamazaki Sakon, 1946~1553은 주류 시의 형태에서 벗어나 새로운 유형의 하이쿠를 처음 창시했기 때문에 하이쿠의 대부로 알려져 있다. 다음은 하이쿠를 만들 때 주의해야 할 다섯 가지 사항이다.

1. 명확한 심상을 제공해야 한다.
2. 진실한 마음에서 우러나와야 한다.
3. 설교를 해서는 안 된다.
4. 간단한 진술문으로 설명해야 한다.
5. 일반적으로 계절과 관계를 맺고 있다.

다음 예문은 하이쿠의 구조와 함께 음절의 수를 보여 주고 있다.

1   2   3   4   5
Hungrily searching
1   2   3   4   5 6   7
Seagulls swirling overhead
1   2   3   4   5
Rising with the wind

재료 펜과 연필, 종이, 하이쿠의 예문, 일본 음악선택, 녹음기

장면 리더는 하이쿠의 시 몇 편을 들려주고 그 역사적 배경을 간단히 설명해 준다.

디아만테Diamonte

목표 새로운 유형의 시와 창조적으로 생각하는 방법을 배운다. 글쓰기에서 다른 사람, 장소 혹은 사물에 대한 감정과 느낌을 표현할 수 있다.

지시 디아만테는 7행으로 된 시며, 단어의 수를 더하거나 줄이기도 한다. 단어가 종이 위에 다이아몬드 형태를 하고 있다.

- 명사 1개(사람, 장소, 사물의 이름)
- 첫 명사를 꾸며 주는 형용사 2개
- 첫 명사의 동작을 나타내는 동사 3개
- 명사 4개(첫 번째 명사와 마지막 명사와 연관이 있는)
- 마지막 명사의 동작을 나타내는 동사 3개
- 마지막 명사를 꾸며 주는 형용사 2개
- 첫 명사와 반대되는 명사 1개

재료 종이, 크레용, 연필

장면 리더는 디아만테가 무엇인지를 설명하고, 한 가지 예를 집단 구성원에게 읽어 준다.

내적 존재

만약 당신이 시인이라면 종이 위에 떠다니는 구름을 명확히 볼 수 있을 것이다. 구름이 없으면 비도 없고, 비가 내리지 않으면 나무는 성장하지 못하며, 나무가 성장하지 못하면 우리는 종이를 만들지 못할 것이다. 구름은 종이가 존재하기 위해서 꼭 필요하다. 만약 구름이 여기에 없다면 한 장의 종이도 여기에 없을 것이다. 그래서 우리는 구름과 종이가 내적으로 존재한다고 말할 수 있다. '내적 존재'란 아직 사전에는 존재하지 않는 낱말이다.

만약 우리가 한 장의 종이를 더욱 깊이 있게 관찰할 수 있다면 그 안에 비추고 있는 햇빛을 볼 수 있다. 햇빛이 거기에 없다면 숲이 자랄 수 없다. 사실 아무것도 자랄 수 없다. 햇빛이 없다면 심지어 우리 인간도 성장할 수 없다. 그래서 우리는 햇빛 또한 이 한 장의 종이 속에 들어 있다는 것을 알 수 있다. 종이와 햇빛은 내적으로 존재한다. 그리고 계속해서 들여다보면 종이를 만들기 위해 나무를 잘라 목재소로 운반해 온 벌목꾼을 볼 수 있다. 그리고 우리는 밀을 볼 수 있다. 매일 먹을 빵이 없으면 그 벌목꾼도 존재할 수 없으며, 따라서 빵의 재료인 밀이 그 종이 속에 들어 있다는 것을 알 수 있다. 더욱더 깊이 관찰할수록 그 내부를 더 자세하게 볼 수가 있다. 한 장의 종이를 바라보면 그 종이가 우리 의식의 한 부분이 되기 때문에 이 모든 것을 쉽게 이해할 수 있다. 당신의 마음이 이 안에 있고, 나의 마음 또한 이 안에 있다. 우리는 모든 것이 이 한 장의 종이 속에 들어 있다고 말할 수 있다. 당신은 시간, 공간, 대지, 비, 토양 속의 미네랄, 햇빛, 구름, 강물, 열기 등 어느 것 하나라도 여기에 존재하지 않는다고 지적할 수 없다. 모든 것이 이 한 장의 종이와 함께 존재한다. 존재하고 있는 것은 모두 내적으로도 존재한다. 당신 혼자서만 존재할 수도 없다. 모든 다른 것과 함께 내적 관계를 이루며 존재한다. 모든 것이 존재하기 때문에 한 장의 종이가 존재하는 것이다.

– 틱 낫 한, 삶에서 깨어나기 The Heart of Understanding

15

Therapy Techniques: Using the Creative Arts

명상과 창조적 심상

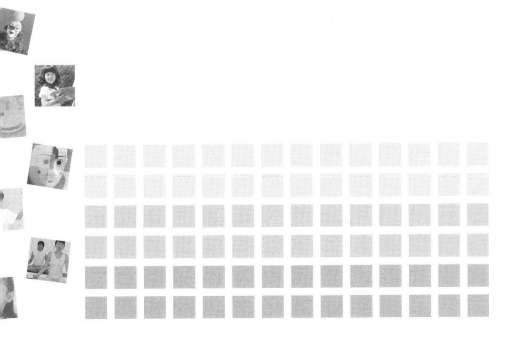

창조적 과정은 우리가 이완된 상태에 있을 때 더욱 쉽게 일어나는 것 같다. 이런 상태에서 우리는 규범적인 반응과 신념에서 벗어나 새로운 이미지와 새로운 사고방식을 발견할 수 있다.

처음 얼핏 보기에는 창조적 과정과 동떨어진 것 같지만 실제로 창조적 반응을 보이는 상황도 있다. 일부는 산책을 하고 백일몽을 꾸는 것처럼 아주 편안한 것도 있지만, 다른 한편에서는 명상, 글쓰기, 집안 청소 혹은 육체적 노동과 같이 집중력을 요구하는 것도 있다.

창조적 과정을 통해 최상의 이득을 얻기 위해서는 아무런 판단과 감시를 하지 않고 이완하는 방법을 배우며, 자신과의 내적 대화를 듣고 객관적인 관찰자가 되는 것이다. 역설적이게도 우리가 '답을 찾으려고 노력하면' 자신에게 부과된 이 요구사항이 결국은 목적 달성을 어렵게 만든다. 창조적인 것은 거의 말로 표현할 수 없는 느낌, 직관, 감정의 반응, 영감이나 통찰과 같은 이미지와 생각으로 나타날 수 있다. 그것의 진정한 가치는 당장에 드러나지 않으므로 환영하고 받아들이도록 하라.

마음에 떠오른 생각이나 이미지를 낱말, 그림, 기호 또는 상징으로 표현해 보라. 비록 그것의 의미가 마음 깊은 곳에서 나온 것일지라도, 일단 우리에게 드러나도록 허용하면 그것을 가지고 작업할 수 있다.

🌀 명상

명상은 지금 이 순간에 머물러 주의를 유쾌하게 유지하는 활동이다. 당신이 정말로 즐거워하는 활동을 생각해 보자. 나앤 네이선는 뜨거운 여름날 타자기 앞에 앉아 있다. 끊임없이 땀을 흘리면서 한순간을 상상한다. 나는 아름다운 호수에 다가가고 있다. 나무와 꽃 그리고 푸른 잔디를 발견한다. 이제 힘겹게 호숫가로 다가가 풍덩 하고 다이빙을 한다. 잠시 멈춰서 물속에서의 시원한 느낌을 즐긴다. 잠시 동안 세상이 멈추는 듯하다. 나는 더 이상 책이나 영수증, 쇼핑, 대인관계, 그리고 다른 생각에 대해서 신경을 쓰지 않는다. 나는 물속의 시원함에 푹 빠져 버린다. 이 얼마나 즐거운 일인가! 모든 것을 내려놓는다. 당신을 압박하고 있는 모든 것을 지금 이 순간 떨쳐 버린다.

마음은 우리가 행복해지기 전에 반드시 일어나야만 하는 것들을 알려 주지 않는다. 또한 행복을 훔쳐갈 수도 있는 끔찍한 것들을 말하지도 않는다. 단지 본질 뒤에 앉아 있을 뿐이다. 이완반응을 일으키는 것이 명상의 상태다. 그것은 바로 평화를 의미한다.

다음의 명상 실제는 명상의 상태를 이끌어 내는 데 사용될 수 있다.

명상연습
다른 사람이나 전화의 방해를 받지 않을 조용한 장소를 선택한다.

방석 위에 결가부좌를 하고 앉을 수 없으면 편안한 자세로 앉아서 등은 곧바로 펴고 팔과 다리를 교차시키지 않게 한다.

눈을 감는다. 이것은 더욱 쉽게 집중할 수 있게 만들어 준다.

머리부터 발까지 연속적으로 당신의 근육을 이완한다. 이 단계는 복잡한 생각과 경직된 근육 사이의 연결을 끊는 데 도움이 된다. 이

동작을 할 때는 호흡을 천천히 들이마셨다 내뱉는다. 이제는 돌아가면서 신체의 각 부분을 의식하고 호흡을 참았다 내쉬면서 근육을 풀어 준다. 이것은 안도의 한숨을 내쉬는 것과 같다. 중력의 힘은 항상 존재하고 있으며 우리는 그 힘을 느끼고 산다. 그러나 그러한 긴장을 알아차리지 못한다면 그것을 풀어 줄 수도 없다. 지금 당신의 어깨에 집중해 보라. 중력과 숨을 내쉬는 협력활동을 통해서 어깨를 더욱 편안하게 할 여력이 있는가? 숨을 내쉬는 순간이 긴장을 풀어 주는 기회다. 이마에서부터 숨을 들이마실 때는 긴장을 느끼게 된다. 숨을 내쉬면 그런 긴장이 사라진다. 이런 식으로 다른 신체 부위의 근육을 풀어 보자. 눈에서부터 턱, 목, 어깨, 팔, 손, 가슴, 등의 위쪽, 등의 중간, 몸, 등의 아래쪽, 복부, 골반, 엉덩이, 넓적다리, 종아리, 그리고 발 순으로 진행한다. 이것을 하는 데는 단지 1~2분이면 된다.

호흡하는 것을 알아차리면서 조절하려고 하지 말고 호흡이 어떻게 이루어지는지 주시한다. 명상이 진행될 때는 당신의 호흡이 천천히 그리고 아주 가볍게 이루어지는 것을 알 수 있을 것이다. 이것은 이완반응의 생리적 효과 때문일 수 있는데, 사실 당신의 몸은 신진대사가 느려졌기 때문에 산소가 덜 필요하다.

당신에게 중요한 의미를 부여하는 핵심적인 말이나 단어를 선택한다. 이것은 어떤 것도 될 수 있다. 한 가지도 떠오르지 않는다면 오래된 산스크리트의 만트라인 햄사를 시도해 보라 여기서 햄(Ham)은 '나는 ~이다'를 의미하고 사(Sah)는 '저것'을 의미한다. 호흡에 맞추어 핵심적인 이 말을 반복한다. 햄사의 경우 호흡에 집중하면서 숨을 들이마실 때는 '햄', 내뱉을 때는 '사' 라는 소리가 나는 것처럼 상상하도록 한다.

당신이 어떻게 하든 걱정하지 말라. 잘하고 있는지 못하고 있는지 걱정하는 순간, 명상은 곧바로 불안으로 바뀌고 만다. 이러한 특성을 안다면 그것을 명명하면서 자신에게 '판단, 판단' 이라고 말하라. 그대로 두고 다시 호흡에 집중하면서 초점을 맞추게 되면 여기저기로 떠다니는 혼란스러운 마음이 정지하게 된다. 마음을 집중하지 않으면 그러한 효과를 기대하기 어렵다. 곧이어 일어나는 현상은, 당신의 신체가 마음의 속임수를 지켜보며 근육이 수축하는 것을 알아차리게 되는 것이다. 생각에 빠져들 때마다 당신이 어디에 있는가를 알아차린다. 예를 들면, '생각, 생각' 혹은 '분노, 분노' '판단, 판단' 이라 하고 다시 고요한 상태로 되돌아간다. 이런 방법을 통해 알아차림 안에서 마음을 훈련시킨다. 이것이 거부와 정신적 무의식에 대한 교정 수단이다. 명상을 통해 개발한 알아차림은 삶 속에 전달되기 시작하며, 당신이 어떻게 반응할지에 대한 많은 선택의 여지를 부여하여 삶을 즐길 수 있는 능력을 길러 준다. 명상에 대한 가장 보편적인 경험과 불평은 '마음이 계속해서 떠다니는 것을 멈추게 할 수 없다' 는 것이다. 그래도 괜찮다. 무리하지 말라. 그냥 호흡을 가다듬으면서 호흡에 집중하고 마음이 배회하고 있다는 것을 인식할 때마다 호흡에 초점을 둔다.

적어도 하루에 한 번 10~20분 동안 연습한다. 연습은 당신이 하는 일을 성취해 가는 데 꼭 필요하다는 것을 기억하라. 명상에는 두 가지 목표가 있다. 명상시간 자체가 목표가 될 수 있다. 진정한 의미에서 과정 자체가 결과가 되는 것이다. 주된 목표는 앉아서 명상을 하는 것이다. 당신이 하고 있는 유일한 일이 마음을 진정하려고 노력하는 것일지라도, 놀라울 정도로 마음의 평화가 일어난다. 환자는 명상하는 방법을 익히기 오래전부터 전반적으로 평온함을 느끼고 그 증상이 향상되어 가는 것을 인식하기 시작한다. 물론 이것은 두 번째 목표. 반복해서 연습하면 할수록 명상은 점점 더 쉬워지고 더욱더 깊은 평온을 느낄 수 있다. 하루에 두 차례 정도 10~20분 동안 앉아서 명상을 할 수 있다면 훨씬 좋아질 수 있다. 명상시간은 아침에 샤워나 운동을 한 후 아침식사나 저녁식사 이전에 하는 것이 가장 좋다. 피곤함을 느낄 때는 피하는 것이 좋다. 명상은 집중력 연습이기 때문에 피곤하면 잠에 빠지기 쉽고, 과식 후에는 식곤증으로 사람을 나태하게 만들기 때문에 피하도록 한다.

🌸 창조적 심상

창조적인 심상은 상상력을 이용하여 당신의 삶 속에서 원하는 것을 창조하도록 돕는다. 당신이 심상을 표현할 때, 당신의 삶에서 실현하고 싶은 어떤 것을 생생한 이미지로 창조하기 위해 당신의 상상력, 즉 당신의 마음속에 떠오른 이미지, 감정, 생각을 만드는 능력을 이용한다. 이런 이미지를 규칙적으로 창조해서 객관적인 현실세계에 실현될 때까지 계속 떠올린다. 이것은 기도하는 것이 아니며, 거룩한 존재를 믿을 필요도 없다. 필요한 것은 삶에 대한 당신의 경험과 이해를 확장하기를 원하는 것이고, 냉소적이거나 부정적인 생각을 하지 않고 어떤 새로운 것을 시도하려는 의지다. 치료사는 이 기법이 이미지와 직접적으로 상호작용하는 것에 대한 무의식적 저항을 제거하기 위해 의식적인 방법으로 이미지를 다룬다고 말한다.

당신이 실현하고 싶어 하는 것은 인지적, 영적, 신체적, 감정적이거나 이 모든 요소의 결합으로 이루어질 수 있다. 예를 들면, 새로운 집, 청소하기 쉬운 집, 새로운 직업, 당신이 하고 있는 직업에 대한 재인식, 승진, 일에 대한 만족, 평온한 느낌과 주의집중, 완벽하고 충만한 대인관계, 일반적인 혹은 특정한 상황의 압박에서의 초연함, 어려운 현실의 수용, 마침내 창조적인 노력을 시작하게 되는 것 등이다. 창조적 심상에 초점을 두는 도움이 될 만한 다른 영역은 다음과 같다.

대인관계
- 갈등 해결
- 감정을 드러내고 수용함
- 상실과 떠나 보냄
- 약속

자기 개선
- 인내심이 늘어남
- 시험 실시
- 외모를 수용함
- 금연

건강
- 스트레스 감소
- 식사와 체중에 대한 관심
- 편하고 상쾌한 수면
- 병이나 부상에서의 회복
- 외과수술이나 치료 후 원기회복
- 약물치료: 효과가 있다고 느낌
- 신체와의 대화
- 치과 방문

• 외과수술이나 다른 치료 준비

직업과 경력

• 구직 동기　　　　　• 출산이나 출산보조

• 연락에 대한 확신　　• 직업 변경

• 면접에 참여　　　　• 동료와의 갈등 처리

• 임금인상 요청

🌸 확언

　확언 작업은 창조적인 시각 표현을 이용하는 데 있어서 가장 중요하고 생산적이며 삶에 변화를 줄 수 있는 방법 중 하나다. 확언은 우리가 희망했던 대로 뭔가 일어난 것에 대한 아주 강하고 긍정적인 진술이다. 이것은 당신이 상상했던 것에 또 다른 차원을 더해 주는 것이다.

　많은 사람이 마음속으로 끊임없이 독백을 하거나 때때로 자신과 대화를 나눈다. 마음속으로 우리는 신체적, 정서적 삶의 모든 면에 대해 끊임없이 되새긴다. 우리가 내면의 소리를 들을 때 우리의 마음이 어떻게 움직이고 또 얼마나 부정적이고 자기비판적인지 알아차리게 된다. 예를 들어, 어떤 사람이 "이것은 절대 이루어지지 않을 것이다."라고 반복적으로 말하면서 마음을 굳히면 이 생각이 곧 실제의 결과로 이어질 수 있다. 달리 말하면, 우리의 내적 독백이 행동 패턴을 설정하고, 그 패턴이 아주 유용하게 작용할 수도 있음을 보여 준다.

새롭고 생산적인 패턴의 확언은 여러 가지 방법으로 표현될 수 있다. 어떤 사람은 큰 소리로 말하기를 선호하는 반면, 다른 사람은 조용히 말하거나 글로 쓰기도 하고, 또 노래나 율동으로 표현하기를 더 좋아한다.

다음의 지침은 아주 유용한 것으로 입증되었다.

- 항상 당신의 확언은 이미 일어났고 지금 이 순간 일어나고 있는 것처럼 말한다.
- 당신이 원하는 것을 긍정적으로 만들라. 원하지 않는 것에 대해서는 말로 표현하지 않는다.
- 당신 자신의 말로 표현하고, 말로 표현한 것이 바로 정확히 자신이 원하는 것이며 또 자신만을 위한 것이라는 것을 명심한다.

몇몇 긍정적인 확언 작업에 관한 예를 살펴보면 다음과 같다.

- 나는 수업시간에 잘할 수 있다.
- 나는 나의 성질을 조절할 수 있다.
- 나는 행복해질 수 있다.
- 나는 착한 사람이다.
- 나는 이 시험에 합격할 수 있다.

우리가 자신과 타인을 용서할 수 있고 실망감, 마음의 상처, 분노, 죄의식 등을 떨쳐 버릴 수 있다면 엄청난 축복의 감정적 치유를 이룰 수 있다. 이것은 우리의 능력으로 할 수 있다.

종종 우리는 누군가가 우리에게서 스스로에 대한 믿음이나 직업, 기회, 사랑, 돈 혹은 낙천적 성격까지도 빼앗아 가는 듯한 느낌을 받는다. 우리는 우리를 속이고 마음의 평화를 앗아간 누군가에게 자신의 가장 좋은 면을 빼앗겼다고 생각한다.

여기에 제시된 지침은 심상–확언 과정을 이끌어 내는 데 큰 도움을 줄 것이다. 당신은 잃을 것이 많고, 그로 인해 당신이 다이어트를 위해 투쟁하는 무게보다 당신을 더욱 짓누를 것이다.

용서에 대한 심상과 확언

몸과 마음을 편안하게 한다. 이 책이나 다른 자료에서 발견한 이완기법을 이용한다. 배꼽 아래의 단전에 집중하고 깊게 호흡한다. 눈을 감는다.

고요하고 방해받지 않는 평화롭고 아름다운 장면을 상상한다. 당신은 걷거나 수영하거나 편안한 자세로 있는 모습을 상상할 수 있다.

당신이 용서하지 못한 사람을 시각적으로 떠올린다. 그가 당신을 향해서 걸어오고 있다. 이 사람은 당신과 같은 한 인간이며 당신처럼 삶을 통해서 배우고 살아가고 있는 것을 바라본다. 일상적인 부정적 생각이 떠오르기 시작하면 영화의 필름처럼 다시 감거나 그 사람의 영상을 지워 버린다. 그리고 그 사람이 당신에게 접근할 때 아무런 부정적 느낌이 들지 않을 때까지 반복한다. 당신은 다른 사람이 서 있는 곳으로 다가가서 이렇게 말한다. "나는 당신을 완전히 용서했으니, 당신도 나를 깨끗이 용서하시오. 우리 사이에 원만하지 못했던 것은 이제 모두 사라졌습니다. 나는 당신에 대한 모든 나쁜 감정을 버렸습니다. 우리는 이제 자유롭게 각자에게 최선의 것을 추구하면 됩니다." 이런 표현이 잘 맞지 않으면 당신 나름대로의 표현을 하기 바란다. 당신이 사용할 단어들을 선택한 후에 아직도 속이는 듯한 느낌이 남아 있거나 마지못해 이를 악물고 해야 한다면 당장 멈추고 다시 시작해야 한다.

당신이 이 사람 때문에 아주 중요한 뭔가를 잃어버렸다는 느낌이 들 때는 그 사람이 당신이 잃어버렸다고 느끼는 것의 이름이 적힌 상자를 당신에게 건네주는 모습을 상상한다. 예를 들면, 그것은 '남성에 대한 믿음' '여성에 대한 신뢰' '사랑' '나의 안전' 등이 될 수 있다. 그리고 그 사람이 나에게 "내가 이것을 당신에게 되돌려 줍니다. 이것은 당신의 것이고 당신을 위한 것입니다. 당신은 상실을 극복했고 이제 모든 것이 끝났습니다."라고 말하는 것을 그려 본다. 위의 표현이 부적절하면 당신에게 적합한 다른 표현을 사용할 수 있다. 그런 다음 그 포장이 아름다운 빛으로 빛나며 에너지가 충만하더니 당신과 하나가 되는 모습을 상상한다.

여러분 각자가 빛을 발산하고, 서로에게 미소를 보낸 다음 멀리 걸어가거나 멀리 날아가고, 어떤 식으로든 적절한 방식을 상상한다. 여러분은 서로 다른 방향으로 향한다.

이 활동을 끝까지 진행할 수 없다면 이 내용을 기억해 둔다. 때때로 이 활동의 전 과정을 끝내기 전에 당신은 타인과 함께 이 내용에 대해 대화를 나눌 수 있다.

때때로 당신은 전체 연습과정을 다 마쳐도 나중에 여전히 해결되지 못한 감정이 남아 있다는 것을 발견하기도 한다. 실제로 모든 과정이 그렇게 쉽게 얻어지지는 않는다. 더욱 나은 삶이 당신을 기다리고 있고, 그것은 이미 당신 것이며, 당신은 단지 그것을 요구하기만 하면 된다.

🔵 모범 사례

다음의 모범 사례는 개인의 상황에 따라서 이용하거나 수정할 수도 있다.

조언자

당신의 몸과 마음을 충분히 편안하게 한다. 아주 편안한 느낌이 들면 아름답고 평화로운 장소를 상상한다. 조용하고 외딴 해변이나 봄날 오후의 사랑스러운 초원 혹은 산 정상에서 바라보는 전경 등을 떠올린다. 또 당신이 휴가를 즐겼던 곳이나 아주 행복하고 편안한 느낌을 받았던 장소를 떠올린다.

이와 같은 아름다운 장소에서 당신이 아주 편안한 느낌을 가졌을 때, 당신이 그 장소에서 만나기로 한 사람을 떠올린다. 한눈에 그 사람이 보이지 않으면 계속 생각하며 찾는다. 그 모습이 나타나면 당신과 대화를 나누자고 요청한다. 그 사람에게 만나자고 한 이유를 말한다. 당신 집에서 친구와 함께 있는 것처럼 그 사람과도 아주 편안한 느낌을 갖도록 한다.

편안한 느낌이 들고 당신의 조언자로 받아들일 준비가 되면 당신이 물어보고 싶었던 것을 질문한다. 그리고 인내심을 가지고 답변을 기다린다. 답변이 즉각적으로 이루어지지 않으면 당신의 질문에 대한 답을 어떻게 찾을 것인지 조언자에게 물어본다.

당신이 찾고자 하는 답변을 구할 때까지 계속해서 질문을 한다. 기대했던 답변을 듣고 만족스러우면 조언자에게 감사의 표현을 하고 다시 방문하겠다고 말한다. 질문에 대한 답은 항상 당신이 찾을 수 있는 범위 내에 있다는 것을 알아야 한다.

항상 이곳에서 좋은 느낌을 갖도록 한다. 당신이 알고 싶은 것을 발견하고 또 받은 정보를 사용할 수 있는 능력을 가지고 있다고 생각한다.

아름다운 장소를 기억하고 당신 내면의 조언자를 이용한다.

신체를 이완하기
눈을 감고 편안한 마음으로 호흡에 집중한다.

호흡에 주의를 집중한다. 얼마나 천천히, 깊게 호흡하는지를 인식하는 것은 이완을 유도하는 데 도움이 될 수 있다. 숨을 내뱉은 다음, 코를 통해 숨을 깊게 들이마셨다가 입을 통해서 다시 내뱉는다. 복부를 통해서 깊고 느리게 호흡한다.

호흡에 집중할 때 당신 이마의 중앙에 있는 상상점에 주의를 집중한다. 머리의 안쪽에서 상상점을 보려고 노력하는 것처럼 그 지점을 바라본다.

당신의 눈꺼풀이 경직되는 것을 알 수 있을 것이다. 그 상상점을 바라볼 때 눈꺼풀이 얼마나 경직되는가를 인식해서 그 경직된 느낌과 이완된 느낌을 비교해 본다.

눈꺼풀이 긴장하고 불편하면 눈꺼풀이 그냥 내려가도록 둔다.

이완의 느낌이 눈과 주변 전체를 모두 밝게 비추는 것에 주목한다. 따뜻하고 편안한 느낌이 이마에서 관자놀이까지 이어진다.

이 이완의 느낌으로 머리에서부터 머리 뒤쪽, 양쪽 귀, 관자놀이, 뺨, 코, 입과 턱까지 빛을 비춘다.

긴장이 얼굴에서 벗어난다고 느낄 때 턱의 근육이 이완된다. 턱을 약간 벌려서 긴장이 부드럽게 사라지도록 한다.

목의 근육을 이완시킨다. 머리를 앞쪽으로 부드럽게 기울여 턱이 당신의 가슴에 닿도록 한다.

이런 이완의 느낌을 어깨로 옮겨 갔다가 다시 거기에서 팔과 손의 근육으로 전달한다. 그런 다음 다시 등 뒤쪽으로 갔다가 가슴, 복부 아래로 내려간다. 그리고 척수 아래까지 근육을 이완시켜 준다.

엉덩이 근육을 완전히 풀어서 느슨하게 한다. 따뜻하고 이완된 느낌이 계속해서 넓적다리, 다리, 무릎관절, 발, 그리고 발가락까지 퍼져 나간다.

이제 당신은 완전히 이완된 느낌이다. 잠시 머리 꼭대기에서부터 발끝까지 쭉 내려오면서 아직도 충분히 이완되지 않는 부분이 있는지 점검한다.

신체의 어떤 부분에서 근육이 아직 이완되지 않았다면 간단하게 숨을 깊이 들이마셨다가 그 부분으로 전달해서 진정시키고 치료하여 편안한 상태로 만든 다음 산소를 공급하여 준다. 숨을 내쉬면서 피부를 통해 그런 긴장감이나 경직감, 불편감을 날려 버린다고 상상한다. 그 공간으로 숨을 들이마셨다가 피부를 통해 곧장 내뱉으면서 신체의 어떤 부분이든지 긴장된 근육을 편안하게 풀어 줄 수 있다.

이제 당신 자신의 신체가 아주 충분히 이완된 상태가 되었다고 느끼면 그 순간을 즐긴다.

🌑 창조적 심상/이미지의 출처

도서

Achterberg, J. (1985). *Imagery in Healing: Shamanism and Modern Medicine.* Boston: New Science Library/Shambala.

Benson, H., MD. (1976). *The Relaxation Response.* New York: Avon Books.

Borysenko, J., Ph.D. (1987). *Minding the Body, Mending the Mind.* Reading, MA: Addison-Wesley.

Fanning, P. (1994). *Visualization for Change: Second Edition.* Oakland, CA: New Harbinger.

Rossman, M., MD. (1998). *Healing Yourself: A Step-By Step Program For Better Health Through Imagery.* New York: An Institute For the Advancement Of Health Book. Walker & Co.

테이프

Fanning, P. (1992). *Stress Reduction* (Audio Tape), *Allergies and Asthma* (Audio Tape), *Treating Cancer* (Audio Tape), *Healing Injuries* (Audio Tape), *Curing Infectious Diseases* (Audio Tape), & *Shyness* (Audio Tape). Oakland, CA: New Harbinger.

Halpern, S. *Steve Halpern Tapes* (Audio Tape). Belmont, CA.

Kane, J. (1992). *Transforming Your Chronic Pain* (Audio Tape). Oakland, CA: New Harbinger.

Miller, E. MD. *The Source* (Audio Tape). Menlo Park, CA: Emmet Miller Tapes.

참고문헌

Adler, C., & Stanford, G. S., & Adler, M. (1976). *We Are But a Moment's Sunlight: Understanding Death.* New York: Pocket Books.

Avedon, E. (1974). *Therapeutic Recreation Service.* Englewood Cliffs, NJ: Prentice-Hall, Inc.

Bitcon, C. H. (1976). *Alike and Different: The Clinical and Educational Use of Orff Schulwerk.* Santa Ana, CA: Rosha Press.

Blatner, A. (1989). *Acting In: Practical Applications of Psychodramatic Methods.* New York: Springer Publications.

Brammer, L. (1985). *The Helping Relationship: Process and Skills.* Englewood Cliffs, NJ: Prentice-Hall, Inc.

Bresler, E. (1981). The Use of Poetry Therapy with Older People. *Aging,* Jan.-Feb., 23-25.

Browne, S. E., & Stern, N. (1985). *With the Power of Each Breath.* Pittsburgh, PA: Cleis Press.

Burg, B. (1980, April). Viewpoint: Bibliotherapy and Poetry Therapy. *Programming Trends in Therapeutic Recreation, 1*(2).

Corsini, R. (1966). *Role-playing as Psychotherapy: A Manual.* Hawthorne, NY: Aldine de Gruyter.

Coyle, C., Kinney, W. B., Riley, B., & Shank, J. (1991). *Benefits of Therapeutic Recreation.* Ravensdale, WA: Idyll Arbor, Inc.

Csikszentmihalyi, M. (1996). *Creativity.* New York: Harper Collins Publishers, Inc.

Deighton, L. C. (Ed.). (1971). *The Encyclopedia of Education, Volume 7.* New York: Macmillan Pub. Co.

Denny, J. (1972). Techniques for Individual and Group Art Therapy. *American Journal of Art Therapy, 2*(3), 117-134.

Department of Recreation and Leisure Studies, San Jose State University. *Closing the Gap: An In-Service Training Guide for Mainstreaming Recreation and Leisure Services.* A Project of the Department of Recreation and Leisure Studies, San Jose State University, San Jose, CA. 1983. Distributed by the Office of Special Education, US Department of Education.

Edwards, B. (1989). *Drawing on the Right Side of the Brain.* New York: St. Martin's Press.

Emunah, R. (1994). *Acting for Real: Drama Therapy Process, Technique and Performance.* New York: Brunner/Mazel Publisher.

Feder, B., & Feder, E. (1981). *The Expressive Art Therapies.* Englewood Cliffs, NJ: Prentice-Hall, Inc.

Gaston, E. T. (1968). *Music in Therapy.* New York: Macmilan Co.

Gregson, B. (1982). *The Incredible Indoor Game Book: 160 Group Projects, Games and Activities.* Belmont, CA: Fearon Teachers' Aids.

Hackett, L., & Jenson, R. (1973). *Movement Exploration.* Palo Alto, CA: Peek Publications.

Kellogg, R., & O'Dell, S. (1967). *The Psychology of Children's Art: A Psychology Today Book.* San Diego, CA: CRM-Random House Publications.

Kübler-Ross, E. (1978). *To Live Until We Say Good-Bye.* Englewood Cliffs, NJ: Prentice-Hall, Inc.

Landgarten, H. (1981). *Clinical Art Therapy: A Comprehensive Guide.* New York: Brunner/Mazel Publisher.

Leedy, J. (1969). *Poetry Therapy: The Use of Poetry in the Treatment of Emotional Disorders.* Philadelphia, PA: J. B. Lippincott Co.

Leveton, E. (1977). *Psychodrama for the Timid Clinician.* New York: Springer Pub. Co.

Lorenz, K. (1963). *On Aggression.* New York: Harcourt, Brace and World.

Luft, J. (1984). *Group Processes: An Introduction to Group Dynamics* (3rd ed.). Mountain View, CA: Mayfield Publishers.

McNeely, D. (1987). *Touching: Body Therapy and Depth Psychology (Studies in Jungian Psychology No. 30).* Toronto, Ontario, Canada: Inner City Books.

McTwigan, M., & Post, H. (1973). *Clay Play: Learning Game for Children.* Englewood Cliffs, NJ: Prentice-Hall, Inc.

Maslow, A. H. (1968). *Toward a Psychology of Being.* New York: John Wiley & Sons.

Maslow, A. H. (1987). *Motivation and Personality.* New York: Harpercollins College Division.

Moreno, J. L. (1985). *Psychodrama.* Boston, MA: Beacon House.

Peterson, C. A. (1976, April). State of the Art Activity Analysis. In *Leisure Activity Participation and Handicapped Populations Assessment of Research Needs,* NRPA and BEH.

Progoff, I. (1975). *At a Journal Workshop.* New York: Dialogue House Library.

Rico, G. (1983). *Writing the Natural Way.* Los Angeles, CA: J. P. Tarcher, Inc.

Rubin, J. (1984). *The Art of Art Therapy.* New York: Brunner/Mazel Publisher.

Spolin, V. (1983). *Improvisation for the Theater: A Handbook of Teaching and Directing* (Revised ed.). Evanston, IL: Northwestern University Press.

Striker, S., & Kimmel, E. (1987). *AntiColoring Book.* New York: Holt, Rinehart and Winston.

The Older Adult Resource Center Newsletter, sponsored by the Peralta Community College District. Special issue on the creative works of older adults, Number 5, May/June 1980.

Ulman, E. (1996). *Art Therapy: In Theory and Practice.* Chicago, IL: Magnolia Street Publication.

Valiant, G. E. (1977). *Adaptation to Life*. Boston, MA: Little, Brown.

Virshup, E. (1973). *Right Brain People in a Left Brain World*. Los Angeles, CA: Guild of Tutors Press.

Von Oech, R. (1993). *A Whack on the Side of the Head*. New York: Warner Books.

Warren, B. (1984). *Using the Creative Arts in Therapy*. Cambridge, MA: Brookline Books.

Wilson, H., & Kneisl, C. (1996). *Psychiatric Nursing*. Menlo Park, CA: Addison Wesley Nursing Publications.

Winner, E. (1986). Where Pelicans Kiss Seals. *Psychology Today, 20*(7), 25-35.

Yablonsky, L. (1976). *Psychodrama*. New York: Basic Books, Inc.

Yalom, I. (1975). *Theory and Practice of Group Psychotherapy*. New York: Basic Books, Inc.

찾아보기

내 용

Ann Argé Nathan

Ann은 47년간 활력이 넘치는 삶을 살아온 영향력 있는 여성이었다. 그녀는 짧은 생애 동안 많은 것을 경험했고, 그녀가 만났던 모든 사람을 통해 자신의 삶의 향기를 남겼다. 그녀는 레크리에이션 치료사, 교육자, 상담자, 그리고 작가로서 인정을 받았다. 산호세와 샌프란시스코 주립대학교에서 강의를 하였으며, 또한 샌프란시스코의 캘리포니아 대학교에 있는 랭리 포터 신경정신의학연구소(Langley Porter Neuropsychiatric Institute)와 그 외 임상기관에서 치료를 하였다.

Ann은 캘리포니아 버클레이에서 태어났고, 부모(Ed and Harriet Nathan)의 가르침이 그녀의 삶에 많은 영향을 주었는데, 그들은 Ann에게 학문에 대한 사랑, 사회활동, 그리고 다른 사람을 돕는 것이 자연스럽게 스며들게 하였다. 치료레크리에이션은 그녀의 평생 직업이 되었고, 치료에 모든 열정을 쏟아부었으며 내담자와 학생에게 똑같이 동기부여를 하였다. 샌프란시스코 주립대학교에서 가르치는 동안 그녀는 인턴십 임상슈퍼바이저와 치료레크리에이션의 코디네이터를 역임하였다.

Ann은 발달장애가 있거나 위험에 처한 젊은이와 가족의 재활봉사를 포함해서, 북부 캘리포니아 전역에서 수많은 프로젝트 코치와 상담자 역할을 하였다. 그녀는 섭식장애집단의 공동치료사였고, 6개월 영유아에서부터 99세에 이르는 다양한 연령층의 내담자를 대상으로 일을 하였다. 그녀는 다양한 업적을 세워 수많은 인증서와 상을 받았다.

연극상(*Play Award*). California Parks and Recreation Therapeutic Section(1986)

공로상(*Meritorious performance and Professional Promise Award*). San Francisco State University(1987)

봉사상(*Outstanding Service Award*). San Francisco State University Department of Recreation and Leisure Studies(1990).

교육자상(*Outstanding Education Award*). California Parks and Recreation Therapeutic Recreation Section(1991).

교사상(*Outstanding Teacher Award*). San Francisco State University Department of Recreation and Leisure Studies(1993).

Ann은 1995년 1월 8일 유방암으로 세상을 떠났다. 그녀의 업적과 학생들에 대한 그녀의 사랑은 앞으로도 수많은 사람에게 영원히 기억될 것이다. 그리고 매년 캘리포니아 공원과 레크리에이션총회(California Parks and Recreation Convention)에서 치료레크리에이션에 특별한 영향을 끼친 학생들 서너 명을 선발하여 장학금을 수여함으로써 교육에 대한 사랑을 쏟았던 그녀의 정신을 기념하고 있다.

Suzanne Mirviss

Suzanne은 샌프란시스코 주립대학교에서 '치료레크리에이션의 중요성'으로 레크리에이션 석사학위를 받았다. 그녀는 산호세와 샌프란시스코 주립대학교 레크리에이션 및 여가연구학과에서 강의를 하였다. 25년이 넘게 그녀는 많은 단체와 일을 하였고, 현재는 샌프란시스코 의학센터(San Francisco VA Medical Center)에 재직 중이며, 정신과주간치료센터(Psychiatric Day Treatment Center)에서 미술치료사로 활동 중이다.

Suzanne은 샌프란시스코 미술아카데미에서 드로잉과 회화를 훈련받았다. 또한 창조적 예술에 전념하면서, 지역사회나 인근 학교에서 자원봉사활동을 통해 아동의 미술표현을 지원하고 있다. 그녀는 훌륭한 수채화가이며, 녹인 유리, 에나멜광택, 그리고 보석을 가지고 일하는 것을 즐긴다. 현재 캘리포니아 마린에서 남편, 아이들, 그리고 다양한 종류의 애완동물과 함께 살고 있다.

역자 소개

박희석

전북대학교 대학원 심리학과 석사/박사

전 법무병원(치료감호소) 정신보건임상심리사
　　원광대학교 동서보완의학대학원 예술치료학과(연극치료전공) 초빙교수
　　한국예술치료학회 부회장

현 조선대학교 상담심리학부 겸임교수
　　마음숲심리상담센터 소장
　　한국심리극연극치료학회 회장
　　한국상담학회 / 한국초월영성상담학회 부회장

방송활동

SBS 방송 '부부솔루션' '우리아이가 달라졌어요' '긴급출동SOS24' '터닝포인트' '아름다운 여행', MBC 방송 '생방송아침' '사주후愛', KBS 방송 '수요기획' '병원24시', EBS 방송 '다큐프라임-가족'(자문), KTV 방송 '소통캠프' 등에서 심리극 관련 디렉팅 다수 출연

저/역서 및 논문

『심리극과 경험치료를 활용한 집단상담』(학지사, 2008)
『아동예술치료의 이론과 실제』(청목출판사, 2008)
『심리극으로의 초대』(시그마프레스, 2007)
『심리극의 세계』(학지사, 2005)
「대학생 우울집단에 대한 인지-행동치료와 사이코드라마의 치료효과」(2002) 외
　　다수

류정미

전남대학교 미술학과 학사

원광대학교 대학원 보건학과(예술치료전공) 석사/박사

현 광주여자대학교 미술치료학과 겸임교수

　　광주여자대학교 미술치료센터 전담교수

논문

「통합예술치료가 비행청소년의 대인관계 및 자기지각 향상에 미치는 영향」
　　(2005)

「대인관계 및 우울에 대한 매개모형의 탐색과 비행청소년에서 매개모형을 이용
　　한 미술치료의 효과」(2009)

「집단미술치료가 만성정신질환자의 우울 및 삶의 질에 미치는 영향」(2011) 외 다수

윤명희

고려대학교 간호학과 학사

원광대학교 대학원 보건학과(예술치료전공) 석사/박사

전 울산광역시의회 의장

　　춘해보건대학 겸임교수

현 소동문화재단 이사장

논문

「사회복지 시설의 예술치료에 대한 인식과 적용성에 관한 연구」(2005)

「언론보도가 조류사육업자의 조류인플루엔자 신고의도에 미치는 영향」(2009)

「일부 광역시 거주 여성결혼이민자의 사회심리적 스트레스와 건강증진 생활양식
　　과의 관련성」(2011) 외 다수

창조적 예술치료기법

Therapy Techniques: Using the Creative Arts

2011년 10월 13일 1판 1쇄 인쇄
2011년 10월 18일 1판 1쇄 발행

지은이 • Ann Argé Nathan · Suzanne Mirviss
옮긴이 • 박희석 · 류정미 · 윤명희
펴낸이 • 김진환
펴낸곳 • (주) **학지사**
　　　　 121-837 서울특별시 마포구 서교동 352-29 마인드월드빌딩 5층
대표전화 • 02)330-5114　　팩스 • 02)324-2345
등록번호 • 제313-2006-000265호

홈페이지 • http://www.hakjisa.co.kr
커뮤니티 • http://cafe.naver.com/hakjisa

ISBN 978-89-6330-755-8 93180

정가 15,000원

인터넷 학술논문 원문 서비스 **뉴논문** www.newnonmun.com